우 리 는
대 학 을
거부한다

투명가방끈 지음

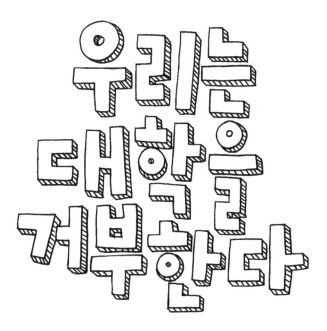

잘못된 교육과 사회에 대한 불복종 선언

오월의봄

대학거부가
궁금한 당신에게

이 책은 대학거부자와 대학입시거부자가 자신의 대학거부와 대학입시거부에 대해 직접 쓴 책이다. 대학거부자란 대학을 가지 않았거나 대학을 다니다가 그만둔 사람들이며, 동시에 나름의 문제의식을 가진 사람들이다. 마찬가지로 대학입시거부자는 대학입시에 응하지 않은 대학입시의 '거부자'들이다.

수십 명이 함께한 대학거부선언, 대학입시거부선언은 2011년에 처음으로 있었다. 그때 함께 선언을 했던 선언자와 지지자의 모임이 '대학·입시거부로 삶을 바꾸는 투명가방끈들의 모임'이다. 이 책은 투명가방끈이 주축이 되어 모임 안팎 거부자들의 글을 모으고, 직접 인터뷰를 하기도 하면서 내용을 채운 것이다. 이 책이 나오기까지 아주 힘들고 지난한 시간들이 필요했다는 것을 여기에서는 굳이 이야기하지 않아도 될까. 이 책의 화자 모두가 모임의 구성원은 아니라는 점을 명확히 밝혀둔다. 이 책에 자기 이야기를 써준 필자들은 대부분 대학거부선언에 참여한 사람들이긴 하지만, 참여하지 않은 몇 분도 우리의 문제의식에 공감하여 자신의 대학거부 이야기를 보태주었다.

이 책은 특별한 몇몇 사람들만의 이야기를 하고자 한 것이 아니다. 책을 준비하면서 가장 우려했던 점은 자칫 특별한 사람들만의 이야기로 받아들여지지 않을까 하는 것이었다. 대학을 관두면 관두는 거고, 안 가면 안 가는 거고, 입시를 안 보면 안 보는 거지 왜 '거부'를 이야기하는 것일까. 이 책을 읽는 당신은 혹시 비장하고 각성된, 자기 대신 무엇과 싸워줄 투사들의 선언문을 기대하는가? 아니면 나약하고 섬세한 패배자들의 이슬 같은 일기, 치졸한 해명을 기대하는가? 글 몇 줄에 누군가의 삶과 생각을 담는 것이 쉬운 일은 아니다. 하지만 이 책을 읽어본다면 알 수 있을 것이다. 기대와 달리, 대학거부와 대학입시거부가 결코 특별한 사람들만의 일은 아니라는 것을 말이다. 이 책을 다 읽었을 즈음에는 오히려 '대학거부를 거부하고 있는 현실'에 이질감을 느껴보기를 바란다.

이 책은 거부자들의 다양한 목소리를 가감 없이 담은 책이다. 대학거부, 대학입시거부를 했다고 해서 모두 비슷한 생각을 가지고 있거나 유사한 모습의 삶을 살아가는 것은 아니다. 그들은 실로 다양한 정치적 입장과 삶의 방식을 가지고 있으며, 흔히 착각하는 것처럼 모두가 10대인 것도 아니다. 거부자들의 다양한 차이들을 알아차리는 것이야말로, 대학거부자와 대학입시거부자들의 목소리에 귀를 기울이기 위해 필요한 조건이다.

대학입시거부와 대학거부에 대해 거부 당사자들이 다양한 입장을 가질 수밖에 없다는 것은, 이 사회에서 대학과 입시가 얼마나 다양한 이유로 '거부'될 수 있는지 보여준다. 대학을 거부하거나 대학입시를 거부하는 것은 '기계가 되고 싶지 않아서'이면서, '어차피 성적도 안 되고 돈도 없어서'이기도 하고, 또 그것뿐만이 아니기도 하다. 여느 선택이 그러하듯 거부 역시 그 이유나 문제의식에는 사회적인 것과 개인적인 것이 복합적으로 작용한다. 물론 사회와 개인은 아주 밀접하게 연결되어 있고 완벽히 분리해내기 어렵다. 그렇게 연결되어 있는 삶 속에서 거부자들이 어떤 생각과 경험으로 거부를 선택하고 선언하게 되었는지 이해하는 계기가 되면 좋겠다. 그리고 무엇보다, 우리는 모든 이유의 '대학거부'와 '대학입시거부'가 존중받아야 한다는 것을 이야기하고 싶다.

이 책을 아래와 같은 사람들에게 추천한다.

- 교육에 대해 근본적으로 고민해왔거나, 한국의 입시 제도에 불만이 많은 사람
- 체제에 대해 의심하기 시작했거나, 그런 고민 때문에 고독한 사람
- '아무것도 할 수 없는 자유'에서 '무엇이든 할 수 있는 자유'로 옮겨갈 의지가 있는 자유인
- 입시를 앞두고 손톱을 물어뜯고 있는 수험생
- 경쟁이 몸에 맞지 않아 이러지도 저러지도 못하는 사람
- 낙오가 두려운 직장인과 취업 준비생
- 대학거부와 대학입시거부가 아니꼬웠던 사람
- 위계, 차별, 배제, 순위, 일반화가 불편한 사람
- 평화, 생태, 노동해방, 아나키즘, 저항, 반전, 탈핵, 여성주의 등의 단어가 익숙하게 느껴지며, 다른 세상을 꿈꾸는 사람
- 학교 가는 길에 다른 길로 새본 사람
- 한 번도 새보지 않아서 후회가 되는 사람
- 대학생 운동의 한계에 직면한 사람

— 대학을 그만두고 싶은데 망설이고 있는 사람

— 대학을 가야 할지, 말아야 할지 고민하고 있는 사람

— 대학거부, 대학입시거부에 대해 궁금한 사람

— 예비 대학거부자와 예비 입시거부자

이 책이 나오기까지 고생해주신 오월의봄 출판사와 대학·입시거부자들, 그리고 지지해주신 모든 분들께 감사의 인사를 전한다.

2015년 6월 투명가방끈

차 례

1부
대학입시거부자들의 이야기

대학은
의무가
아니라

선택이
되어야
한다

'끈' 하나 없이
살아보겠다는 결의

공기

    '대학거부'를 선택하고 나서 3년이라는 시간이 흘렀다. 나는 뚜렷한 인생의 목표라거나, 반듯한 직장이라거나, 이렇다 할 학벌도 없이 벌써 22살이 됐다. 19살의 나에게 사람들은 "넌 대학 안 가면 뭐 하고 살 건데?" "남들 다 가는 대학 안 가도 되겠니?" "뭐 먹고살래?"와 같은 말들을 쏟아냈다. '대학거부'라는 선택지가 개인마다 다르게 판단되는 것과는 별개로, 사람들은 자신의 '불안함'을 오히려 나에게 되물었다. 생각해보면 모두 '너는 대학에 가지 않고 어떻게 살아남을 수 있니?'와 같은 물음들이었다. 나는 과연 지금을 어떻게 살아내고 있을까? 대학을 가지 않겠다고, 아니, 이러한 교육과 사회 현실의 대학을 거부하겠다고 당차게 선언했던 내가, 그때 물음을 던졌던 사람들에게 어떤 대답을 해줄 수 있을까? 아마도 그들을 만족시킬 수 있는 그럴듯한 답은 없다는 것이 나의 결론이다.

살다보면 자신이 가고자 했던 방향만을 바라보다가 전혀 다른 방향으로 가고 있는 사람을 발견할 때가 있다. 사람들은 자신의 불안함을 해소할 정답을 원했지만 나에게도 그 정답은 없으며, 애당초 우리가 '정답'이라고 판정할 수 있는 답안지 자체가 없다는 뜻이다. 3년 전 내가 '나의 대학거부'에 대해 썼던 글의 제목이 '못 가는 건지 안 가는 건지 묻지 마라'였는데, 지금도 여전히 그렇게 말하고 싶다.

집회에서 커피 심부름 시키는 어른들

내가 사회운동, 소위 '운동권' 물이 들게 된 것은 2008년 촛불집회 때였다. 그때는 뜨거웠고, 뭔가 일어날 것만 같은 역동감이 있었다. 나는 경기도로 전학 온 지 얼마 되지 않아 삶과 학교에 무료함을 느끼고 있었고, 게임도 지겨웠으며, 친구도 없었기에 내 관심을 끌 만한 무언가를 찾고 있었다. 그런 와중에 '광우병 소 반대!' '미친소 반대!' '민영화 저지'와 같은 구호들은 내 이목을 끌기에 충분했고, 차츰 이런 사회에 대해 분노를 느꼈다. 만약 그때의 나에게 '정의'가 무엇이냐고 물었다면 지금 내가 행동하는 게 민주주의를 위한 '정의'라고 외쳤을지도 모른다. 그렇게 잠잠히 순응하며 살던 내가 정의감으로 똘똘 뭉쳐 처음으로 가슴 뜨겁게 치밀어 오르는 분노를 느꼈고, 그건 내게 너무 생소한 감정이었다. 촛불을 줄기차게 들었던 광장에는 나와 같은 분노를 느끼는 듯한 내 또래 친구들이 있었고, '청소년' 신분이었던 나는 자연스레 '촛불 청소년' 무리들과 친해지게 되었다. 그리고 그들과 관계 맺으며 점점 나의 고민을 만들어갔다.

광장에서 나는 16년 동안 살아오면서 본 것 중 가장 많은 사람들을 눈에 담게 되었다. 그러면서 처음으로 내가 '옳은 일'을 하고 있다는 뿌듯함과 내 행동에 대한 주체적인 고민이 생겼다. 그러나 그런 생각들은 오래가지 못했고, 마치 어울리지 않는 옷을 입은 것처럼 답답해져갔다. 촛불집회에서 처음 만난 어른들은 나에게 곧잘 커피 심부름을 시켰고, 대뜸 자신이 '부모뻘'이니 '아빠'라고 부르라는 둥 지긋지긋한 선생 노릇을 자처하며 촛불집회에 참여한 나와 내 친구들에게 '꼰대질'을 했다. 우리는 고민 없이 그들이 요구하는 '청소년'의 '틀'에 자신을 맞춰나갔으나 곧 그 생각은 산산조각이 났다. 우리는 지긋지긋한 훈육을 받기 위해 광장으로 나간 게 아니었고, 그들은 나의 부모도 선생도 아니었다. 같이 집회에 참여한 동등한 참가자였다. 결국 이런 문제의식으로 몇몇 친구들과 반기를 들게 되었지만, '너희가 어떻게 이럴 수 있냐, 이게 말이 되냐'는 분위기가 지배적이었기에 그 공동체에서 퇴출당했다. 물론 그 당시 어른들의 의견이 맞다고 생각하는 또래들과 많이 싸우기도 했는데, 이런 결정적인 계기가 없었다면 내가 느끼는 부당함을 이야기하고 아니라고 말할 수 있는 용기를 얻기 어려웠을 것이다.

이후에 나는 자연스럽게 '청소년 인권운동'을 하는 몇몇의 친구들을 만났고(그중 일부는 촛불집회에서 만난 어른들에게 같이 문제 제기를 했던 사람들이었다), 내가 체감할 수 있는 운동에 뛰어들 수 있었다. 촛불집회가 대중적인 어젠다를 가지고 있었다면, 청소년인권운동은 내가 싸워야 하는, 싸울 수밖에 없는 현장이라는 사실을 인식하게 됐다. 그러면서 '세이 노우-Say-No'("성적으로 줄 세우는 일제고사 반대한다! '세이 노우'라고 말해요!") 활동을 시작으로 '입시폐지, 대학평준화' 운동까지 알게 되었다. 그때 나에게 '수능'은 선택 사항이 아닌 필수였고, 학교에 가는 것이 당연하듯 대학에 가기 위해 수능을 보는 것도 너무나 당연한 것이었다. 초등학교 때부터 시작된 '대학을 향한 달리기'에서 이 경기는 결과를 알 수 없는 먼 얘기였다. 열아홉 살, 아니, 재수나 삼수를 한다면 스물두어 살까지 이어질 레이스를 뒤엎자는 것이, 내가 '입시폐지, 대학평준화'에서 받은 첫 느낌이었다.

특정한 누군가만 승리할 수 있는 이 경쟁에서 '이러한 경쟁을 하지 않겠어!' 혹은 '달리기를 멈춰!'라고 외칠 수 있다는 것, 그리고 외쳐야만 한다는 것, 그런 용기 있는 사람들이 내 주변에 존재한다는 것이 놀라웠다. 여태껏 내가 믿고 있었던 게 다 무엇이었나 하는 생각이 들 만큼 큰 충격으로 다가왔지만 한편으로 어딘가 모르게 속 시원했다. 활동에 대해 아는 게 없어 두려워하는 내게 '너도 할 수 있어'라고 말해주었던 것이 2008년 입시폐지 대학평준화(투명가방끈의 시초라고 할 수 있을 만한) 운동이었다. 이것이 내가 선택한 대학거부의 시작이었다.

나는 도시 빈곤층이었다

자연스레 고등학교에 진학한 나는 학교생활에 회의가 들었다. 내가 무엇을 하고 싶은지, 하다못해 어떤 과에 진학하고 싶은지 진지하게 고민해봐도 답이 나오지 않았다. 친구들은 가고 싶어 하는 대학교가 많았지만, 나는 대학에 대한 기준 자체가 전무했다. 우리 집은 내가 태어났을 때부터 가난했고, 중산층이 아닐뿐더러 서민도 아닌 '도시 빈곤층'에 속했다. 기초생활수급자로 근근이 연명하며 십여 년을 살았던 나에게는 '대학'같이 돈을 쏟아부어야 하는 곳에 들어갈 여유가 없었다. 그것을 정확히 깨달았던 게 고등학교 1학년 때였다. 그렇다면 나를 좀 더 높은 서열의 대학교에 진학시키기 위해 혈안이 돼 있는 공간에 남아 있을 이유가 사라졌고, 그때부터는 앞으로 내가 대학에 가지 않고 어떻게 살아남을지에 대해 현실적인 고민을 시작했다. 그러나 다른 사람들은 전문대라도 졸업해서 전문 기술직에 종사하며 사는 것이 오히려 더 현실적이지 않느냐고 묻기도 했는데, 지금 와서 생각해보면 그것도 그리 나쁜 선택지는 아닌 것 같다. 그러나 나는 정해져 있는 전문 기술을 교육하는 공간에서도 막막할 것 같았다. '어떤 기술을 배우고 싶은 걸까?' '어떤 기술을 숙련해서 먹고살 수 있을까?'와 같은 당연한 고민들을 할 것이고, 이 질문은 결국 '내가 배우고 싶지 않은 것을 억지로 배워서 먹고살아야 하는가'로 귀결된다. 가진 것이 없다고 배우고 싶은 것이 없는 것은 아니고, 그렇기 때문에 더 욕심 부리지 말고 내 수준에 맞는 걸 한다는 건 너무 씁쓸한 일이었다. 심지어 대학 등록금이라는 엄청난 기회비용을 들여서 말이다.

'진정한 배움', 대학 스스로도 인정하는 거짓말

그렇다고 '대학거부'라는 슬로건 자체를 '배움에 대한 거부'로 접근하는 것은 곤란하다. 대학 진학률이 80퍼센트를 유지하고 있는 한국 사회에서 대학거부는 자신과 인생에 대한 무책임한 결정, 배움 자체를 포기하는 것으로 비치는 경우가 많다. 그러나 대학이 더 이상 '학문'을 위한 교육기관이 아닌 '취업'을 위한 예비 직장인 양성소로 노골적으로 변화하고 있는 상황은 쉽게 찾아볼 수 있는 현실이 됐다. 예를 들면 국내 최고 기업 S사의 입사 면접시험의 기회를 대학별 총장 추첨권으로 준다고 해서 문제가 됐고, 줄 세우기가 익숙한 한국인들은 S기업 입사 기회가 어느 대학에 더 많은지 1위부터 하위까지 줄 세웠으며, 그 정보를 정리했다는 이미지가 온라인상에서 공개돼 한참이나 화제가 됐다. 이뿐만 아니라 사실상 많은 대학들이 순수학문 계통의 학과들을 취업률을 잣대로 폐과했으니 현 대학들의 실상을 인정하는 꼴이 아닌가. '진정한 배움'을 위하여 '대학'에 진학하겠다는 거짓말은 이제 먹히지 않는다. 그것을 '대학' 스스로도 인정하고 있는 모습들을 보면 말이다.

그리고 지금 구조에서는 '개천에서 용 난다'는 말이 통용되지 않는다. 자기가 공부한 만큼 성적이 나온다는 환상과는 무관하게 소위 SKY(서울대, 고려대, 연세대)라고 불리는 최상위권 대학에 진학하는 사람들의 대부분은 외고나 특성화고를 다녔으며, 그렇지 않으면 강남과 강북, 목동 일대의 땅값 비싸고 고층 아파트와 고급 주택들이 들어선 인근 지역에서 고액 과외와 이름난 재수학원에 다녀야만 겨우 비집고 들어갈 수 있다는 것은 이제 공공연한 사실이다. 이미 누릴 수 있는 사람에게 '특권'이 주어지는 시스템이라면 공정과 불공정을 떠나 부당한 시스템이라는 것이고, 누군가는 이 시스템에서 계속해서 희생당하고 있으며 앞으로도 희생당해야 한다는 것을 의미한다. '노력해서 안 되는 것은 없다'는 말이 얼마나 무색한가. 지금의 사회나 구조 속에서는 '노력해도 안 되는 것이 많다'는 것을 학습하게 될 뿐이다.

'좋은 대학'과 '돈 많이 주는 직업'에 목매는 것은 이제 일반적인 사회 공식이 되었다. '공장 가서 미싱할래? 대학 가서 미팅할래?'라는 유명한 표어가 있었다. 한때 내가 수업 받았던 교실에서 급훈으로 쓰였는데, 이는 '좋은 대학' 입학 여부가 곧 이후 자신의 노동환경을 선택하는 데 결정적인 영향을 미친다는 뜻을 담고 있다. 공부 못하면 공장 가서 일해야 한다거나, 이도저도 아니면 기술이라도 배워야 한다는 인식은 학벌 이데올로기를 단적으로 드러내는 예이다. 그러나 이제 한국 사회는 소위 말해 '좋은 대학'에 합격해도 '남부럽지 않은 직장'에 들어가기는 어려운 구조가 됐다. 대학에 입학하고 졸업을 해도 경쟁의 레이스는 절대 끝나지 않는다는 의미 아닌가.

'삼포세대'의 한 사람이 되더라도

개인적인 이야기를 다시 해보자면 나는 앞서 말한 경쟁을 뚫고 등록금 때문에 '빚쟁이'가 되어야만 하는 전쟁터 속으로 들어가기가 너무도 두려웠다. 나를 지킬 만한 무기도 없이 최전방 전장 속에 투입되는 것과 같고, 길고 긴 전쟁이 언제 끝날지도 모른 채 그저 지옥 속에서 더한 지옥이 없기만을 바라는 나날들이 될 거라는 생각이 들었다. 그나마 대학이라도 가지 않으면 더 불안해질 현실 때문에 대학을 졸업해서 고작 대학 졸업장을 따내고 갚지 못한 등록금으로 허덕일 생각을 하니, 차라리 속편하게 기대를 낮추고 가난하더라도 내 생계를 유지하며 살아갈 수 있는 시간과 방법을 찾자는 것이, 지독히 현실적인 내 판단이었다.

그러나 누군가는 이러한 내 생각을 배부른 자의 현실적이지 않은 고민으로 볼 수도 있다. 왜냐하면 세상 사람 대부분은 자신이 뭘 원하는지도, 뭘 하고 싶은지도 모른 채 정해진 대로, 하라는 대로 살아가기 때문이다. 때때로 사람들은 '자신이 살아가기 위해 필요한' 많은 것들을 잘못 알고 살아가기도 한다. 언론과 미디어의 영향이든, 교육을 통해 학습된 것이든 대부분은 그렇게 살아가고 자식에게 대물림하며 그 끝없는 레이스와 굴레를 반복하게 된다. 나라고 별다를 것은 없다. '삼포세대'라고 하던가. 20대에 해야 할 가장 중요한 세 가지라고 흔히 일컬어지는 '졸업, 취업, 결혼'을 포기한 세대. 이 세 가지는 서로 단단히도 연결되어 있어서 하나라도 결여된다면 나머지도 성공하기 어렵다는 것이다. 내가 대학을 선택하지 않은 것은 곧 취업과 결혼에 영향을 미칠 것이고, 결국 나도 사회가 얘기하는 '삼포세대'의 한 사람이 될 것이다.

그러나 내가 말하고 싶은 건, 대학거부란 내가 원하는 사회를 위한 무모한 도전이기도 하다는 것이다. 언젠가 배우고 싶은 것이 생겨 '대학 제도'에 편입이 되더라도 지금의 사회에서는 무모하게 결정하지 않겠다는 약속이며, 앞으로도 가져갈 내 일생의 고민 중 하나가 될 것이다. 다들 생각하는 것처럼, 사람을 학벌이나 재산, 외모, 직계가족, 여성의 몸매 등 보이는 것들로만 판단하는 답답한 한국 사회에서 앞으로 어떻게 먹고살아갈 수 있을지 나도 막막하다. 대학거부를 지지했던 사람들, 그리고 비판하는 많은 사람들도 통감하는 답 없는 문제일 것이다.

노동 현장에서 느낀 것

모두가 대학을 가려고 목매는 20대 초반이라는 시기에 나는 '노동'을 택했다. '노동 현장'만큼 '학벌'이 여실히 드러나는 곳도 없지만 열심히 부딪쳐보고는 있다. 누군가는 '사서 고생한다'는 말을 내게 하기도 하는데, 그 말이 맞을지도 모른다. 그러나 불확실한 레이스에 내던져지는 것보단 일찍이 이 사회에 대한 경험을 쌓아가며 본질을 보는 편이 내 남은 인생을 살아가는 데 더 도움이될 거라고 판단해서 일단은 일을 하고 있다. 그 외에도 생계의 막막함, 경제적 불안 등의 문제가 너무 컸기 때문에 일을 하지 않고는 살 수 없었다.

역시나 현장에서는 전문대 혹은 4년제 대학을 나온 사람들이 '관리자'라는 이름으로 일을 하고 있었고, '생산 현장'에서 일하는 30대 후반~40대 초중반 여성 노동자들은 그들이 20대였던 80년대 후반에서 90년대 초에 '대학'이 아닌 '일자리'를 선택해서 이 자리에 온 경우가 많았다. 간간히 전문대를 졸업한 노동자들이 있었지만 지금 일하는 사람 중엔 드물었다. 내가 만나는 사람들을 통해 일반화하기 어려운 문제겠지만, 시간이 더 지나면 노동 현장에서 대학을 졸업한 사람의 비중은 더 높아질 것이고, '학벌'을 통해 누가 더 우열하고 사회에게 검증받은 사람인가 판가름하는 기준이 더 엄격해질 것이며, 함께 일하는 사람들에게 더 엄격한 잣대를 들이대게 될 것이다.

하지만 그 여성 노동자들조차도 자신의 자식들은 어떻게든 공부를 시키고 있었고, 나와 비슷한 또래의 자식들은 다들 대학을 준비하거나 대학에 들어가 있다고 했다. 함께 일했던 누군가는 나에게 이 젊은 시기가 아깝다 하였고, 누군가는 이 시간들이 중요하다 했다. 사람들의 선택은 한 방향을 가리키고 있는 것 같지만, 사실은 서로 다른 방향을 가리키며 걸어가는 것이고, 그 길에 꼭 '대학'을 거쳐가야 하는 것이 아님을 알고 있는 사람들이 더 많다는 생각이 들었다. 그래도 '가야지' 덜 불안하기에, 대학에 가면 덜 무시받고 살 수 있을 거라는 희망으로 선택되는 수많은 사람들의 삶이 나는 고단해 보였다.

대학에 가지 않아도 이렇게 살아 있다

'학벌'이라는 단단하고 높은 벽에 우린 어떻게 하면 조금씩 더 균열을 낼 수 있을까. 수능과 학교 시험에는 문제에 대한 해답이 존재하지만, 삶과 사회는 그 해답을 쉽게 알 수 없게 하는 구조를 만들어놓았다. 우리가 그 답에 다가가기 위해서는 수많은 부딪

침이 필요할 것이다. 균열은 가만히 있을 때 생기지 않으며, 바람이 불고 함께 벽을 두드리고 깨뜨리며 무너지게 하는 '힘'이 생겼을 때 작은 금 하나가 큰 균열로 번져나갈 것이라 믿는다. 내가 대학거부를 선택했던 건 거창한 이유나 남다른 신념 때문이 아니라, 그저 나 같은 사람도 함께 살아갈 수 있는 사회를 기대했기 때문이다. 내가 여자라서, 대학을 안 나와서, 가난해서 차별받고 더 힘들게 살아가야 하는 것이 아니라 같이 잘 살 수 있을 거라는 희망을, 대학거부운동에서 발견했기 때문이다.

내가 대학거부를 선택했던 2011년에는 그전과 다르게 많은 대학거부자들이 나섰고, 그들과 함께했기에 '투명가방끈'이라는 모임도 만들어질 수 있었다. 투명가방끈이라는 이름은 역설적으로, 점점 더 길어지는 사람들의 '가방끈'(학벌)과 달리 우리는 '투명가방끈'으로, 즉 끈 하나 없이 이 사회를 살아보겠다는 결의였다. 훗날 투명가방끈이 어떻게 기록되고 영향을 줄지는 모르겠지만, 나는 기대한다. 그깟 대학에 가지 않아도 이렇게 살아 있다고, 그리고 대학에 가든 안 가든 이 사회가 우리를 흔들고 불안하게 만드는 것이며, 그것을 멈출 수 있는 힘도 우리에게 있음을 깨달을 수 있는 '작은 계기'이고 싶다.

누구에게도 억압당하지 않고,
누구도 억압하지 않는

다영

2011년 대학입시거부를 하며 썼던 글은 "싱숭생숭하다"라는 문장으로 시작한다. 그저 싱숭생숭했던 그때로 거슬러올라가, 대학입시거부 이야기를 다시 해보려 한다.

사실 수험생과는 이제 조금씩 멀어져가는 22살이 된 2014년에도 나는 여전히 싱숭생숭해하는 중이다. 19살에 수능을 보지 않았던 그 순간, 이제는 입시와 상관없어졌다고 생각했다. 입시거부는 내가 수능을 보지 않았던 그 순간, 그리고 동시에 내 또래 수험생들이 수능을 보았던 그 순간의 이벤트 같은 거라고 생각했다. 3년이 지난 지금, 결과부터 말하자면 나는 입시와 상관없어져버리지 못했고, 입시거부는 그 순간의 이벤트로 지나가지 못했다. 자유로워지고 싶어서 선택했던 대학거부는 과연 나를 얼마나 자유롭게 했을까. 앞으로도 나는 자유로울 수 있을까.

대학에 가는 건 또 다른 '착취'

18살 여름쯤 대학을 가지 않을 거라는 이유로, 다니던 인문계 고등학교를 자퇴했다. 체제에 순응하는 조용조용한 사람으로 18년을 살아왔는데, 얼떨결에 '체제에서 벗어나야겠다!'라는 생각이 들었고, 일주일 후에 나는 자퇴계를 냈다. 그 이유는 대충 '우연'이라고 생각해왔는데, 입시거부를 준비하면서 그때의 선택은 어쩔 수 없는 '필연'이었구나 싶었다. 명확한 이유가 여러 개 있긴 있었다.

일반 인문계 고등학교를 다니면서 '고3 수험생'이 된다는 것은 조금씩 다가오는 공포였다. 1학년에서 2학년이 된다는 것은 고3까지 이제 1년밖에 안 남았다는 이야기이고, 이 사실에 나와 내 친구들은 온몸을 떨면서 두려워했다. "꺄악! 내년에 벌써 고3이야?" 누구나 다 겪는데 뭘 두려워하냐며 면박을 주던 교사의 말을 위안으로 삼았다. '그래, 누구나 다 겪는 일인데, 두려울 게 뭐 있어?' 위안되는 말들을 찾으려고 나와 내 친구들은 인터넷에 떠돌던 여러 가지 명언 비슷한 것들을 책상에 옮겨 적었던 것 같다. "노 페인, 노 게인no pain, no gain(고통이 없으면 얻는 것도 없다)." 우리의 고통을 미래의 기약 없는 '얻는 것gain'으로 위안해보려고 했던 것 같다. 우리의 고통을 보상받아보려고, 어떻게든 인정받아보려고 아등바등했던 것 같다.

그렇게 해도, 두려운 건 두렵다. 텔레비전에서는 "대학을 나와도 취직이 되지 않는다, 고학력 고실업 시대다"라고 떠들어대는 동시에, '개천에서 용이 난', 거의 불가능한 성공 신화를 얘기하고 있었다. 우리에게 어서 신화의 주인공이 되라고 얘기하고 있었다.

혼란스러운 우리들은 계속 두려움에 고통스러워하고 있었다. 그때쯤 생각했던 것 같다. '대학을 가야만 할까, 고통 없이 얻어가면 안 될까?' 이렇게 시작된 생각들이 좀 더 구체적으로 '내가 등록금 4,000만 원을 뽑아낼 수 있을까?'로 이어졌다. 누군가 작심은 순간이라고 했다. 적당한 기업에 취직해서 4,000만 원을 토해낼 자신이 없는 나는 '대학에 가면 안 되겠다!'라는 생각이 들었고, 일주일 정도 고민한 후 자퇴를 하게 되었다.

그때의 나는 나름대로 대학을 기업에 취직해 일자리를 얻기 위한 하나의 통과의례로 인식하고 있었다. 그것은 대학입시거부운동에 관심이 없어도 잘 아는 공공연한 사실이었고, 대학입시거부운동을 만나기 전의 나도 알 수 있었던 사실이었다. 그리고 학력이 곧 취업 경쟁력인 현실을 증명하는 명제였다. 나는 이내 비싼 비용을 지불하고서라도 대학을 가야 하는 의례는 돈이 없는 사람들에겐 또 다른 '착취'임을 인식하게 되었다. 착취는 또 다른 착취를 불러온다는 사실도. 대학에 가는 건 왠지 제도에게서 제대로 착취당하는 삶의 굴레의 시작이라는 생각이 들었다. 버거운 삶의 굴레를 나는 따를 수 없었다.

사실 나에겐 대학거부가 필연일 수밖에 없다. 대학에 가기 위해 필요한 비용이 한두 푼도 아니고, 보통의 사립대를 다니려면 연간 1,000만 원 정도가 드는데 이 돈은 땅을 파서 나오지 않고, 하늘에서 떨어지지도 않는다. 당연하게 친권자의 몫이라고 생각하는 건 친권자에 대한 또 다른 착취라고 생각했다. 대학에 가는 비용은 나에게도 무겁지만, 친권자에게도 무거운 것이니까. 엄마는 지금도 종종 내게 혹시 대학을 가지 않겠다고 선언한 것이 넉넉하지 않은 집안 사정 때문 아니냐며, 딸자식이 속이 깊어 희생적인 선택을 내렸다고 생각한다. 부모님은 내가 그들의 돈으로 대학을 가기 전까지, 본인의 몫이 아닌 죄책감에 계속 마음 아파할 것이다. 3년이 지난 지금도, 부모님은 여전히 내가 대학에 가길 바란다. 그래야만 지금의 체제에서 살아남을 수 있다고 생각한다. 굴레를 벗어날 거라고 당차게 이야기했지만, 나는 사실 거기 동의할수밖에 없었다.

대학생에게만 허락되는 '청춘'

대학생이 아닌 나는 요즘 소위 말하는 '청춘'이 되지도 못한다는 것. 대학거부 이후의 삶에서 가장 처음으로 발견한 차별의 벽이었다. '청춘'을 향해 열려 있는 강의들과 여러 가지 체험 프로그램. 이것저것 부딪쳐보라며, 어렸을 때는 무엇을 경험하든 다 값진 경험이라며 방황을 독려하는 사회. 그 모든 경험들과 방황의 주체로 사람들은 쉽게 '대학생'을 떠올린다. 나는 대학생이 아니기 때문에 '대학생'을 대상으로 허락하는 경험의 기회들에서 쉽게 배제될 수밖에 없었다.

대학생이 아닌 내가 제도권 밖에서 어딘가 부딪치며 얻은 경험들은 청춘의 경험으로 이야기하기엔 어딘가 부족했고, 사실 나도 청춘의 경험으로 이야기하고 증명하기가 어려웠다. '대학생'이라든가 어떠한 직업과 조직에 속한 나가 아니라, 아무런 울타리 없는 '나'를, 그리고 그런 나의 경험들을 설명하는 것이 무척이나 낯설고 어려웠다. 차별의 문턱을 어렴풋이 취업 경쟁에서의 학력 정도로 여겼던 것은 너무 단순하고 어리석은 생각이었다. 나는 학력을 갖추지 않았기 때문에, 스펙이 될 '경험'들을 그들보다 더 많이 갖추어야 했다. 쉽지는 않았지만, 대학생이 아닌 나도 청춘임을 아등바등 증명하는 과정에서 깨달은 사실이 하나 있다. 청춘이란, 적어도 미래에 대학 졸업장이라는 안전망이 있는 사람들에게만 허락된 시기의 이름이라는 것.

나, 나는 분명 굴레를 벗어나고 싶어했다. 어딘가에 팔리기 좋도록 나를 쉽게 포장하는 선택으로서 대학에 가지 않을 거라고 다짐했다. 그런데 나, 분명 대학생이 아니어도 어딘가에 팔리기 좋게 나를 포장해야만 했다. 포장의 과정이 조금 어려워도 포장해야만 했다. 대학입시를 치르지 않았던 19살의 나는 대학거부가 굴레를 벗어나기 위한 내 삶의 시작이 될 거라고 생각했는데, 아니었다. 생각했던 것보다 더 치열하게 지속적으로 싸워가야 하는 삶의 시작이었던 것이다. 단순히 굴레에서 이탈하고 회피하고 싶었던 내 바람과 달리, 나는 조금 더 깊숙이 들어왔다. 보이지 않았던 굴레의 깊은 안쪽으로.

운동 사회에서도 배제되는 '별난 사람들'

부자연스러운 속성을 갖추고 싶지 않았다. 대학거부는 학력이라는 속성으로 설명되는 지위에서 자유로운 '나'로 존재하기 위해,

내 마음이 내린 결단이었다. 학벌사회에서 내가 어느 대학의 학생이라는 것은 단순히 그 대학에 다닌다는 것 외에 설명하는 것이 너무 많았지만, 그것들이 나를 설명해주지 못한다고 생각했다. 나는 그 속성을 갖추고 싶지 않았다. 그렇지만 간과했던 점이 있다.

대학거부 이후 줄곧 "대학생이세요?"라는 질문을 마주해왔다. 그때마다 "아니요. 저는 대학생은 아니고, 대학이라면…… 대학입시거부운동을 했어요"라고 대답하면서 나를 설명해왔다. 그렇지만 그렇게 설명해도 나는 여전히 학벌이라는 속성을 벗어나지 못한 채 그 속성 안에서 '대학을 거부한 사람'으로 규정지어진 것이었다. 나는 '대학거부'가 '학벌'과는 또 다른 속성이라고 생각했지만, 대부분의 사람들은 그렇지 않았다. 생각해보면 그때(아니 지금도), 대학거부는 분명 학벌사회를 바라보는 나의 시각을 갖추고 그에 따라 자유롭게 행했던 행동이었다. 나 자신에게 설명하려고 애쓰지 않아도, 응당 이야기하고 행동해나갈 수 있는 나의 운동이었다. 또 나 자신이 학벌에 대해 조금 더 자유롭게 사고하며 행동할 수 있는 사람이라고 생각했기 때문에 할 수 있었던 선택이었다. 그렇지만 사람들 속에서, 학벌사회에서 나의 대학거부는 단순히 '내가 얼마나 학벌에서 자유로운가'의 문제로 끝나지 않는다는 사실을 뒤늦게 깨달았다.

대학거부는 내 행동을 바라보는 굳어진 시선 속에서 나를 별난 사람으로 만들었다. 학벌을 철폐해야 한다고, 경쟁 교육을 벗어나야 한다고 말하는 운동 사회야말로, 어떤 학교에서 어떤 학생운동을 했느냐로 어떤 활동가를 설명하려 드는 사회였다. 그 속에서

'대학거부'를 한 '청소년 활동가'는 그저 별난 사람, 특이한 사람, 혹은 기존 운동의 문화와 체계를 위협하는 사람으로 받아들여지게 마련이었다.

최근에 한 사회단체에서 상근자로 활동하게 되었지만, 대학거부에 대한 일종의 '사회적 배제'는 여전히 내 주위를 맴돌고 있다. 단체의 다른 활동가들 대부분이 동일한 학생운동의 경험을 공유한 상황에서, 누군가를 자연스럽게 '선배'로 부르고 '언니'나 '오빠'로 이야기할 때 나는 '우리 커뮤니티'의 사람이 되기 어렵다. 나에게는 매우 생경한 조직 문화가 누군가에게는 학생운동의 연장으로 당연하게 받아들여지는 분위기에도 위화감을 느낄 수밖에 없었다. 술자리에서 무엇보다도 먼저 학번을 묻는 문화, 공유할 수 없는 학생운동을 바탕으로 한 대화 코드들, 정치적 입장으로 개개인을 분리하기 어려운 대학 기반 커뮤니티. 이런 것들에서 분명히 '배제'된다고 느끼지만, 지적하면 혹시나 또 예민하거나 예의 없는 사람으로 치부되지 않을까 걱정되어 사실 이야기하기조차 어렵다. 이런 운동 사회의 분위기가 나를 비롯한 대학거부자들이 결국 '부적응자'로 취급되는, 또 다른 굴레는 아닐까 싶다.

당신을 기다리고 있다

나, 나는 살아남아보고 싶다. 내가 있는 곳에서, 나와 관계 맺는 사람들 속에서 나와 내 운동을 충분히 설명해보고 싶고 이해받아보고 싶다. "네가 느끼는 모든 위화감과 불편함들은 네 선택 탓이다"라고 말하기엔, 학벌은 1퍼센트가 아닌 다수의 사람들에게 불합리한 '권력'이다. 선택으로 피해갈 수 있는 것도 아니다(그러고 싶지도 않지만). 학벌 권력을 종용하는 미디어와 공교육이 판치는 한국 사회에서 조금이라도 숨 쉬어본 사람이라면 체감으로 알 수 있는 사실이지 않은가. 평등과 인권의 가치를 지향하는 사회에서 학벌이란 말이 되지 않는다는 것을.

당신의 연대를 기다리고 있다. 당신이 대학을 다니든, 명문대를 나와 학벌 기득권을 가지고 있든 간에 학벌사회에 대한 문제의식에 동의하는 사람이라면 지위는 중요하지 않다고 생각한다. 당신이 가진 조건들이 어떤 권력이 되어 누군가를 억압하지 않도록 사회를 함께 만들어가면 되는 것이니까. 함께 살아가고 싶다. 어떠한 권력에서도 자유로운 사람으로 존재하면서 누구에게도 억압당하지 않고 누구도 억압하지 않는 주체가 되고 싶다. 오해를 풀자면, 나는 내가 대학거부를 했다고 해서 대학을 선택한 누군가를 막연히 운동의 적으로 생각하지는 않는다. 진심으로 당신의 연대를 환영한다.

같은 마음인 당신이 지금 당장 할 수 있는 일이란, 당신이 가지고 있는 위치가 '권력'을 만들어내서 학벌사회를 더 공고하게 만들진 않았나 생각해보는 것이다. 하나하나 문제가 보이고, 고민되는 점들이 생겨나면 '나의 대학거부'는 '당신의 대학거부'가 될 수 있다. 대학이라는 학력을 거부한 행동으로 나의 대학거부는 시작되었지만, 당신이 대학 중심적인 극심한 학벌주의 문화들에 불편함을 느낀다면 당신의 대학거부 또한 시작된 것이다. 대학(또한 대학 중심적인 사회)을 거부하는 것이 나의 운동으로 남지 않고 우리의 운동이 되길 바란다. 그렇게 살아나가고 싶다. 나의 해방과 당신의 해방이 맞닿을 수 있다면, 나의 대학거부는 계속 진행 중일 것이다.

'학교'에게서 도망치다

이찬우

    학창 시절을 되돌아보는 것은 나에게 달가운 일은 아니다. 과연 학교를 다니며 즐거웠던 적이 있었는지 의문이 들 만큼 회상할 때마다 나를 한없이 우울하게 만든다. 요새도 간혹 학교에 다시 입학하는 꿈을 꾸고는 하는데, 적어도 군대에 가기 전까지는 나에게 최악의 꿈이 될 것 같다. 얼마 되지 않는 분량이지만 이 글을 쓰며 참 힘들었다. 글을 쓰기 위해서는 즐겁지 못한 기억들을 구체화시켜야 했고 구체화된 기억들은 글을 쓸 수 없도록 괴롭혔다. 지우기와의 무한한 씨름, 우울 속에서 겨우 적어낸 이야기는 차별과 폭력에 대한 것들이다. '좋은 대학을 위해서'라는 명목으로 학교에서 행해지고 있는 수많은 폭력과 차별, 그것들에게서 도망쳤던 나의 이야기를 담았다. 다른 거부자들의 글과 달리 이 글에는 입시와 거부 사이에서 겪는 심경 변화가 잘 드러나 있지 않다. 고등학교를 자퇴한 나는 그것들을 고민할 기회조차 갖지 못했다. 나에게는 입시거부자라는 표현보다는 도망자라는 표현이 더 잘 어울릴 것 같다. 이 글을 쓰면서 아직도 배움과 대학에 대한 미련이 상당히 남아 있음을 알았다. 그럼에도 그것들을 계속 미련으로 가지고 있을 수밖에 없는 것은 차별과 폭력이 무서운 겁쟁이의 숙명일 것이다.

성적에 따라 갈망해야 했다

나는 전주에서 중학교를 다녔다. 전주는 인문계 고등학교를 가기 위해서 연합고사를 봐야 하는 지역이었다. 3학년이 되자 매달 모의고사를 봐야 했고, 그것을 통해 학생들의 부류가 나뉘었다. 특수목적 고등학교, 인문계 고등학교, 실업계 고등학교 중 어떤 학교를 갈 수 있는지, 또는 준비하고 있는지가 그 기준이었다. 애초에 고등학교 입학에서 적성이나 관심보다는 성적이 지배적이라는 점에서 문제가 있지만 이에 대한 인식은 더욱 심각했다. 특목고에 입학하는 것은 자랑스럽고 칭찬받아야 하는 일, 인문계 고등학교에 입학하는 것은 당연한 일, 실업계 고등학교에 입학하는 것은 부끄러운 일로 여겨졌다. 그나마 거리가 멀어 보이는 예체능 고등학교가 있기는 했지만, 실업계 고등학교에 가는 부끄러움에서 벗어나기 위해 예체능 고등학교를 선택하는 사람들이 많았던 것을 보면 성적과 전혀 무관하다고 할 수 없었다. 지금과 같이 오디션 열풍이 불기도 전이었기에 적성과 관심 때문에 예체능 고등학교를 선택하는 사람들은 그야말로 '예외'로 취급받았다.

성적의 높고 낮음과 상관없이 학생들에게 입시에 대한 '선택권'은 거의 주어지지 않았다. 대부분의 경우는 사회적 인식이 강요하는 선택을 따를 수밖에 없었다. 만약 특목고에 입학 가능한 사람이 인문계 고등학교를 선택한다면 경제적 어려움이나 장학금 지급과 같은 '납득할 만한 사유'가 있어야 했고, 그조차도 안타까움 어린 시선을 받았다. 당연하게도 특목고에 입학 가능한 사람이 실업계 고등학교를 가는 것은 상상도 할 수 없는 일이었고 만약 그런다면 극구 만류해야 하는 일이었다. 성적은 선택권이 아니라 무엇을 선택해야 하는지 그 의무를 나타내는 절대적 지표로 이용됐다. 적성과 관심보다는 취업이 잘되는 대학교, 서열이 높은 대학교를 선택해야 했다. 높은 성적을 받았을 때는 의사가 되길 원해야 했고, 그보다 낮은 점수를 받았을 때는 공무원이 되길 원해야 했다. 성적이 오르고 내릴 때마다 내가 갈망해야 하는 것이 바뀌어야 했다. 갈망하지 않아도 갈망해야만 했다. 그렇지 않으면 살인적인 공부량을 버틸 수가 없었다. 그렇게 자신을 세뇌해 가면서 성적이라는 결과물을 내야 했고, 그 결과물은 또 다른 세뇌를 야기했다. 단계별 세뇌 과정 속에서 의문은 사치였다. 생각하기를 멈추고 기계처럼 공부만 하는 것이 정신건강에 가장 좋았다. 성적에 의해 속박받는 삶을 벗어나겠다는 것. 그것은 임금노동에 영향을 받지 않을 예외적 인물이 아닌 이상 낙오자가 되겠다고 선언하는 행위가 되어버렸다. 물론 성적에 종속되어 그 요구를 열심히 수행하겠다 선언을 할지라도 낙오자가 되지 않으리라는 믿음을 주는 사회는 아니지만 말이다.

성적으로 차별받는 학생들

성적에 의한 차별적 대우와 관련하여 기억나는 일화가 하나 있다. 시험이 얼마 남지 않은 자율학습 시간이었는데 담임교사가 몇몇 학생들에게만 청소를 시켰다. 정해진 청소 시간도 아닌 자율학습 시간에 말이다. 딱히 잘못을 하거나 말썽을 부려서 시키는 체벌적 의미의 청소도 아니었다. 앞서 말한 부류에서는 인문계 고등학교에 갈 점수가 되지 못하는, 실업계 고등학교에 입학 예정인 학생들이었다. 더 정확히 표현하자면 40명 중 맨 뒤에서 순위를 다투던 학생들이었다. "절대 다른 이유에서 청소를 시키는 것이 아니다. 그냥 너희가 다른 친구들을 위해서 조금 더 봉사하면 좋은 것이지 않느냐"고 말하는 교사의 위선적인 태도야말로 성적 때문에 청소를 시킨다는 의심을 더욱 확고하게 만들어주었다. 모두가 시험을 준비하는 고요한 교실에서 유독성 락스로 때에 찌든 벽을 닦으면서 어떤 생각을 했을지 궁금하다. 또 청소하는 몇몇을 보며 조용히 공부를 하던 다른 학생들은 어떤 생각을 했을지 궁금하다. 자신이 청소를 하지 않아서 다행이라고 여겼을지, 아니면 어차피 공부를 못하니까 청소라도 하는 것이 당연하다고 생각하며 자신의 특권을 마음껏 누렸을지 말이다. 마스크와 같은 기본적인 안전 장비도 없이 유독성 세제와 수세미 하나로 벽을 닦는 것은 분명 고된 노동이다. 심지어 청소하다가 튄 락스 때문에 옷이 탈

색되기도 했다. 아마 대다수의 사람들이 되도록 하기 싫어하는 일일 것이라 생각한다. 그 하기 싫어하는 일을 몇몇 학생이 대신해야만 하는 이유는 성적이 낮아서였다. 꼭 이 사건뿐만 아니라, 담임교사는 성적이 높은 학생들을 청소나 잔심부름에서 최대한 제외시키고는 했다. 특권이든 고단한 노동이든 반 구성원들은 성적에 따라 차별적 대우를 받아야 했다.

폭력이라 불리지 않는 폭력

학교에서 가장 빈번하게 발생하는 폭력은 학생들끼리의 폭력이 아니고 교사가 체벌이라는 이름으로 행하는 폭력이었다. 교사들은 각목과 비슷한 크기의 막대기를 항상 소지했고, 폭력의 도구로 쓰이는 그 막대기에 이름을 붙이며 자랑스러워하기도 했다. 입학하고 첫 수업 시간부터 자신의 체벌로 제자들을 명문대에 많이 입학시켰다는 신화적 경험담에 대해서 떠들어댈 정도였으니 그들이 체벌에 부여하는 의미가 어떤 것인지 짐작할 수 있었다. 지난 9년간 일상적으로 체벌을 경험해왔지만, 고등학교에서의 체벌은 너무나 충격적이었다. 이전에는 손바닥이나 허벅지에 가해지는 매타작, 고된 자세로 벌 서기 등이 주를 이루었는데 더 강도가 높고 수치스러운 체벌이 더해졌다. 수업 시간에 졸고 있는 학생의 성기나 젖꼭지를 잡아 비틀기도 하고, "너 같은 애는 내가 키우는 개의 밥으로 줘야 하는데" "내가 멧돼지 사냥 허가증이 있어서 집에 총이 있는데 너 같은 애는 총으로 쏴서 죽여야 한다" 등 심각한 수위의 언어적 폭력을 행사하였다. 단순히 매로 가하는 신체적 폭력뿐 아니라 이런 성性적이고 정신적인 체벌을 가하는 이유는, 매를 맞는 체벌에 이미 학생들이 면역이 생기기 시작하여 더 큰 자극을 주기 위해서라고 나름의 논리까지 더하면서 말이다. 도대체 무엇을 위해 계속된 '자극'을 받아야 하는지도 의문이지만, 얼마나 자주 겪기에 신체적 폭력에 면역이 생길 수 있는지 안타까웠다. 더욱 안타까웠던 것은 학생들 또한 그 폭력들에 의한 하나의 성과물이 되어가고 그것을 긍정한다는 점이었다. 매주 영어 단어 시험을 보고 일정 수준 이상의 점수를 받지 못하면 틀린 수만큼 때리는 교사가 있었는데, 다른 교사들에 비해 '인격적'으로 체벌을 했다는 이유로 크게 반감을 사지 않았다. 시험 점수라는 일정한 규칙을 제시하고 그에 따라 폭력을 행사하기에 정당하고 합당한 것처럼 여겨졌다. 분풀이 형태의 체벌도 상당했기에, 이 정도면 우리에게는 '인격적'이었다. 그날도 어느 날과 다름없이 자신이 틀린 영어 단어 개수만큼 맞고 있었는데, 자매학교 방문 목적으로 온 외국인들이 그 광경을 보고 경악을 하며 사진을 찍어댔다. 이때 당황하는 교사를 대변했던 사람들은 놀랍게도 학생들이었다. 규칙에 따라 맞는 것이기에 큰 문제가 되지 않고, 그 교사의 체벌이 아니었다면 자신이 이만큼 영어 단어를 외우지 못했을 것이라고 말이다. 충격적인 상황이었다. 폭력에 면역된다는 것이 이런 것이 아닐까? 강한 '자극'이 평준화가 된 사람들에게 약한 '자극'은 더 이상 폭력이 아니게 되어버린 것일까? 아마 우리가 면역이 된 것은 아픔에 대한 반응이 아니라, 폭력에 대한 반감과 저항해야 한다는 마음이었을 것이다. 폭력에 대한 인지 능력을 잃어버린 사람들에게 폭력은 단지 성과를 위한 연료에 불과했다. 강한 목적이 작용하는 성과 사회에서 성과를 낸 폭력은 더 이상 폭력이 아니게 되었다.

한번은 누군가가 자신의 반감을 공식적으로 드러낸 경우가 있었다. 아마 이 폭력 사회에 대한 작은 저항의 표시였을 것이다. 매번 문제를 내고 3초 이내에 대답을 하지 못하면 때리던 교사가 있었는데, 그가 신고당했다. 교육청에서는 학교에 공문을 보냈고 해당 교사는 주의 조치를 받았다. 하지만 그 교사의 체벌은 줄어들지 않고 오히려 각 반 수업 시간마다 자신이 신고를 당했다는 이야기를 하고 다니며, 신고한 학생을 찾으면 죽여버리겠다고 으름장을 놓았다. 가해자가 취할 수 있는 가장 오만한 태도를 보여준 그에 의해 그 작은 저항은 허무하게 끝이 났다. 폭력에 대해 감사의 마음을 갖게 만드는 기형적인 사회에서 그 면역 기능마저 제대로 작동하지 않는 사람들이 택할 수 있는 선택은 오직 발악뿐이었다. 발악을 통해서만 유일하게 자신의 삶에 대한 희망을 확인할 수 있었을 것이다. 그 발악이 이렇게 허무하게 짓밟혀버리는 사회에서 우리가 내릴 수 있는 선택은 무엇일까?

졸지에 거부자 타이틀을 갖게 됐지만

폭력과 차별이 일상인 사회에서 폭력과 차별에서 벗어나고 싶다는 욕구는 결국 그 사회를 떠나야 한다는 선택을 하게 만들었다. 부모님과 담임교사에게 자퇴 의사를 밝혔는데, 차마 맞기 싫어서 자퇴한다고 말할 수는 없었다. 미래에 대한 장황한 계획을 말하거나 특정한 꿈이 있는 것처럼 말하는 등 이것저것 다른 핑계를 댔다. 담임교사는 취업과 대학입시를 이유로 생각을 바꿔 계속 학교에 다니기를 원했다. 몇 번을 더 찾아가서 상담을 받은 후에야 겨우 자퇴에 성공할 수 있었다. 아마 3주 정도가 걸렸던 것 같다. 그렇게 고등학교 2학년, 중간고사를 앞둔 4월에 학교를 떠났다. 아직도 이 과정에서 나를 보던 시선들이 기억이 난다. 생각 없고 철 없는 청소년, 학교까지 포기할 정도로 자신의 꿈에 열정이 있는 학생, 경멸할 정도의 쓰레기. 그나마 열정 있는 학생이 그 상황을 버티기 가장 편리했기에 그렇게 연기하기도 했다. 아니, 살아남기 위해서는 연기해야만 했다. 나를 바라보는 표정에서 느껴지는 경멸을 버틸 자신이 없었다. 자퇴를 한다는 나의 선택은 그들에게 '잘못된 판단'이거나 '특별한 선택'이어야 했다.

자퇴를 한 뒤 한동안은 재밌게 지냈다. 그동안 관심 있던 것을 학원을 다니며 배우기도 하고, 생전 처음으로 아르바이트를 하면서 돈도 벌었다. 학교를 다닐 때는 건강이 심하게 안 좋아 매주 한의원을 다녔는데 잠도 푹 자고 운동도 꾸준히 하면서 좋아졌다. 그동안 하고 싶던 게임을 실컷 하기도 했고, 낮에 한가한 거리를 산책하기도 했다. 그렇게 태평한 삶을 보내다가 열아홉 살이 되었다. 입시 준비에 힘들어하는 친구들을 보며 어느 순간 괴리감이 들기 시작했다. 자퇴를 한 뒤로 친구들과 나의 삶은 완전히 달랐다. 생활 패턴도, 공유하는 공간도 다르기에 약속을 잡아 얼굴 한 번 보는 것조차 어려워지게 되었다. 당시 아빠가 집에서 일을 해같이 있는 시간이 많았는데 눈치를 보느라 힘들었다. 갑자기 문을 열고 들어와 잔소리나 훈계를 하지 않을까 긴장해야 했다. '평범하게' 자신의 시간을 갖는 것에 자책감을 느껴야 했다. 이런 감정은 친구들이 수능을 보던 날 가장 심했던 것 같다. SNS는 수능이 끝나고 난 후 느끼는 해방감과 그동안의 수고를 치하하는 글들로 넘쳐났다. 하지만 나는 해방감을 느낄 무언가도, 치하받을 수고도 없었다. 그날은 그들의 날이었지만 나의 날은 아니었다. 그들의 삶과 나의 삶이 다르다는 것을, 외면하고 있던 사실을 뼈저리게 느꼈다. 또 앞으로도 계속 다른 삶을 살아가게 될 것이라고 체감할 수밖에 없었다.

대학을 가지 않는다는 소식을 듣고 한 친구가 연락을 했다. 투명가방끈이라는 단체에서 대학거부자를 모집하고 있는데, 이름을 올릴 생각이 없느냐고 물어봤다. 얼떨결에 이름을 올리게 되었고 나는 졸지에 거부자라는 타이틀을 갖게 됐다. 학교가 무서워서 도망간 주제에 잘도 그런 타이틀을 갖게 되었다. 하루 종일 공부하는 기계가 되는 것, 별 이유도 없이 심심풀이로 맞아야 하는 것, 성적 때문에 차별받는 것이 무서워서 도망갔던 나에게는 과분한 타이틀이었다. 이런 나도 언젠가부터 타의적 의미의 거부자가 아닌, 자의적 의미의 거부자가 되었다. 학교에 갖고 있는 문제의식들을 누군가에게 말하고 비판하는 과정에서 얻는 위안이 좋았기 때문일까? 아니면 더 이상 내가 '낙오자'가 아님을 느끼게 해주었기 때문일까? 아니면 학생인권조례를 위해 싸우던 사람들에게 영향을 받은 것일까? 잘은 모르겠으나, 한 가지만은 확실하게 말할 수 있을 거 같다. 어쩔 수 없는 것이라 여기며 외면하고 피해왔던 것들이 계속 '어쩔 수 없는 상태'로 남아 똑같은 일들을 되풀이하는 것들을 더 이상 지켜만 보고 있을 수는 없기에.

나의 '불순한' 대학거부

호야

내가 덜 불안할 길을 택했을 뿐

나의 대학거부는 갑작스럽게 결정되었다. 나는 처음부터 대학에 가지 않을 생각은 없었다. 나는 교육대학교에 가고 싶었던 고등학생이었다. 초등학교 교사라는 직업 말고 다른 것은 생각해본 적이 없었기 때문에 나는 열심히 입시 공부에 매달렸다. 내가 다니던 고등학교는 전교생 기숙사형·사립 고등학교로, 한때 '정글고 실사판'으로 논란이 되었던 학교였다. 내가 그 학교에 진학했던 것은 순전히 대학이라는 미래를 위해서였다. 나는 하루 16시간 이상 엄격한 통제와 규율 아래에서 공부했다. 이 학교에서 교사가 체벌을 하는 경우는 드물었다. 하지만 그것은 대부분의 학생이 입시 공부에 매진한 나머지, 억압적인 규율에 너무나도 순응적이었기 때문이다. 체벌을 하지 않아도 알아서 말을 잘 듣고, 그러한 규율

이 문제라고 느끼지 못했다는 것이다. 그렇게 폭력과 억압, 순응은 내면화되었고, 다만 입시만이 중요한 삶이 이어졌다.

나는 이러한 억압에 고통받았고 갈등했다. 나는 무엇을 위해 공부하는가, 왜 하고 싶지 않은 공부를 해야만 하는가, 이대로 획일적인 인간이 되는 것은 아닐까 등 온갖 질문이 머릿속을 맴돌았다. 하지만 나는 교실에서 답을 찾을 수 없었다. 나는 질문에 대한 답을 찾기 위해 입시 공부를 '교실의 다른 이들보다는' 소홀히 했고, 언·수·외 문제 풀이 대신 사회과학 서적과 신문에 빠졌다. 하지만 아무리 질문을 던지고 답을 찾아보아도 그것은 강고한 현실의 벽 앞에서 부서졌다. 그래서 나는 타협하며 인내하는 수밖에 없었다. 아무리 내가 이런 교육 체제에 반대한다고 해도 그 속에서 빠져나온다는 생각을 하지는 못했던 것이다.

그렇게 나는 고등학교에서 2년 8개월가량의 시간을 보내고 수능을 치게 되었다. 결과는 기대 이하였다. 나는 애써 담담하게 정시 가·나·다군 원서를 넣고 스무 살의 겨울을 맞았다. 그리고 2011년 1월 31일, 나는 모든 대학에서 불합격 통보를 받고 인생이 꼬였다는 사실을 깨닫는다. 이틀가량은 눈앞이 깜깜해지면서 아무것도 하지 못하고 다만 울었다. 하지만 어쨌거나 나는 앞으로의 삶을 생각해야 했다. 내 앞에 놓인 선택지는 두 가지였다. 재수를 하거나, 대학에 가지 않거나.

매일을 갈등하며 유보해왔던 나의 자유를 또 1년 유보하거나, 학벌과 뚜렷했던 진로를 포기하고 자유를 맞는다. 나는 이 억압 속에서 또 내 삶을 유예하고 싶지는 않았다. 또한 재수를 한다고 해서 이번보다 더 나은 성적을 받을 자신도 없었다. 그리고 무엇보다 고등학교 생활을 하면서 재수를 생각해본 적이 없었다. 쌀쌀했던 고3의 봄날에 신문에서 김예슬의 대학거부선언을 보았다. 그것은 내게 대학을 거부할 수 있다는 것을 알려준 사건이었다. 당시에는 입시 공부에 바빴기 때문에 이에 대해 깊게 생각하지는 못했다. 당장 나를 옭죄고 있는 입시 공부를 거부한다는 데까지 생각이 미치지도 못했다. 하지만 내가 갈 대학에서도 이와 같은 삶이 계속된다면 충분히 거부를 생각해볼 수 있을 것 같았다.

생각해보지 않은 미래와 생각해본 미래의 차이는 꽤 중요한 것이었다. 나는 내 인생의 갈림길에서 내가 '생각해본' 미래를 택하기로 했다. 혹자는 1년을 참지 못해 수많은 것을 잃은 바보라고 할지도 모르겠다. 하지만 어느 선택이라도 잃는 것은 있었으며, 나는 조금이나마 내게 친숙하고 내가 덜 불안한 길을 택한 것일 뿐이다. 그렇게 결정을 내리면서 나는 일주일 만에 슬픔과 절망에서 벗어날 수 있었다.

대학거부 동기가 '불순'하다고?

대학거부자로 살며 청소년인권활동을 하던 중에, 투명가방끈 모임을 시작한다는 이야기를 듣고 함께 결합하여 활동하게 되었다. 투명가방끈에 있는 대학거부자들의 유형을 나누어보면 '대학에 갔다가 자퇴한 경우'와 '애초에 대학에 가지 않은 경우' 두 가지로 나뉜다. 그 안에서 각자의 대학거부 동기는 모두 제각각이다.

그리고 이 동기에서 공통된 흐름, 즉 입시 위주의 교육, 학력에 따른 차별에 대한 문제의식 등을 모아 목소리를 내는 것이 투명가방 끈의 활동이었다. 투명가방끈 내부에서 이러한 공통된 흐름을 제외하고 제각각인 동기의 '순수성'을 따져 묻는 일은 없었다. 그것은 개인적 차이일 뿐 논쟁거리가 아니었기 때문이다. 하지만 투명가방끈을 바라보는 외부의 시선에서는 이 순수성이 중요했던 것 같다. '사회에 대한 문제의식에서 출발한 고려대생 김예슬의 대학거부'와 '대학에 떨어지는 바람에 대학거부를 해보기로 한 나의 대학거부'는 동기의 순수성에서 질적으로 다르다는 것이다.

나의 대학거부는 '너의 낙오를 대학거부로 포장한 것이 아니냐?' '거부인가, 도피인가?'라는 식의 논쟁에 휩싸이기에 충분했다. 다른 대학거부자들의 대학거부 동기에 비하면 나의 그것은 '불순하기 짝이 없는' 것이었다. 나는 외부의 시선에 크게 개의치 않으려 했지만, 내 동기의 불순함을 해명할 수 없었기에 괴로웠다. 나조차도 나의 대학거부에 자발성과 강제성이 어느 정도의 비율로 작용했는지 말하기 어려웠기 때문이다. 나는 한창 투명가방끈 활동에 열을 올리던 때 이와 같은 콤플렉스를 가지고 있었고 나름의 스트레스도 받았다.

하지만 지금 생각해보면 이 불순함 자체가 나의 대학거부의 특성이며 나 자신의 고유한 위치를 보여주는 것이 아닐까 싶다. 내 대학거부 안에 존재하는 낙오, 저항, 도피, 거부의 속성, 그리고 동기의 자발성과 강제성의 혼합 자체를 인정하자는 것. 그것을 어느 한쪽으로 규정하는 것은 쓸모없는 짓이다. 나의 대학거부는 분명

저 모든 것들이 뒤섞여 만들어졌기 때문이다. 이런 모순성을 끌어안고 내 안의 낙오와 저항, 도피와 거부를 동시에 이야기하는 것이 나의 대학거부일 것이다.

대학거부는 신성하지 않다

이전에는, 특히 투명가방끈이 한창 이슈가 되었던 때에 나는 나의 대학거부를 신성시했다. 내 동기가 불순하든 어쨌든 간에 당시 내가 냈던 목소리는 저항과 거부의 목소리였다. 나는 나의 삶이 거창하지는 않더라도 하나의 대안으로서 존재할 수 있다고 믿었고, 그것을 '본보기'와 같이 포장하려 애썼던 것 같다. 꼭 누군가에게 내 삶을 보여주어야 한다고 생각지는 않았지만 누군가가 필요로 한다면 '나는 이렇게 살아요, 이런 삶도 있어요'라고 주저 없이 말하고 싶었던 것이다. 그래서 나는 꽤 성실하게, 희망을 가지고 살았다. 나는 불안하지만 그래도 이런 식으로 살아나갈 거라고, 내 의지가 꿋꿋하지 않느냐고 말하고 싶었나보다.

하지만 시간이 가면서 대안이라는 환상은 붕괴되었다. 현실은 그리 극적이지 않으며 긍정적이지도 않았다. 정말 하루하루가 불안하기 짝이 없었다. 어디에서도 미래에 대한 답이 나오지 않았다. 이전에는 대학거부자로서의 내 인생이 주변의 대학생 친구들에 비해 반짝인다는 느낌이 있었다. 내 인생은 남들과 좀 다르다는 데서 오는 희열도 있었던 것 같다. 하지만 시간이 지남에 따라 내 삶과 그들의 삶은 불안이라는 공통 요소로 유사해져만 갔다. 동시에 내 삶에서 대학거부자 정체성이 갖는 비중도 점점 축소되었다. 나는 더 이상 나의 대학거부를 신성시하지 않게 되었다. 대안으로서의 내 삶 또한 더 이상 중요치 않게 되었다. 내게 중요한 것은 다만 생존이었다.

대학거부를 택한 후 나는 부모님과 1년 이상 대학 문제로 다투었다. 하지만 이제 부모님은 내게 대학거부를 '이용'하라고 말한다. '공무원 시험으로 직행'하거나 '고졸 입사'를 노리라는 이야기가 그들의 입에서 나오기 시작하는 것이다. 나에게도 언론에게도 2011년 당시 대학거부는 '대학교라는 공간에 대한 거부'라는 측면이 강했던 것 같다. 하지만 이제 대학거부에 대한 부모님의 바뀐 태도와 나의 바뀐 인식은 대학거부가 이것을 넘어서는 언어가 되어야 한다고 말하고 있다. 그렇다면 그 언어가 되는 대학거부란 무엇인가? 나는 적어도 내게 있어서는 그것이 학교가 내게 남긴 폭력, 억압, 순응의 잔재를 털어내는 작업이라고 생각한다. 나는 고등학교 졸업 후 오랫동안 학교가 내게 새겨 넣은 폭력성을 잊어버리고자 했다. 하지만 그것은 잊어버릴 것이 아니라 꺼내고 마주하며 더 적극적으로 거부해야 할 것이었다. 지금까지도 이것들은 내 몸속에 굳건히 자리 잡고 있기 때문이다.

학교가 내게 남긴 것

먼저 나는 학교에서 효율성의 언어를 배웠다. 그것은 모든 것을 '내게 득이 되는가?'라는 질문으로 수렴시켰다. 그리고 타인과의 관계보다도 내 일이 중요하다고 말했다. 나는 그것을 믿었고, 그로 인해 학생 때 꽤 많은 친구들과 사이가 멀어졌다. 나는 지금까지도 이런 습성을 떨쳐내지 못해 사람과 관계 맺는 데 어려움을 겪고 있다. 예를 들어 나는 관계에서 곤란한 문제를 마주하게 되면 일방적으로 '잠수'를 타는 것을 쉽게 선택한다. 이것은 대화를 통한 문제 해결을 거부하는 아주 미성숙한 태도이다. 하지만 이렇게 자각하면서도 반복하는 것은 내가 그만큼이나 자기중심의 효율성 언어를 버리지 못하고 있기 때문이 아닌가 싶다.

또 나는 일상에서 내 주체성을 회복하는 데 어려움을 겪고 있다. 학교라는 공간에서 벗어나게 되자 하루 24시간에 대한 통제권은 온전히 나에게 있게 되었다. 그 누구도 내게 몇 시에는 자야 하고, 몇 시간은 공부를 해야 한다는 등의 소리를 하지 않게 된 것이다. 하지만 나는 이 시간을 보내는 데 어려움을 겪었다. 학교 종소리를 그리워한 적도 있다. 오랜 시간 통제를 당하다 갑작스레 자유를 마주했을 때 나는 한없이 무력해졌다. 자유를 누리는 것이 내 당연한 권리로 받아들여진 것이 아니라 '이래도 되나'라는 자기검열로 이어졌다. 그래서 나는 실제로 스무 살 당시에 인문학 강좌를 신청해서 일부러 나를 공부하게 했다. 지금은 3년가량 시간이 흘렀기 때문에 스스로 내 시간을 구성하는 데 꽤 익숙해지기는 했다. 하지만 아직도 나는 의미 없는 자유 시간이 생기는 것을 견디지 못하는 편이다. 성실하기를 스스로 강요하고 있다고 할까.

마지막으로 내가 가진 강박 중 하나는 대학거부를 했더라도, 학교를 안 다니더라도, '뭐 하나는 잘해야 한다'는 것이다. 이것은

'누구나 잘하는 것이 하나쯤 있어야 한다'는 식의 이야기를 내가 내면화했음을 보여준다. 무의미한 것, 쓸모없는 것은 효율성의 측면에서 죄악이다. 나는 내가 학교에 가지 않는 것은 괜찮지만 쓸모없는 인간이 되는 것은 용납할 수 없었다. 그래서 불안한 현실 속에서도 내 삶을 여러 가지 활동으로 '가꿔온' 게 아닌가 싶다.

그보다 먼저 '꼭 쓸모가 있어야 하는가?' '쓸모 있는 것과 없는 것을 판단하는 것은 누구인가?' '이 사회가 그러한 구분으로 자연히 쓸모없는 것을 만들어내는 것은 아닌가?' 등과 같은 질문을 던져볼 필요가 있다. 하지만 나는 학교에서 체득한 논리를 통해 이런 질문 속에서도 쓸모 있음을 갈망해왔다. 이러한 강박에서 벗어나 학교가 남긴 것들의 폭력성을 내 안에서 떨쳐내고 새로운 언어를 가져야 한다고 생각한다. 이 글을 쓰고 나니 더더욱 지금 나를 구성하고 있는 언어들이 대부분 학교에서 온 것임을 깨닫게 된다. 이 언어를 인권의 언어로 바꾸어나가는 일이 내가 진정으로 대학 거부를 하는 것이 아닐까 생각한다.

나는 '응원'을 바라는 것이 아니다

대학거부자인 나를 지지하고 응원한다는 사람들이 있다. 나는 지지와 응원을 바라지 않는다. 지지와 응원은 결국 자신의 문제로 깊숙이 끌어들이지는 않겠다는 의지의 표현이 아닐까. "파이팅" "힘내세요" "지지합니다" "응원합니다" 등은 관조자의 목소리일 뿐이다. 이러한 태도를 접하면 나는 쓸쓸한 웃음을 짓게 된다. 지지와 응원을 받기 위해 내 삶을 전시한 것이 아님에도 그렇게 치부되고 끝나는 것은 무척 쓸쓸한 일이다. 나는 사람들이 대학거부의 문제를 자기 삶의 문제로 끌어들이기를 원한다.

또 한편에는 나에게 행복하냐고 묻는 사람들이 있다. 이들은 내 삶을 온전한 하나의 삶으로 보지 않는다. 나는 그들에게 대학거부자로서의 나만을 비춰내야 하고, 대학거부와 행복의 상관관계를 증명하기를 요구받는다. 결국 그들은 '대학거부가 할 만한 것인가?'라는 질문을 '행복하십니까?'로 바꾸어 묻는 것뿐이다. 나는 대학거부라는 선택을 그다지 후회하지는 않지만, 지금 그다지 행복하지는 않다. 내 행복감은 시시각각 변화하며, 그것은 대학거부라는 한 가지 요소만으로 좌지우지되지 않기 때문이다.

또 현실은 너무나도 불안한 것이 사실이다. 어디서도 탈출구를 찾을 수 없으며, 탈출구라는 것이 존재하는지조차 의문이다. 내가 대안 찾기에 연연하지 않게 된 것도 그런 자각 때문이다. 이런 각박한 상황에서 대학거부와 행복의 상관관계를 찾아서 무얼 어쩐단 말인가. 내게 필요한 것은 고민과 질문, 그리고 그 고민과 질문을 함께 이야기할 존재들이다. 그들이 있고 나서야 나는 행복하지는 않을지언정 살아있다는 것은 느낄 수 있을 것이다. 그러니 지지와 응원, 행복하냐는 질문을 넘어 함께 고민하는 것이 어떨까.

낭떠러지에
함께 안전그물을 치자

아 리 데

아빠, 엄마, 누나, 나, 여동생 5명인 우리 가족은 흔치 않은 '교사 집안'이다. 아빠는 안양의 한 사립 고등학교에서 윤리 교사로 일하고 있고, 엄마는 인천에서 공립 유치원 교사를 하고 있다. 누나는 올해 임용고시에 합격하고 세종시에 있는 초등학교에서 기간제 교사로 일하며 발령을 기다리고 있다. 고등학교 1학년인 내 동생 역시 교사가 되겠다며 교육 봉사 동아리에 가입하는 등 교육대학에 가기 위해 아등바등하고 있다. 어쩌면 당연하게도, 나 역시 유치원부터 고등학교까지 빠지지 않고 등장하는 희망직업란에 '교사'라고 적었다. 구체적으로 어떤 과목을 가르치고 싶다는 생각은 없었다. 그냥 선생님이면 다 좋았다.

이것은 아버지의 꿈

사실 선생님이 되겠다는 꿈은 내 꿈이 아니라 내 아빠의 꿈이다. '베이비 붐' 세대인 아빠는 어린 시절 굉장히 가난하게 살았다. 집안 사정으로 인해 중학교를 자퇴하고 말 그대로 돈 되는 일이면 뭐든 했다. 아빠가 '주인집'이라고 부르는 집이 있는데, 그 주인집에 가서 할아버지와 함께 하루 종일 일을 하고 쌀 한 되에 고무신한 켤레를 받았다고 한다. 할아버지는 종종 집안 제사가 끝난 후, 술을 마시고 눈물을 흘리며 아빠에게 "너는 나처럼 힘들게 살지 마라"라고 이야기했다고 한다. 20살이 넘도록 그렇게 생활하다 어느 날 아빠는 가난을 끊어내겠다며 공부를 시작했고, 꽤나 명성이 높은 고등학교에 진학했다. 하지만 이후 대학원 과정까지 수료했음에도 마땅한 직업을 가질 수 없었고, 시골에서 하던 기간제 교사를 그만두게 되면서 엄마와 함께 전국을 돌아다니며 구직을 했다. 그러던 중, 아는 분의 소개로 아빠는 지금까지 다니고 있는 학교에서 일할 수 있게 됐다.

엄마는 전문대학의 유아교육학과를 졸업했다. 아빠가 선생님이 되고 나서, 아빠의 권유로 엄마는 유치원 임용 시험을 준비하기 시작했다. 거의 독서실에서 살다시피 하며 수년간 시험을 준비했지만, 번번이 떨어졌다. 심지어 1점 차이로 떨어진 적도 있었다. 새벽에 내가 잘 때 집에 들어와서, 잠에서 깨기도 전에 다시 독서실로 향하는 고된 생활을 반복하며 정말 열심히 공부했고, 결국 유치원 선생님이 됐다. 엄마가 유치원 선생님이 되자 집안의 경제상황은 눈에 띄게 좋아졌다. 도둑이 들어도 훔쳐갈 만한 물건이 없다며 농담을 하던 10평 남짓 되는 집에서 20평대의 아파트로 이사를 갔다. 중학교에 진학할 때는 '우리 집'이 생겼고, 나도 내 방을 가질 수 있게 됐다.

아빠가 선생님이 되었을 때가 1995년이다. 덕분에 IMF 사태를 절묘하게 피할 수 있었고, 엄마가 선생님이 되면서 나름 중산층으로 살아갈 수 있게 됐다. 그러다보니 부모님은 '교사'라는 직업이 가난에서 자신과 가족을 구해준 천직이라고 생각한다. 덕분에 어릴 때부터 내게 교사가 되라고 이야기했고, 자연스럽게 내 장래희망 직업 1순위가 됐다. 하지만 "아빠가 그게 좋대요"를 제외하면 정말 별다른 이유가 없었다.

나는 교사가 되고 싶다고 생각은 했지만, 공부가 너무 재미없었다. 학교가 끝나면 친구들과 함께 피시방에 가서 게임을 하고, 놀이터에서 '탈출놀이'를 하며 놀았다. 집 근처에 있던 학생문화회관에서 놀기도 했다. 그렇게 놀다가 아빠에게 공부 안 했다고 혼날까봐 집에 들어가 정답지를 보고 수학 문제집에 답을 베껴 썼다. 어려워 보이는 문제는 일부러 틀린 것으로 채점하고, 정답지에 있는 해설을 문제 아래 여백에 옮겨 적었다. 나름대로 공부를 열심히 한 흔적을 만들기 위해 문제집을 수십 번 덮었다 펴고, 연필로 아무 글자나 적고 지우개로 지운 흔적을 만드는 것도 잊지 않았다.

하지만 방학에는 놀 수 없었다. 부모님 또한 함께 방학을 맞았기 때문이다. 윤리 교사인 아빠는 심지어 방학 보충수업조차 없었고, 나는 하루 종일 아빠 옆에서 수학과 영어 문제집을 풀어야 했다. 아침에 일어나서 공부, 아침밥 먹고 공부, 점심밥 먹고 잠깐 낮잠 잤다가 공부, 저녁밥 먹고 공부…… 새벽 2시가 되면 아빠와 함께 독서실로 누나를 마중 나갔다. 말 그대로 감옥이 따로 없었다. 그런 생활을 반복하던 중, 어쩌다 하루 친구와 만나는 것이 허락되면 집에 돌아오기로 약속한 시간을 훌쩍 넘겨 집에 들어갔고, 아빠에게 많이 혼나곤 했다.

내가 원하는 삶을 사는 것뿐인데

그러다 2008년 촛불시위가 일어났고, 평소 사회운동에 적극적으로 참여하던 부모님을 따라서 집회에 참석했다. 나는 그날 집회에 나온 사람들에 마음이 움직여 이후에도 종종 친구와 함께 나갔다. 그러면서 사회운동에 관심이 생겼고, 아빠의 추천(?) 아닌 추천으로 청소년인권행동 아수나로라는 청소년인권단체를 만났다.

아수나로는 꽤나 흥미로웠다. 온라인 카페를 기반으로 커뮤니티가 형성되어 있었는데, 사람들이 오프라인에서 만나 함께 행동한다는 것이 신기했다. 카페에 활동 모습을 담은 사진도 많이 올라와 있었다. 활동하는 모습이 굉장히 재밌어 보였고, 나도 활동을 하겠다고 마음먹었다. 처음에는 아빠도 우호적이어서 아수나로 모임을 간다고 하면 밥값에 교통비로 쓰라며 용돈을 넉넉하게 주곤 했다.

그러다 일이 틀어지기 시작했다. 점점 모임에 참여하는 횟수가 많아지자 자연스럽게 공부 시간이 줄어들었다. 그러자 아빠는 내가 아수나로 모임에 참여하는 것을 막고 공부할 것을 강요했다. 처음에는 활동을 하지 않겠다고 거짓 약속을 하고 혼나는 상황을 넘겼다. 카페 아이디도 여러 개 만들어서 다른 사람처럼 활동하기도 했다. 하지만 거짓말은 전부 얼마 지나지 않아 들통났고, 그럴수록 아빠는 나를 더 심하게 감시했다. 문자, 통화 내용부터 내가 다니던 독서실까지 뒤지는 일이 생겼고, 심지어 내가 컴퓨터만 하면 "아수나로 놈들이랑 채팅하는 거 아니냐"고 했다.

아빠와 갈등이 심해지면서 짧게는 몇 시간, 길게는 한 달 정도의 가출이 이어졌고, 학교에서 무단결석 과다로 징계하겠다는 통보를 받았다. 그러자 아빠는 징계를 받으면 교육대학에 갈 수 없다는 이유로 자퇴를 하라고 했고, 나는 자퇴 후 노량진에 있는 재수학원에 다니게 됐다. 재수학원에 다니면서도 아빠 몰래 활동을 했다. 내가 원하는 삶을 사는 것뿐인데, 아빠가 나에게 내가 원하는 것을 하지 말라고 강요하는 것이 마음에 들지 않았다. 혼나는 것도 억울하지만, 혼날 때마다 덜 맞기 위해 죄송하다고 말해야 하는 상황이 싫었고, 그런 상황이 반복될수록 더욱 인권운동에 관심과 열정을 가지게 됐다.

그러던 어느 날, 쌍용자동차 공장에서 해고되어 생활하다 목숨을 끊은 노동자분들의 분향소가 대한문에 있다는 소식을 듣고 찾아갔다. 그때 아빠에게 전화가 왔다. 어디 있냐는 질문에 학원에서 자습을 하고 있다고 했다. 하지만 그때 아빠는 예상 외로 학원에 있었고, 당장 집으로 오라고 한 뒤 전화를 끊었다. 내가 집에 들어가자 다짜고짜 아빠는 나를 때리기 시작했다. 더는 죄송하다는 말을 하고 싶지 않아 묵묵히 맞고 있었다. 아빠는 죄송하다는 말조차 하지 않는 내가 괘씸하다며 더 세게 때렸고, 보다 못한 엄마가 아빠를 막으며 내게 집을 나가라고 소리쳤다. 그길로 집을 나왔고, 가출 생활이 시작됐다.

공부를 할수록 대학에 가기 싫어졌다

집을 나오니 내 주변의 모든 것이 달라졌다. 당장 내가 가진 돈은 5만 원이었고, 당연하게 주어지던 옷과 음식 등도 다 내 돈으로 마련해야 했다. 당장 필요한 것이 너무 많은데 내가 할 수 있는 일은 없었다. 다행히 아는 분이 홍대 인근의 옥탑방에서 지낼 수 있도록 해줬고, 나는 당장 아르바이트를 시작했다. 고깃집 서빙이었다. 월요일부터 토요일까지 주 6일 동안 하루 12시간을 일하기로 했다.

아르바이트 생활은 생각보다 너무 열악했다. 사장님의 기분을 상하게 하면 잘릴지도 모른다는 두려움에, 농담이라며 던지는 비하와 욕설을 참아야 했고, 근로기준법의 내용조차 보장받지 못했다. 그렇게 두 달을 꼬박 일했더니 120만 원을 모을 수 있었고, 그 돈으로 친구 한 명과 함께 보증금 200만 원의 월셋방으로 이사를 갔다. 그리고 고깃집을 그만두고 다른 아르바이트를 구했다.

생활이 그나마 안정되고, 나름대로 하고 싶은 활동도 할 수 있게 됐다. 하지만 아르바이트로 삶을 꾸려나가는 것은 여전히 너무 힘들었다. 한 달을 꼬박 일해서 버는 돈은 100만 원이 채 안 되는

데, 월세부터 각종 공과금, 핸드폰 요금 등 써야 할 돈이 너무 많았다. 이미 최소치로 계산한 식비를 더 줄이기 위해 아르바이트하는 곳에서 밥을 많이 먹는 등 생활비를 쪼개서 살아야 했기에 저축은 꿈도 못 꿨다. 여유는 이미 사치가 되었고, 최저임금으로는 도저히 생활할 수 없기에 일을 더 오랫동안 해야 했다. 그러지 않으면 최소한의 생활조차 유지할 수 없었다. 건강을 지키기 위해서는 당장 일을 쉬어야 할 것 같은데, 당장 일을 그만두면 다음달 방세가 없었다. 자연스럽게 건강이 나빠졌고, 1년간의 가출생활로 13킬로그램 정도가 빠졌다. 내가 생각한 삶은 이런 것이 아니었다는 생각이 계속 들었다. 당장 이 생활을 그만두고 싶었다.

대학에 가면 적어도 대학에 가지 않은 것보다는 경제적으로 안정된 삶을 살 수 있을 거라는 생각이 들었고, 결국 공부를 하겠다고 부모님과 합의하고 집으로 들어갔다. 집에 들어오니 정말 편했다. 아르바이트를 가지 않아도 되고, 생활비와 방세를 걱정할 필요가 없었다. 오히려 전에 살던 원룸보다 훨씬 쾌적한 생활을 할 수 있었다. 아빠는 내게 아이패드도 사주고 홍삼이며 몸에 좋다는 건 다 챙겨줬다. 한 달에 100만 원이나 하는 수학 과외를 시켜주기도 했다. 공부를 하면 할수록 점점 대학에 가기 싫어졌다. 아빠가 원하는 것은 대학에서 공부를 하는 것이 아니라 대학이라는 타이틀이라는 생각이 들었고, 아빠가 원하는 대학에 가도 요구는 끝없이 반복될 것 같았고, 난 그저 내가 하고 싶은 일을 하며 살기를 바랐다. 그런 고민을 하던 중, 집에 들어간 지 두 달 정도 지난 어느 날 난 다시 집을 나왔다. 난 교육대학에 가고 싶지 않다고 이야기했

우리는 대학을 거부한다

고, 아빠는 그런 나를 더 이상 키울 수 없다며 집을 나가라고 했다. 그렇게 두 달간의 입시 공부가 끝났다.

일단 이 '나쁜' 대학입시를 거부한다

예전에는 대학에 갈 수 없다는 생각을 하면 막연한 무서움에 주눅이 들었다. 뭐 하며 살지에 대한 고민이 많아졌고, 그럴 때마다 선명한 답을 내게 내놓을 수 없는 내 자신이 안쓰러웠다. 앞으로도 여유가 사치가 되는 삶을 살 것 같았다.

하지만 편의점 계산대에서 일하는 사람이 남보다 더 힘들고 어렵게 살아야 할 이유는 없다. 누군가는 해야 하는 일, 그 노동을 통해 이득을 보는 사람들이 그 일을 '하찮아도 괜찮은 일' 정도로 당연히 생각하는 게 문제 아닐까? 어떤 나라에서는 버스 운전 노동자가 치과의사보다 더 월급을 많이 받는다고 한다. 결국 '하찮은 직업'이라는 것도 사회적으로 규정되는 것이며, 충분히 바뀔 수 있다고 생각한다. 대학에 가지 못한 것은 당시 노력하지 않은 사람의 잘못이라고, 그 책임으로 평생 가난을 짊어지라고 하는 것은 옳지 못하다. 대학에 감으로써 내가 그 사람이 되지 않는다고 해서 문제가 사라지는 건 아닌데, 그렇다면 그 사회를 바꾸자고 외쳐야 하지 않을까? 그러면 지금처럼 성적 비관으로 한 해 100명이 넘는 청소년이 자살하는 비극은 일어나지 않을 것이다.

이젠 대학을 나와도 먹고살기 힘든 시대라고 한다. 내 주변에도 학자금 대출을 갚지 못해 힘들어하는 친구가 있다. 언젠가 아르바이트를 하다 만난 어떤 사람은 대학을 졸업하니 몇 천만 원의 빚이 생겼는데, 남들이 이야기하던 안정된 미래는 없었다고 했다. 생각해보면 대학에 들어간 사람, 대학을 거부한 사람 중 그 누구도 승자가 될 수 없는 구조에 살고 있다. 누군가를 위해 내 월급보다 많은 이익을 내야 하고, 그러지 않으면 언제든지 잘려나간다. 심지어는 잘려나간 이들을 붙잡을 안전망조차 없는 불안 사회에 살고 있다. 애초에 모든 사람들이 잘 먹고 잘 쉬면서 살 수 있으면 더 좋지 않을까? 이런 불안 사회에 맞서 내가 해야 할 일은 백화점의 상품처럼 예쁘게 포장되어 "저는 남들보다 귀사에 더 많은 이익을 낼 수 있습니다"라고 적어놓고 누군가 날 집어주기를 기다리는 것이 아니라고 생각한다. 모두가 빈곤을 불안해하며 자신을 옆 사람보다 더 예쁘게 포장하려는 그 상황을 바꾸고 싶었다. 내가 살기 위해 낭떠러지로 다른 사람을 등 떠미는 것이 아니라, 함께 안전그물을 설치하고 낭떠러지를 없애자고 이야기하고 싶었다.

수능철만 되면 인터넷에 돌아다니는 '김고삼'에 대한 우스개가 있다. 수능 전에는 신처럼 모셔지다가 수능이 망하면 누군가가 "죄인 김고삼은 사약을 받으라!"라고 소리친다. 그냥 웃어넘기기엔 너무 마음에 박힌다. 대학에 못 가면 죽어야 하고, 대학 가지 않겠다고 이야기하면 지나가던 사람들이 신기하다며 발걸음을 멈추는 사회는 너무 구리다.

어쨌거나 나는 또다시 집을 나왔다. 아침 10시부터 저녁 7시까지 쇼핑몰에서 사무보조 일을 하고, 일이 끝나면 청소년인권운동 활동을 하며 바쁘게 살고 있다. 앞으로 대학에 들어가겠다는 이유로 집에 들어가는 일은 없을 것 같다. 그리고 내가 대학에 가는 일도 없을 것 같다. 집에 있을 때는 굉장히 당연하게 내가 마음먹고 공부만 열심히 하면 대학에 갈 수 있었다. 하지만 지금은 솔직히 말하면 당장 알바로 삶을 유지하기도 벅찬 현실에서 입시 공부를 할 돈도 없고, 비싼 대학 등록금을 내고 대학 타이틀을 가지고 싶지도 않다. 난 내 나름대로 보람찬 삶을 살면서, 동시에 경제적으로도 빈곤하게 살고 싶지 않다. 대학에 가지 않는다는 것이 내 삶을 포기하겠다는 선언은 결코 아니다. 오히려 내 삶을 포기하고 미래에 저당잡힐 것을 강요하는 사회에 맞서, 그러기 싫다고 이야기하는 것이라고 생각한다. 난 내가 하고 싶은 것을 다 하면서 살 거다. 내 삶의 주인이 되기 위해, 일단 이 나쁜 대학입시를 거부한다.

이 불안과 불행을
'함께' 견디기 위해

어쓰

.

①열아홉 살 때 처음으로 청소년인권활동을 시작했다.

②이미 고등학교는 자퇴한 상태였고, 나름대로 열심히 활동을 하다보니 어느새 스무 살을 코앞에 두고 있었다.

③어영부영하는 사이에 해가 지났고, 그렇게 나는 비非대학생 스무 살이 되었다. 끝.

이렇게 달랑 세 문장으로 정리되는 '나의 대학거부'를 글로 풀어 쓰려고 하니 조금 부담스럽지만 그래도 한번, 조금 더 길게 주절거려보자면……

전혀 반짝거리지 않았던 나의 10대

2008년 촛불집회가 한창이었던 그때, 청소년들의 사회 참여가 어쩌고저쩌고 시끄러웠던 그해 여름, 광화문이나 시청 한번 안 가고 나름 착실하게(?) 살다가 학교를 자퇴했다. 뭔가 뚜렷한 생각이 있어서라기보다는 그냥 학교에서 매일매일 맞는 게 너무너무 싫어서, 마치 재채기가 튀어나오듯이 덜컥 저질러버린 자퇴였다.

그렇게 학교 밖에서 살아가게 된 후, 대안학교에도 가보고 이런저런 공간들에도 갔지만, 대개 아무것도 안 하고 멍하니 살았다. 하루에 20시간쯤 자보기도 하고, 온종일 만화책만 보면서 뒹굴거리기도· 했다. 한 2주일쯤 집 밖으로 한 발자국도 안 나가기도 하고, 너무 할 일이 없어서 뭘 할까를 고민하며 하루를 보내기도 했다. 그러니까, 주로 음침하고 우울하게, 그리고 쓸모없게 살아갔다.

'10대' '밝음' '반짝반짝한 청춘' 따위는 대부분의 경우 나와는 거리가 먼 단어들이었다. 적어도 나의 10대는 전혀 반짝거리지도, 보람차지도 않았던 것 같다. 뭘 해도 즐겁다는, 실패해도 괜찮다는 그 '청춘'은 나를 비껴가고 있는 것 같았다. 청소년인권활동을 시작한 후에도 그건 마찬가지였는데, 열아홉 살에 썼던 글들의 대부분이 '힘들고 막막하고 서럽다'로 요약되는 걸 보면 확실히 드러난다.

처음에는 학교를 자퇴한 걸 후회했다. 자퇴를 할 당시 수도 없이 들렸던 "조금만 더 참지 그랬어"라는 말을 내가 나에게 던지고 있었다. 3년만 더 참아볼걸 하는 생각도 많이 했다. 지금 나의 이 우울함과 지질함은 전부 다 '고등학교 → 수능 → 대학교'라는, 너무나 당연해 보이는 그 경로에서 벗어났기 때문이라고 생각했다.

그런 생각과 고민들을 정리하거나 추스를 틈도 없이, 어느새

어영부영 스무 살이 됐다.

대학에 간 너희는 괜찮아?

사실 스무 살이 됐을 때, 내가 대학에 진학하지 않았다는 사실을 거의 깨닫지 못하고 있었다. 대학이라는 장소는 나에겐 그렇게 가깝거나 실감나는 장소가 아니었기에, 학교 다닐 때 친구들이 다들 대학에 진학했다는 소식을 들으면서도 내가 그들과 다른 삶을 살게 됐다는 생각은 크게 하지 않았다.

그런데 열아홉 살 때 느꼈던 그 감정들이, 딱 어느 시점이라기보다는 그냥 서서히, 스멀스멀 다시 고개를 들기 시작했다. 대학에 가지 않고, 계속 청소년인권활동을 하면서 살아가다보니 불안은 점점 커져만 갔다. '뭐 먹고 살지?'부터 시작해서 '계속 이렇게 살아도 될까?'까지. 5년 후, 10년 후 내가 어떻게 살아가고 있을지 짐작할 수 없다는 게 너무 힘들었다.

나이를 그렇게 중요하게 생각하지 않는, 그리고 나이에 따른 위계와 권력에 반대하는 소위 '운동판'에서 주로 생활하다보니 나 자신도 그렇게 나이에 크게 연연하지 않는다고 생각해왔지만, 딱히 그렇지만은 않았던 모양이다. 단지 열아홉 살에서 스무 살로 넘어왔을 뿐인데 이렇게 어쩔 줄 몰라 하며 불안해하다니.

'모든 건 구조 탓이다'라는 식의 논법을 별로 좋아하지는 않지만, 결국 이런 식의 거창한 의미 부여와 과장된 불안함 역시 이 사회에서 '스무 살' '성년'들에게 요구하는 그 역할과 의무들을, 동시에 스무 살이 되는 순간 쏟아져 들어오는 권리와 권한(술과 담배부터 시작해서 투표권 등 정치적 권리까지)들을 무시하기 힘들었던 탓이 아닐까 하는 생각도 했다.

이런저런 생각들을 하던 와중에, 같이 활동을 해오던 93년생(19살) 친구들의 대학·입시거부운동이 시작되었다. 19살·고3들의 선언 외에 20대의 대학거부선언도 준비해보자는 제안을 받고 같이 운동을 꾸려나가면서 또 여러 가지 생각들을 했다.

사실 어떻게 살지 모르겠고 불안하고 힘든 건 다 마찬가지인 것 같다. 대학·입시거부운동을 하면서, 사람들을 만나면서 조금 알게 된 것 같다. 대학을 안 가면 살기 힘들지만, 사실은 대학에 가더라도 살아남기 힘든 사회. 모두가 불안하고 불행한 이 사회에서 누가 과연 '나는 행복하다'고 당당하게 말할 수 있을까?

그럼에도 이 사회는 조금이라도 외곽에 있는 사람들을 끊임없이 쳐내는 방식으로 아직까지는 내쳐지지 않은 사람들을 현혹시킨다. "쟤네가 힘든 건 대학에 가지 않았기 때문이야. 너희는 대학에 갔으니까, 너희는 괜찮아." 하지만, 정말 괜찮은가?

결국 문제는 어떤 한 개인이 대학에 갔거나 가지 않았거나 하는 문제가 아니라 근본적으로 이 사회가 불안하다는 것. 아무리 노력해도 행복해지기 힘들다면, 지금의 구조에 문제가 있다는 것. 그렇기에 대학을 거부함으로써 이 사회를 조금이라도 변화시켜보려는 움직임이 중요하다는 것. 그래, 다 안다. 알지만.

너도 힘들어? 그럼 어떻게 해볼까?

뭐 이렇게 글을 써봤자 그런 불안함이 절대 사라지지는 않더라. 여전히 불안하고, 뭐 먹고 살아야 할지 모르겠고, 계속 이렇게 살아도 될까 하는 의문도 든다. 그리고 당분간, 어쩌면 평생 이런 불안함들을 안고 살아갈 확률이 높지 않을까 싶다.

설령 그렇더라도, 모두가 불안하고 불행한 이 사회에서 '그래도 내일은 조금 더 행복해질 거야' 따위의 근거 없는 믿음으로 나를 속이면서 사는 것보다는, 힘들더라도 그 불안을 직시하고 사는 게 조금은 나은 것 같기도 하다. 혼자서 불안해하며 끙끙거리는 것보다는 "나 힘들어, 너도 힘들어? 그러면 어떻게 해볼까?" 같은 말을 나눌 수 있는 사람들과, 그런 말을 할 수 있는 사회를 만들기 위해 조금씩 꿈틀거리는 게 그래도 약간은 더 마음 편하더라.

'대학입시거부로 삶을 바꾸는 투명가방끈들의 모임'에서 활동하면서, 대학을 다니고 있지 않은 20대들을 만나 이야기를 듣는 게 너무 기뻤다. 이 사회에서, 각자의 불안을 그저 혼자서 처리하라고 요구받는 이 사회에서 다른 사람들은 어떻게 자신을 추스르며 살아가고 있는지가 너무 궁금했다. 어느 한 새벽, 문득 찾아오곤 하는 참을 수 없는 그 감정들을 사람들은 어떻게 끌어안으며 살아가고 있는지 잘 상상이 안 됐다. 그런 얘기들을, 그런 고민들을 풀어놓을 수 있는 사람들을 만나는 것. 그게 내가 찾은 대학거부운동의 의미였다. 일단 지금은, 그리고 당분간은 그것만으로도 충분하다고 생각했다.

하지만 조금 더 원해보자면, 이런 불안들을 함께 털어버릴 수 있는 무언가가 있으면 좋겠다. 단순히 고민을 털어놓고 공감받고 위로받는 것을 넘어 함께 살아갈 수 있는, 협동조합일 수도 있고 네트워크일 수도 있는 '모임'을 꾸려나갈 수 있으면 좋겠다. 이렇게 소박하면서도 사실 엄청나게 거창한 꿈을 꾸며, 정작 그다지 거창하거나 대단하지 않은 나의 대학거부 이야기는 여기까지.

대학거부자가 있음을
알리기 위해 대학거부를 한다

왈 왈

나는 유치원 때부터 중학교 때까지, '대학'이라는 곳은 당연히 가야 하는 곳으로 알았고 그렇게 배워왔다. 대학 교육 과정이 '의무교육'인 줄 착각할 정도였다. 그 정도로 내 주변 사람들은 대학이라는 곳을 강조하였다. 내가 대학에 대해서 고민을 시작했던 건 고등학교 시절이었다.

고1 때 '또바기'라는 별명으로 불리던 역사 선생님이 있었다. 수업 시간에 자기 경험담을 포함해서 잠깐 대학에 관한 이야기를 하였다. 내용을 요약하자면, 꼭 서울에 있는 대학에 갈 필요는 없다, 자기에게 맞는 학과나 학교가 있으면 가면 된다는 이야기였다. 당연하다면 당연한 말이었지만, 그 말을 듣고 그때부터 '대학'이라는 것에 대해 고민을 하게 됐다. 그 고민은 '대학을 꼭 가야 하나?'라는 의문으로 이어졌다. 내 주변의 대부분 학생들이 대학에 가는

데, '대학에 가서 꼭 이뤄야 하는 꿈이 없다면 왜 가지?'라는 생각도 들었다. '우리 사회가 대학을 취업을 위한 수단으로 전락시키고 있는 것은 아닐까?'라는 고민도 들었다.

그렇게 2년 동안 대학에 대해 고민한 결과, 나는 대학에 안 가기로 마음을 먹었다. 대학에 가지 않는다는 것은 학생들을 입시경쟁으로 내모는 현실에 저항하는 의미도 있었다. 또한 대학의 의미를 취업 준비로 전락시켜버리는 사회에 대해서도 저항하고 싶었다. 어쩌면 내 꿈은 대학에 안 들어가도 이룰 수 있는 직업이기 때문에 가능했던 결심일지도 모르겠다.

대학에 가지 않을 것이기 때문에 수능도 보지 않으려고 했던 나와 다르게, 어머니는 그래도 수능시험은 봐야 한다고 생각했다. "인생에 도움이 된다"라는 알쏭달쏭한 이유였다. 그래서 어머니는 수능 전에 나에게 동의를 구하지도 않고 수능시험 접수를 했다. 수험표를 나눠 주는 날에야 내 이름으로 수능시험 접수가 되어 있는 것을 알았다. 심지어 '제2외국어'도 신청했다고 했다. 수능 당일에도 억지로 시험장에 가야 했고, 일단 시험장에 들어가자 마음대로 나갈 수도 없어서 2교시까지 시험을 본 후에 점심시간에 도망쳐 나왔다. 나는 그렇게 해서 원서도 안 넣고 대학도 안 가게 되었다.

대학에 왜 가는가 묻고 싶다

사람들은 흔히 나에게 '대학에 왜 안 가는가?' 묻곤 한다. 나는 대학에 안 가는 이유를 이야기하기 전에, 도리어 대학에 간 사람한테 '대학에 왜 가는가?' 묻고 싶다. 사실 대학 진학률이 80퍼센트 안팎인 시대에, 그 많은 사람들 중에 대학에 왜 갔는지 이야기하는 경우가 너무 드물다는 생각이 든다. 단지 수가 적기 때문에, 대학에 안 가는 사람들이 안 가는 이유를 질문당하는 것은 아닐까. 내가 대학에 안 가는 이유는 여러 가지가 있다. 딱 하나로 말하기엔 너무 폭이 좁다. 돈 문제부터 시작해서 수많은 내적, 외적 갈등을 한 후에 내린 결정이다.

내 고민과 이유를 몇 가지로 간추려보면, 첫 번째는 돈 문제이다. 요즘 대학 등록금이 너무 비싸졌다. 거기다가 교재 값, 준비물 값, 교통비까지 합치면 대학 수업을 받는 데 어마어마한 돈이 든다. 그것만으로도 대학은 나에게 하나의 권리나 기회가 아니라 많은 돈을 들여야 하는 부담으로 다가왔다. 대학 교육이 요구하는 그 많은 액수는, 대학 교육이 시장화되고 기업화됐음을 보여주는 것 같았다.

두 번째는, 청소년인권운동을 했던 내가 대학에 아무 문제의식 없이 가는 것은 모순적이기 때문이다. 나는 학력과 성적으로 사람을 차별하는 것에 반대하고, 살인적인 경쟁 교육의 현실을 바꾸려는 사람이다. 그런 내가 경쟁 교육에 뛰어드는 것 자체가 나에게 어울리지 않는 것처럼 느껴진다. 학교생활을 떠올려보면, 많은 학생들이 '수능'이라는 한 번의 시험만을 바라보고 12년 내내 공부를 하게 된다. 그 기간 동안 학생들은 서로를 밟아가면서 1등을 다툰다. 내가 다녔던 학교는 다행히 시험 등수를 알려주지 않았다. 그러나 어머니는 나에게 성적과 등수를 끊임없이 물어보았고, 1등만을 원했으며, 그 외에는 거들떠보지도 않았다. 마치 내 삶이 성적과 등수라는 숫자로만 나타나는 느낌이었다. 사람마다 재능도 다르고 성격도 다른데, 시험이라는 잣대를 들이밀면서 그것 하나로 사람의 가치를 평가한다는 것 자체가 어이없는 일이다.

나는 그래도 시간이 흐르면 이런 상황이 좋아질 줄 알았지만, 오히려 더 심해졌지 나아진 것 같지는 않다. 비청소년(성인)들은 공부를 잘해야만 성공할 수 있고 그 외에는 방법이 없는 것처럼 우리에게 이야기하고 가르쳤다. 공부를 잘해도 성공할 가능성은 점점 작아지고 있는데, 그럴수록 더 많이, 더 열심히 공부하라는 채찍질만 가하고 있다. 이제 어느 동네에서는 '1인 독서실'이라는 비싼 가구를 사서는 집에서도 밤늦게까지 공부를 시킨다는 소문도 들었다. 학생은 '공부하는 기계'로 변한 지 오래된 것 같다. 이런 현실을 바꾸기 위해서라도 대학 입시에 순응하고 싶지 않았다.

세 번째는, 대학을 나와야 일자리를 얻을 수 있다는 현실을 바꾸고 싶었기 때문이다. 대학을 안 거쳐도 되는 직업들이 있긴 하지만 대부분은 거쳐야 하며, 사람들은 흔히 어느 정도 좋은 일자리를 얻으려면 대학은 필수라고 이야기하곤 한다. 취업에서 학력 차별, 학벌주의 등은 이 사회를 대학 중심으로 돌아가게 하는 가장 큰 원인이다. 그러다보니 '대학 안 가는 사람=꿈이 없는 사람, 노력을 안 한 사람'으로 치부되곤 한다. 더 나은 삶, 더 나은 일자리를 꿈꾼다면 당연히 대학을 나와야 하는 것처럼 얘기하는 것이다. 나는 이런 현실이 잘못됐다고 생각한다. 내가 대학에 안 간다고 해서 이런 현실을 바꾸기는 어렵겠지만, 거기에 저항하고 다른 삶을 사는 것을 보여주고 싶다고 생각했다.

학교는 성소수자인 내게 힘든 곳이다

네 번째는, 학교라는 시스템 속에서 내가 당해왔던 것을 계속해서 똑같이 당하기 싫었기 때문이다. 나는 어떤 면에서 소수자이다. 어린 시절부터 따돌림과 괴롭힘을 당했다. 그리고 중학교 때에는 조금 괜찮게 지냈는데, 고등학교 시절에 다시 시작됐다. 단지 왕따와 괴롭힘뿐만 아니라 아웃팅과 성폭력 등을 당해왔다. 내가 성소수자이기 때문이다. 지금은 나 스스로를 트랜스젠더로 생각하고 있다. 학교에서 나는 줄곧 '여성'이기를 강요받았다. 아무리 스스로 남성이라고 생각하고 이야기를 해도 호적상의 나는 여성으로 표시되었다. 내가 스스로 생각하는 내 성별이 아닌 생물학적인 성별로 학교에 입학하고 그런 분류와 삶을 요구받는 것 자체가 나에게는 고문이었다. 12년간 내가 원하는 성별이 아닌 원치 않는 성별을 강요당하면서 살아왔다.

대학이라고 해서 별반 다르지 않을 거라고 생각한다. 어차피 그런 초·중·고등학교를 다니던 사람들이 똑같이 들어오는 곳이 대학이니까. 소수라는 이유로 아픔을 당해야 할 것이고 언제 따돌림을 당할지 모른다. 트랜스젠더이기 때문에 나는 내 성별을 끊임없이 증명해야 할 것이다. 나 같은 사람이 차별과 따돌림 등을 피하기 위해서 자신을 숨기며 학교 같은 데를 다니는 것은 고통스러운 일이다. 어느 성소수자가 '아웃팅(동의 없이 성정체성이 밝혀지는 일)'을 당해서 어쩔 수 없이 학교를 자퇴하는 경우도 본 적이 있다. 아직 우리 사회는 성소수자를 온전하게 받아들이지 못하고 있다. 우리 사회 전체가 그렇지만, 학교는 특히 힘든 곳이다. 성소수자가 다녀도 아무 문제 없는 학교가 됐으면 좋겠지만…….

마지막으로, 비슷한 이야기겠지만 나는 대학교 생활이 마치 고등학교 생활을 연장하는 것처럼 느껴질 때가 많다. 많은 사람들이 대학교는 초·중·고등학교와 다를 거라고 하면서, 대학에 가서 재밌게 놀고 공부할 것을 상상해보라고 대학에 대한 환상을 품게 만든다. 하지만 대학을 보면 고등학교와 그리 다르지 않은 것 같다. 대학교 1학년을 '고등학교 4학년'이라고 풍자한 걸 본 적이 있다. 중·고등학교 때 등급과 등수를 매기는 시스템처럼, 대학교에서도 순위별로 학점을 매긴다. 틀에 박힌 교육 속에서 창의성이 나올 리 없지만 정부는 항상 '창의성 교육'을 강조하며, 창의성조차도 인위적으로 만들고 수업해야 하는 것처럼 이야기한다. 성소수자를 대하는 태도 역시 그리 다르지 않을 것 같다. 대학이라고 해서 뭔가 다를 거라는 환상도 기대도 없기 때문에, 나는 굳이 대학에 갈 필요성을 느끼지 못한다.

대학은 선택의 문제다

대학거부를 한 이후로, 다시 대학에 대해 고민하고 있다. 그러다보면 대학에 대한 고민보다는 '학력'에 대한 고민이 더 많이 생긴다. '고졸'이라는 학력이 그리 낮은 것도 아닐 텐데, 대학 진학률이 워낙에 높다보니 고졸은 상대적으로 '낮은' 학력이 될 수밖에 없다. 그러면 취업에 어려움이 생긴다. 대학 문제는 취업 문제로 직결될 수밖에 없다. 대학거부를 한 지금, 내 당면 과제도 취업 문제이다.

사실 누구나 '백수'인 기간이 있을 수 있다. 대학교 졸업을 해도 직업이 없을 수 있다. 고졸도 마찬가지인데, 유독 주변에서 일자리를 얻으라고 강조하고 압박을 준다. 우리 집 같은 경우는 고등학교 졸업도 하기 전부터 나에게 '취직'을 강조해왔다. 가족도 친척도 모두 다. 그래도 졸업할 때까지는 괜찮을 줄 알았는데, '수능 성적표'가 나왔을 때부터 '취직' 이야기를 하는 것이다. 내가 원하는 직업은 작가인데 자꾸만 기술을 배우라고 한다. 전문대학이라도 가라고 계속 요구를 한다. 그 이유인즉 '취직은 꼭 해야 한다'는 고정관념이 아닐까.

대학은 의무가 아니라 선택이 되어야 한다. 사람들은 대학에 가는 것, 교육을 받는 것은 좋은 일이라고 덮어놓고 생각하지만, 원하지도 않는 사람을 학교에 강제로 가게 하면 또 하나의 폭력이 될 수 있다. 직접 붙들고 대학에 가라고 강요한 것이 아니더라도, 안 갈 경우 사회에서 불이익을 주고 이것 자체가 간접적인 강요가 된다. 대학 진학률 80퍼센트라는 수치는 한국의 우수한 교육을 보여주는 것이 아니라, 얼마나 많은 사람들이 별로 가고 싶지도 않은 대학에 갔을지 반성하게 만드는 수치여야 한다. 대학은 선택의 문제다. 의무가 되어서는 안 된다. 대학에 안 간다는 이유만으로 나는 무수히 많은 차별을 받아왔고, 또 받을 것이다. 나는 대학이 의무가 아니며 대학을 거부할 수 있다는 것을 알리고, 대학거부를 했기 때문에 이런 차별과 불이익을 받는다는 것을 세상에 알리기 위해서, 대학거부선언을 한다.

'대학거부'를 만나
다행이야

난다

"저기, 학생!" 지나가는 사람이 나를 붙잡는다. 수원역에 기차 타는 곳이 어디냐고 물어본다. 길을 설명하고 다시 가던 길을 가면서, 그가 나를 불렀던 호칭을 괜히 한 번 더 곱씹어본다. 나는 학생이 아니다. '학교에 다니는 사람'의 의미라면 나는 꽤 오래전부터 학생이 아니다. 그런데 많은 사람들이 나를 '학생'이라고 부른다. 특정 나이대로 보이는 어떤 사람들을 이 사회는 '학생'이라 부른다. 고등학교를 자퇴하고 나서, '공식적인' 학생이 아니게 되고 나서, 사람들이 "학생이세요?"라고 물어보면 날 어떻게 설명해야 할지 몰라 당황하곤 했다. "학교 안 다녀요"라고 했을 때, 어떤 사람들은 이것저것 이유를 물어보고 설명을 요구했기 때문이다. 그러다 그런 물음에 일일이 대답하는 데 지쳐 "네, 학생이에요" 하고 그냥 대충 둘러대기도 했다.

같이 학교에 다니던 친구들은 이제 고등학교를 졸업하고 대학교에 진학했다. 지금 나와 동갑내기인 친구들은 대부분 대학교 2학년이거나 1학년이다. 그리고 여전히 나는 학생이 아니다. 이제 사람들은 "몇 학번이세요?" 하고 물어보지만 나는 학번이 없다.

이 지긋지긋한 학교를 언제까지 다녀야 할까

"다들 1단원은 배웠지? 2단원부터 시작한다." 학교도, 과목별로 바뀌는 선생님도, 친구들도, 교실의 생김새도, 교복을 입는다는 것도, 모든 것이 새롭던 중학교 1학년을 떠올리면, 첫 번째 교과 수업 시간에 이렇게 말한 수학 선생님이 생각난다.

당시 나는 대구에서 초등학교를 졸업하고 성남(분당)이라는 신세계로 전학 온 학생이었다. 자연스럽게 쓰던 내 말투는 반 아이들 모두에게 놀림감이 되었고, 나는 내가 왜 그래야 하는지 모르면서도 창피하고 주눅 든 마음으로 잘 안 고쳐지는 사투리 억양을 고치려고 애썼다. 그렇지 않아도 낯선 공간에서 말투 때문에 놀림거리가 되고 있는 상황을 헤쳐나갈 이렇다 할 깡이 부족했던 나는, 수학 선생님의 그 첫마디에 아무 반응도 하지 못하고 그냥 넘어갔다. 확실하진 않지만 그때 같은 반 친구들 대다수는 정말로 '다들 1단원은 배운' 상태였다. 선행 학습을 하지 않은 사람은 아마 나 하나였을 것이다. 학원에 다닌다는 건 별로 생각해본 적이 없어서 집에서 혼자 1단원을 공부했다. 그리고 1학기 중간고사 수학 시험 점수를 받아본 후 실망했고, 그 뒤로 수학 과목에 더 흥미를 잃어버렸다.

초등학교 때는 잘 기억이 안 나지만, 중학교 때부터 수업 시간마다 '대학교'를 강조하는 교사들을 쉽게 만날 수 있었다. "니들 계속 이런 식이면 서현역에서 버스 탄다." 서현역은 그 당시 성남에서는 나름 교통의 요충지였고, 각 지역의 대학교로 가는 스쿨버스가 서현역을 지나갔다. 이 교사의 말은 "이런 식으로 공부 못하는 애들은 지방대 간다"라는 뜻이었다. "'지잡대(지방에 있는 잡다한 대학들)' 가고 싶지 않으면 알아서 공부해"라는 이 말을 우리는 듣기 싫어하면서도 다들 마음속으로는 자신의 '인in서울' 대학생활을 그리곤 했다.

고등학교 시절은 말할 것도 없다. 지금도 고등학교 시절의 꿈을 종종 꾸는데, 꿈에서 나는 대부분 비슷한 상황에 처해 있다. 영어 단어를 외우거나 쉽지 않은 수학 문제를 풀기 위해 골몰해야 하는 상황이다. 일렬로 죽 늘어선 교실에 나와 똑같은 모습으로 앉아 있는 학생들은 똑같은 내용의 교과서를 들여다보고 있다. 나는 꿈속에서 생각한다. '아, 어째서 다시 이 학교로 돌아왔을까?'

평범한 중학교를 졸업하고 인문계 고등학교를 다녔다. 입학식 첫날부터 야자를 '시켰던' 일은 아직도 기억에 남는다. 언제나 빠짐없이 이른 아침부터 밤늦게까지 학교에 있어야 했고, 뭘 하고 싶은지 결정도 제대로 못했지만 일단 대학은 가야 한다는 생각으로 공부도 하고 문제도 풀고 시험도 봤다. 만날 공부만 시키고 정답만 요구하는 학교에 불만은 많았지만, 많은 친구들이 비슷한 생각과 불만을 갖고 있으니 종종 뒷담화를 하면서 그 스트레스를 풀었던 것 같다. 보충과 야자를 강제로 시켜도, 학생들의 아무런 동의 없이 시험 성적이 떡하니 공개되어도, 기분 나쁘게 머리를 쥐어박아도, '어쩔 수 없으니까' 참고 넘어가는 일은 자연스러운 일이었다.

많은 학생들이 배움의 즐거움보다는 문제를 풀고 점수를 올리는 연습에 더 익숙했다. "이거 시험에 나온다"면서 콕콕 집어주는 교사는 안 그런 것 같으면서도 늘 인기가 많았다. 밤 10시까지 이어지던 야자를 빼먹고 싶어도 다음날 맞을까봐 겁나서 꾸역꾸역 참가했다. 새벽에 알람 소리를 듣고 억지로 잠에서 깰 때마다 생각했다. 주섬주섬 교복으로 갈아입으면서 생각했다. 이 지긋지긋한 학교는 언제까지 다녀야 되는 걸까. 어쩔 수 없이 대부분의 시간을 학교에서 보내던 그때, 그 일상과 하루하루는 더 이상 내 시간이 아니었다.

자퇴는 '선택'인 동시에 '쫓겨남'

2008년에는 결국 학교 밖으로 나왔다. 그동안 고민했던 날들에 비하면 자퇴를 결심하기까지는 시간이 많이 걸리진 않았다. 일단 결정을 내리고 나니 속이 후련했다. 하지만 학교 입장에서는 나름대로 '무난한' 학생이었던 내가 학교를 그만두겠다 했을 때, 바로 그러라고 할 수는 없었다. 담임교사와 몇 차례의 상담을 거쳤고, 그 상담은 대개 '다시 생각해보라'는 설득을 듣고 앉아 있는 시간이었다. 그 와중에 담임교사가 학교생활과 교육의 중요성을 강조하면서, 넌 지금 깜깜한 터널 속을 걷고 있어, 네가 아직 어려서 모르는 거야, 어른들 말 들어라, 지금 당장은 힘들겠지만 나중엔 분명 후회한다…… 그러다가 "너 지금 이렇게 나가면 나중에 배추 장사나 한다"라고 말했다. 그 교사는 내가 마음을 돌리길 원했겠지만 나에겐 그 말이 오히려 더욱 결정적이었다. 배추 장사는 무시해도 된다고 말하는 교육, 일등이 되지 못하면 불행한 것이라 가르치는 교육, 실패 혹은 실수의 경험을 허용하지 않는 교육은 내가 바라는 교육이 아니었다.

학교를 나온 것을 후회하진 않느냐, 라는 질문을 지금도 종종 받는데 "후회하기엔 좀 오래 지나버려서……"라고 웃으며 답하기도 한다. 그러다 최근 어느 활동가의 자녀분이 고등학교 자퇴를 고민하면서 상담을 요청받았다가, 오랜만에 그때의 기억을 돌이켜볼 수 있었다. 막 자퇴를 고민하고, 자퇴를 선택했던 당시에는 일부러 더 "난 내 발로 나온 건데?"라고 강하게 말했던 것 같다. 주변 사람들에게도, 나 자신에게도.

그러나 지금 다시 그때를 곱씹어보면, 선택이면서 선택이 아니기도 했다. 비좁은 교실, 40명이 넘는 학생들, 친한 친구, 안 친한 애, 허구한 날 치르는 시험 때문에 아예 한 줄로 자리를 배치해서 짝꿍 같은 것에 더는 큰 의미를 두지 않았던 그때. 일등부터 꼴등까지 대놓고 공개하진 않아도, 모두가 어렴풋이 눈치채고 있던 서로의 성적. 끝이 보이지 않는 점수 경쟁. 변비에 걸릴 지경이 될 때까지 의자에 종일 앉아 있었지만 완전한 '내 자리'는 없었던 교실. 제자리를 찾지 못하고 이리저리 방황하다 진짜 삶을 찾겠다고 학교를 나왔지만, 그건 결국 학교에서 쫓겨난 것과 그리 다르지 않았다. 마치 동전의 양면처럼 말이다.

학교 밖에서의 하루하루는 그동안의 삶과는 많이 달랐다. '학교 안 다니는 애'라는 시선과 마주할 때는 조금 두려웠고, 시험 기간을 신경 쓰지 않아도 될 때는 그 자유로움을 만끽했다. 해방감과 불안감이 섞인 묘한 기분이 한동안 내 일상을 채웠다. 나의 고등학교 자퇴는 여전히 내 삶에서 중요한 부분이다. 그날 이후 여러 가지 일들을 겪은 지금, 자퇴는 '자발적' 퇴교이면서도 동시에 쫓겨남이며, 수십 년(어쩌면 더한 세월)을 한결같이 제자리걸음을 반복하는 학교와 교육 현실에 대한 소심한 반항이면서도 동시에 일상의 소소한 행복을 느끼게 해준 시작점이었노라고 새삼스레 되짚어본다.

나를 설명할 쉬운 이름이 생길 텐데

고등학교를 그만두고 나서도 나는 내가 대학에 갈 것이라고 생각했다. 대학교는 '당연히 가야 하는 곳'이라고 모두가 이야기했다. 자퇴 이후, 자연스럽게 검정고시를 준비하면서 당시 대학에 진학해서 전공하려고 했던 악기 연주를 계속 배웠다.

"이 교수님은 이런 소릴 좋아하시고, 또 다른 교수님은 안 그래. 교수님에 따라 (대학에) 붙을 수도 있고 아닐 수도 있지." "아무래도 콩쿠르 나가서 상 타는 게 입시에 도움이 되겠지?" "이거 아니면 죽는다는 마음가짐으로 해야지." 내게 악기를 가르쳐주던 교사도, 평소 좋아하던 한 연주가도 이런 말을 하곤 했다. 그 음악 수업은 한 달에 네 번 정도 받는 레슨이지만 수업비가 비싸지 않은 것도 아니었고, 그 수업비를 다 낼 수 있을 만큼 형편이 마냥 넉넉하지도 않았다. 입시를 위해 음악 공부를 한다는 것은 생각보다 유쾌한 일이 아니었다. 좋아서 시작한 공부이긴 했지만 내가 좋아한 것은 매력적인 그 악기의 소리와 그 소리를 직접 연주하며 사람들과 나눌 수 있다는 점이었지, 연주 실력으로 또 다른 틀에 박힌 평가를 받는 것이 아니었다. 결국 문제집 풀이만 하지 않을 뿐, 대학교에 들어가기 위해서는 어찌됐든 그 경쟁을, 그 시험을, 그 평가를, 치러내야만 하는 것이었다.

그즈음 청소년인권활동을 하는 친구들을 만나면서 함께 활동을 시작하게 된 것도 대학 진학을 새롭게 고민하는 계기가 되었다. 활동을 하면서 예전부터 대충 '이거 좀 문제야' 정도로 문제의식을 갖고 있던 입시 경쟁 교육을 좀 더 진지하게 마주하게 되었다. 입시를 위한 음악을 배우면서, 물론 내가 좋아서 하는 거니까 억지로 하는 공부처럼 싫지는 않았지만, 점점 '이대로 괜찮은 걸까' 하는 생각이 들었다. 입시 경쟁 교육에 문제의식을 가지고 입시 폐지를 이야기하면서 한편으로는 입시에 편승해버리는 스스로가 껄끄러웠다.

이런 식으로 공부를 하는 게, 정확히는 대학에 들어가려고 준비하는 게 정말 내가 원해서인지, 이 사회가 대학 진학을 요구하기 때문인지에 대한 질문이 계속해서 머릿속에 떠올랐다. 너무나도 자연스럽고 당연한 일이었던 대학 진학의 '이유'를 스스로에게 질문하게 되었다. 결국 나는 나를 설득할 수 없었고, 남들 다 보는 수능을 보지 않은 채 그냥 스무 살, 스물한 살이 되었다.

대학에 가지 않는다고 해서 내 자신이 특별히 달라진 건 없다. 그건 내가 평소에 스스로 대학생이 아니라는 사실을 잊고 지내기 때문일지도 모른다. 하지만 내가 괜찮다고, 내가 개의치 않는다고 주변에서도 나를 괜찮다고 내버려두는 것은 아니다. 나는 아직도 친척들에게 내가 대학에 가지 않았다는 이야기를 제대로 하지 못했다. 그래서 어떤 친척은 내가 계속 재수, 삼수를 하고 있다고 알고 있고, 어떤 친척은 내가 대충 어느 예술대학교에 다니고 있다고 알고 있다. '그 나이'에 '대학생'이 아닌 삶을, 사람들은 쉽게 떠올리지 못한다. 다른 삶에 대해 상상하지 못하는 것. 그것은 분명히 나에게 영향을 주었다. 자꾸만 스스로에게, 그리고 주변 사람들에게 솔직하지 못한 자신을 발견할 때 갑갑함이 밀려온다. 또 내가 인권 교육 등을 하러 갈 때에도, 어떤 기관에서는 최종 학력 명시를 요구한다. 그럼 그때마다 평소에는 잊고 살던 내 '최종 학력'을 떠올리게 되는 것이다.

대학교에 다니고 있는 친구들을 만날 때도 비슷한 경험을 한다. '아, 정말이지 나와 비슷한 또래들은 다 대학생이구나, 나는 이 그룹에 속하지 않는구나, 나는 다른 길에 서 있구나.' 그래서 때때로 부럽기도 했다. 그냥 '평범하게' 대학교를 다니는 내 생활을 상상해보기도 했다. 그러면 나를 설명할 쉬운 이름이 생길 텐데.

이떤 사람들이 '보편적인 이름'을 갖지 못하게 하는 것이야말로, 내가 친척들에게 쉽게 이야기를 꺼내지 못하는 것이야말로, 또 내가 그냥 대학에 가는 게 편하지 않을까 생각하는 것이야말로, 이 사회의 '대학 중심주의'를 잘 보여주는 일인 것 같다. 그나마 뚜렷한 길이 대학인 것 같으니 '안정적'인 것을 찾고 싶어하는 것이다. 한편으론 배우고 싶은 욕구도 한몫했다. 대학에 진학하지 않았을 뿐이지, 사실 음악 공부를 더 하고 싶었다. 하지만 대학교가 아닌 곳에서 전문적인 공부를 지속하기란 쉬운 일이 아니었다. 일반 아카데미나 문화센터 같은 곳을 뒤져봐도 돈이 많이 들고, 대학교처럼 체계적인 수업을 하는 곳은 쉽게 찾을 수가 없었다. 모든 수업과 공부가 '대학'이라는 곳으로 몰리고, 대학에 진입하지 못하는 사람들은 자연스럽게 '배우지 못한 사람'이 되고…… '대학 중심 사회'의 악순환이다.

이 사회에서는 대학에 가지 않으면 먹고살 수 없다고, 그러니 너희 모두 지금의 삶은 잠시 유예해야 한다고 말하곤 한다. 그래서 다들 '왜 대학에 가야 하는지' 궁금해하지 않은 채 대학생이 되도록 떠밀려 왔다. 비록 원하는 공부, 괜찮은 수업을 들을 수 있다 하더라도 그곳에서 딱히 잘 먹고살 만한 것 같지는 않다. 이제는 대학도 '안정적인 삶'을 보장하지 못하는 것이다. 실제로 "대학교 1학년이 아니라 그냥 고등학교 4학년 같아"라는 말을 친구에게서 들었다. "교수님이 수업 시간에 '이 문제 시험에 나오니까 잘 봐둬라' 한다니까"라는 이야기도 들었다. 결국 대학에 들어간 뒤에도 우리는 끊임없이 현재를 미뤄두고, 불안과 좌절감에 자신을 더욱 '스펙 좋은' 상품으로 만들어야 하는 것이다.

이제 자주 만나지 못하는 친구들과 종종 연락이라도 할라치면 과제 기간이나 시험 기간이라고 한다. 대학생이 되면 '대학생활의 낭만'이 기다리고 있기는커녕, 결국 우리 중 많은 이의 앞에 기다리고 있는 것은 과제와 온갖 시험들이다. 취업을 위한 또 다른 유예나 '88만원 세대'의 삶이다. 친구들도 알고 있다. 하지만 그 유예되는 삶에 하루하루가 짓눌리더라도 모두가 가는 길에 휩쓸려갈 수밖에 없다고 다들 말한다. 그 경쟁의 레이스에서 밀려나는 순간 낙오자 취급을 하는 것이 이 사회이기 때문이다. 이러지도 저러지도 못하는 우리들. 지금 우리들의 현실은 도대체 어디서 비롯된 것일까.

더 많은 질문을 던지는 힘

예전부터 학벌 중심, 대학 중심 사회에서 '수능거부'를 외쳤던 이들이 있었다. 그런 목소리를 모아 좀 더 집단적인 움직임을 만들어내고자 투명가방끈을 만든 것이다. 투명가방끈 덕분에 나도 힘을 얻은 부분이 있다. 사실 나는 딱히 '수능거부'를 공개적으로 한 것도 아니었다. 하지만 활동을 함께하면서 그동안 혼자서 견뎌야 했던 크고 작은 차별들, 괜히 주눅 들게 만들었던 시선 앞에 조금 더 당당해지는 기분이다. 나와 같은 사람들이 이렇게 같은 목소리를 내고 있다는 것, 그 자체가 나에게 힘이 되었다.

나 같은 사람도 있다는 것을, 이렇게 살아갈 수도 있다는 것을, 그냥 말하고 싶었다. 세상이라는 게 손바닥 뒤집히듯 쉽게 바뀌지는 않겠지만, 그냥 가만히 앉아 있는 것보다는 조금이나마 변화를 가져오지 않을까 생각한다. 사람들이 우리의 행동을 보고 마음속에서만 바라고 혼자서 생각하던 것을 말과 행동으로 내뱉을 수 있는 작은 힘을 얻었으면 한다. '대학거부'를 만나 다행이라고 말할 수 있었으면 한다. 내가 그랬던 것처럼.

'저런 사람이 저런 걸 하네, 나도 할 수 있을까' 하는 생각을 갖게 만드는 것이 우리가 하는 대학거부운동의 한 목적일 수도 있다. 그렇기에 대학거부로 세상에 알리고자 한 것은 질문을 던지는 일이다. 이대로 괜찮은 것인가, 사람들에게 묻는 것이다. 나는 우리를 둘러싼 이 모든 것이 '당연한' 사회에서 질문을 던지는 일이 매우 중요하다고 생각한다. 더 많은 질문을 던지는 힘이 우리에겐 필요하다.

그냥 조용히 대학을 가지 않은 채 예전처럼 살아간다면, 세상은 우리를 낙오자 혹은 '루저'로 만들어버릴 것이다. 하지만 이제는 우리가 문제인지 아니면 세상이 문제인지 묻고 싶다. 우리가 잘못하는 게 아니라 세상이 우리에게 잘못하고 있는 것이라고 말하고 싶다. 그 이야기가 모여서, 우리의 삶이 바뀔 수 있으면 좋겠다. 대학만을 위한 삶, 대학 중심 사회가 조금이라도 흔들릴 수 있으면 좋겠다. 이 사회가 정해놓은 성공을 향해야만 하는 삶이 바뀌었으면 좋겠다. '오로지 한 길'이 아닌 옆으로 새는 길이 많아지면 좋겠다. 그리하여 지금, 여기에서, 행복한 삶이고 싶다. 무언가에 쫓기지 않아도, 남들보다 앞서기 위해 발버둥치지 않아도 괜찮은 삶이길 바라며 오늘도 우리는 모이고 움직인다.

비싼 응급처치 대신
불안을 견디기

쩡열

나는 대학거부를 앞두고 있는, 학교 바깥에서 살아가고 있는 열아홉이다. 아니, 대학거부를 앞두고 있다고 말하기는 좀 낯부끄럽다. 딱히 비장한 마음으로 준비하는 대학거부가 아니다. 그냥 갈 생각이 없어서 가려고 노력하지 않을 뿐이기도 하다. 심지어 주변 사람들이 놀리는 것처럼, 중졸 검정고시 합격이 최종 학력인 나는 고졸 학력을 취득하기 전까지는 대학에 갈 수도 없다.

대학 같은 데 신경 쓸 겨를이 없었다

살면서 대학에 가고 싶다고 느꼈던 순간들은 꽤나 분명하게 다섯 손가락으로 꼽을 수 있다. 예를 들어 초등학생 때 주변에 성균관대를 졸업한 어른들이 많았다. 내가 좋아하는 사람들이 나온 대학교니까 나도 저기에 가보고 싶다고 생각했다. 교원대와 서울교대가 같은 곳인 줄 알았던 시기였다. 중학생이 되자 슬슬 "너는 꿈이 뭐야?"라는 질문들이 주변에서 들려왔다. 그때의 나는 소설책 읽는 것을 참 좋아했고, 내가 느낀 즐거움을 남들에게도 전해주겠다는 어마어마한 야망으로 작가가 되겠다고 결심했다. 그때는 뭔가 되기 위해서는 무조건 대학에 가야 하는 줄 알았고, 그래서 사람들에게 작가가 되려면 어느 과에 가야 하는지 물어봤던 것 같다. 그렇게 문예창작과에 가겠다고 생각하던 시절도 있었다.

하지만 학교에 다니지 않고 보니 누군가의 지시 없이 알아서 생활해야 하는 나에게 가장 중요한 고민은 대학 같은 게 아니었다. "오늘, 내일 뭘 할까?"처럼 지금 당장 내 삶을 꾸려나갈 방법이었고, 지금 이 시간을 보내기 위해 내가 하고 싶은 일이 무엇인지 찾아보는 것이었다. 중간중간 대학에 대해 고민을 했던 것 같은데 잘 기억나지 않는다. 대학에 가지 않겠다는 마음이 거의 굳어진 상태였기 때문인지도 모르겠다. 어쩌면 별로 생각하지 않았던 것 같기도 하다.

우리 엄마는 나를 대안학교에도 보냈고, 학교를 안 다니게도 했던, 이 사회에선 굉장히 특이한 사람 축에 속한다. 내가 어렸을 때 엄마는 "니가 정말 가고 싶고 필요하다고 생각하면 그때 대학에 가라" "니가 돈 벌어서 다녀라" "당연하게 가야 하니까 가서 놀다 올 거면 지원하지 마라" 같은 말을 자주 했다. 물론 나더러 돈 벌어서 다니라던 말은 농담이었을 가능성이 높다. 하지만 그 말들과 내가 살아온 분위기에 영향을 받을 수밖에 없었다. 그런 집안에서 자라 엄마의 추천으로 강좌에 찾아갔던 '교육공동체 나다'(현재 소속되어 활동하고 있는 단체이기도 하다)는 내 삶에 또 다른 계기가 되었다. 나다는 기존 제도교육에 대한 문제의식을 바탕으로 한 인문학 강좌로 청소년을 만나는 단체였고, 나다를 통해 일제고사 반대, 주입식 교육 반대 같은 이야기들을 하는 청소년인권활동을 알게 되었다.

그렇게 새로운 세계를 알게 되고, 공감하고 함께하고 싶은 일들을 만나게 되자 내 미래에 대한 고민과 구상에서 대학이라는 것이 차지하는 비중은 더욱더 줄어들었다. 정말이지 나는 대학 같은 것에 신경 쓸 겨를이 없었다. 지금 하고 싶고 궁금한 일들이 사방에 깔렸는데 대학이 뭐 중요하겠는가!

유예기간 없이 내쳐진 사람들

안타깝게도 대학에 신경 쓸 겨를은 금방 생겨버렸다. 어느덧 열여덟 살, 학교로 치면 고등학교 2학년 나이가 되었다. 이제는 정말 대학 가긴 늦었다는 감이 오기 시작하면서 불안과 분노로 가득 찼던 시기였다. 슬슬 내가 알던 사람들이 대학에 들어가기 시작했고, 온갖 청소년보호법에서 자유로운, 사회가 준 대학생이라는 명찰의 혜택들이 부럽고 또 부러웠다. 재학생만 들어갈 수 있는 대학도서관의 그 방대한 데이터베이스와 자료가, 마음껏 쓸 수 있는 그 공간이 부러웠나. 20대는 당연히 대학생이라고 생각하는 사회에서 '대학생 때는 실컷 놀기도 하는 거지'라며 놀 수 있게 주어지는 시기가 부러웠고, 공부만 해도 괜찮은 시기인 게 부러웠다.

물론 이제 와 생각해보면 이것저것 다른 상황들이 떠오르긴 한다. 학비를 부모님이 대주는 경우도 있겠지만 그렇지 않은 경우도 많을 테고, 수업이 별로일 수도 있을 것이고…… 우울한 대학생들의 이런저런 반론들. 하지만 그때 내 고민이 품고 있던 것은 물리적인 무언가가 아니라 '유예기간'이라는 것에 대한 분노였다. 대학을 가지 않는 이들은 20살이 되는 순간 사회생활을 하는 것으로 간주되고, 안정적으로 미래에 대해 고민을 해나갈 시간이 없다. 하지만 1년에 1,000만 원이라는 어마어마한 금액을 지불한다면 사회는 대학생이라는 명찰을 붙여 안정적인 유예기간을 준다. 10대에게서 수능과 대학, 공부 이상의 것을 생각할 권리도 고민할 권리도 다 앗아가려는 이곳에서 대학을 가지 않겠다고 선택한다면, 제대로 고민해볼 틈도 없이 냅다 세상에 내동댕이쳐지는 상황이 기다리고 있는 것이다.

그러나 이 불안을 견뎌보겠다

대학에 관한 이런저런 생각들은 나를 너무나도 불안하게 만들었다. 난 뭘 해야 하지? 잘 모른다면 대학에 가서 경험해보는 것도 좋지 않을까? 어떻게 먹고살지? 아르바이트에서도 대학생을 우대하는 이 더러운 세상에서 내가 중졸로 살아남을 수 있는 거야? 지금도 불안하긴 매한가지다. 그 강도가 달라질 뿐 늘 내 안에 잠재돼 있다. 그러나 이 불안이 대학 때문만은 아니라고 생각한다. 현재 하고 싶은 것을 잘 모르겠고, 뭘 할지 감이 오지 않을 때에 당연한 불안을 느끼고 있는 것일 뿐이다. 그러니 꼭 대학에 대해 고민해야만 할 필요는 없는 것 같다. 그렇게 대학에 묶여서 사고하게 되는 것이 더 이상한 것 같기도 하고. 하지만 열아홉 살은 당연히 대학이라는 예제만을 끊임없이 보고 자라는 세상이니, 대학이 나를 가장 불안하게 만드는 건 어쩔 수 없다.

내가 마음먹은 것은 그저 불안을 조금 견뎌보려는 것이다. '이 안에 들어가서 내가 뭘 하고 싶은지 찾아보겠어'라는 생각으로 대학에 무작정 들어가고 싶지는 않다. 그게 그저 응급처치일 뿐 해결책이 아니라는 걸 알고 있기 때문에, 조금 막막하더라도 다른 길을 찾아보려고 한다.

네트워크가 필요하다

열여덟 살의 분노와 부러움을 지나 열아홉 살이 된 지금, 전문적인 공부를 하려는 마음과 의지를 가지고 사람들을 찾아간다면 너무나도 반갑게 함께 공부해준다는 것을 알게 되었다. 대학이 아닌 길을 선택한 청소년활동가들이 대학 바깥에서도 공부할 방법을 만들어보자며 노력했던 '저공비행'이라는 공부 지원 체계, 그리고 아르바이트 때문에 열심히 함께하지 못하는 투명가방끈도 내가 대학에 가지 않고도 하고 싶은 걸 하면서 살아나갈 수 있는 가능성의 실마리들이다.

대학입시거부 토론회에 참여했던 한 시민이 했던 말이 기억에 남는다. 대학 진학률 80퍼센트의 이 나라에서는 곧 고졸들이 굶어 죽을지도 모른다고. 그런 상황이 오지 않게 하려면 더 많은 사람이 함께 대학을 거부하고, 대학을 거부한 사람들이 함께 모여 네트워크를 만들어야 한다고. 그 말에 얼마 전 우연히 듣게 된 고졸 네트워크가 떠올랐다. '탈대학네트워크 고등어'라는 이름으로 학력과 학벌에서 소외된 사람들이 삶과 이야기를 나누고, 학벌 사회에 문제를 제기하는 활동들을 하려고 한다고 들었다. 대학을 가지 않아 불안해하는 수많은 사람들이 서로의 존재와 함께 살아갈 방법을 찾아가는 네트워크가 있다면, 그것이 줄 위안과 현실적 안정을 상상만 해도 너무 행복하다. 앞으로 그 행복한 상상이 정말 현실이 되게 하는 일들을 해야 할 것이다. 그러기 위해 필요한 것이 무엇인지, 해야 할 일이 어떤 것인지 아직은 잘 모르겠다. 하지만 그 네트워크를 만들어갈 일이 내 마음 한구석에서 나를 종종 흔들어댈 것만 같다. 내가 살아남기 위해서, 우리가 살아남기 위해서, 그리고 나중에 또 다른 누군가가 대학을 쉽게 선택하지 않아도 되도록 하고 싶은 일로서 말이다.

'대붕'도
'곤'도 아닌

한연화

"차라리 초등학교 때부터 공부를 못할걸 그랬다. 나는 왜 초등 학교 때 공부를 잘했던 걸까? 만약 내가 초등학교 때부터 공부를 못했다면 지금 이렇게 힘들 일은 없었을 텐데."

며칠 전, 필요 없는 물건들을 정리하다 우연히 내가 중학교 때 쓴 일기를 보게 되었다. 정확한 날짜는 적혀 있지 않았지만 그 일 기를 쓴 것이 언제였든 그 시절의 내가 참 많이 힘들었다는 걸 또 다시 떠올릴 수밖에 없었다.

나는 초등학교 때 공부를 꽤 잘하는 편이었다. 늘 반에서 1, 2 등을 했고 상장도 어지간히 받아왔기에 '무슨 일이 있어도 우리 집안에서는 대학생이 나와야 한다'는 생각을 가지고 있던 큰아빠 는 내게 큰 기대를 했고, 그 기대는 어느새 무거운 바윗돌이 되어 나를 짓누르고 있었다.

"공부하는 애가 무슨 TV를 봐? 성적 떨어지면 어쩌려고 그래."
"이건 소설책이잖아? 공부하는 애가 왜 이딴 걸 봐! 이건 네 공부를 망치는 악서야, 악서!" "친구? 그런 건 있어봤자 공부에 방해만 돼. 친구 있으면 뭐하게? 떼로 뭉쳐 어울려 다니고 키득거리고 그러다가 공부도 못하고 성적 떨어지고 대학 못 가고. 대학 못 가면 친구가 책임져준대? 친구는 대학 가서 사귀어도 돼. 정 사귀고 싶으면 대학 가서 실컷 사귀어." "컴퓨터는 동영상 강의만 봐. 다른 건 볼 생각도 하지 마. 너는 지금 밤낮 없이 공부만 해야 한다고. 알아?"

모든 걸 그렇게 금지당했다. TV를 보는 것도, 교과서나 참고서, 문제집 말고 다른 책을 읽는 것도, 친구를 사귀는 것도, 컴퓨터로 인터넷 강의를 보는 것 말고 다른 일을 하는 것도, 성적을 올리기 위해 금지당해야만 했다. 그런 큰아빠의 규제 속에서 죽어라 공부만 했지만 중학교에 입학하면서부터 떨어진 성적은 중위권을 간신히 유지하는 정도에 이르렀다. 내게 기대를 버리지 못하는 큰아빠와 달리 어느새 나에 대한 기대를 접은 삼촌에게서 심한 말을 듣게 되었다.

"일등 못하면 중간 가나 꼴찌하나 똑같아. 나중에 인생 별 볼 일 없어지고 처참해지는 건."

지금 생각해보면 막말일 뿐인 그 말이 그때는 왜 그렇게 잘 먹혔는지. 충격을 받은 것도 잠시, 나는 그때 처음으로 나에 대해 고민하기 시작했다. '일등 못하면 중간 가나 꼴찌하나 똑같다고? 그러면 내가 지금 공부할 필요도 없는 거잖아. 어차피 성적도 못 올릴 거, 공부는 해서 뭐해. 그런데 공부를 안 하면 나는 이제 뭘 하지? 지금껏 공부밖에는 한 게 없잖아. 운동도 못하지, 노래도 못하지, 춤도 못 추지, 그림도 못 그리지. 도대체 내가 잘하는 건 뭘까?'

그 와중에 나는 우연히 학교 도서관에서 《해리포터와 마법사의 돌》을 읽게 되었고, 그때 처음으로 내가 초등학교 4학년 때부터 이야기 만들기를 좋아했다는 것을 떠올릴 수 있었다. 그것이 내가 글을 쓰게 된 결정적인 계기다. 그 후로 나는 심해져가는 성적에 대한 압박과 큰아빠의 규제, 그리고 친구들의 왕따라는 힘든 현실을 잊으려 더욱더 글을 쓰게 되었다. (내가 왜 왕따를 당했는지 여기서 공개할 수는 없다. 다만, 한 가지 말할 수 있는 것은 그것은 결코 내 잘못이 아니었다는 것이다.)

글을 쓰면서 현실에 물음을 던지기 시작했다

내가 글을 쓰게 된 이유와 대학거부를 하게 된 이유가 무슨 관련이 있는지, 아마 이해를 하지 못할 수도 있다.

'그러니까 그게 대학거부랑 무슨 상관인데?'

그러나 내가 나를 찾고 현실에서 벗어나기 위해 글을 썼던 그 이야기는 나의 대학거부에도 어느 정도 적용이 된다. 사실 글을 쓰려면 현실에서 벗어날 수가 없다. 아무리 현실에서 벗어나려 해도 내가 쓰는 글에는, 그것이 설령 판타지나 무협 같은 환상문학이라 해도, 어느 정도 현실이 반영될 수밖에 없다. 그래서 글을 쓰게 되면 자연히 주위의 현실에 눈을 돌리게 된다. 내가 겪고 있는 일, 그리고 다른 사람들이 겪고 있는 일, 그리고 그런 일들을 겪고 있는 이유를, 원인을 하나하나 낱낱이 보게 되는 것이다.

나는 그렇게 내가 겪고 있는 일들이 잘못되었다고 생각하기 시작했고, 왜 대학에 가야 하는지, 왜 성적을 올리지 않으면 안 되는 건지 질문하기 시작했다. 좋은 대학에 가야 인생이 편안해진다는 선생님들 앞에서, 좋은 대학 가면 무조건 편하게 살 수 있는 거냐고 질문하기 시작했고, 공부만이 최고라고 여기는 큰아빠에게 공부 말고 다른 것을 하고 싶다고 처음으로 말했다.

왜 꼭 대학에 가야 하는가? 왜 꼭 좋은 대학에 가야 하는가? 아니, 그전에 좋은 대학의 기준이 무엇인가? 공부 잘하는 애들이 가면 좋은 대학, 공부 못하는 애들이 가면 안 좋은 대학인가? 아니면 그 학교를 나온 사람들 중에 높은 자리에 앉아 있는 사람들이 많은 대학? 도대체 좋은 대학의 기준은 누가 정하는 것인가? 그리고 아무리 좋은 대학이라고 해도 어느 대학에 가느냐가 결정되는 것은 수능날 단 하루인데, 왜 단 하루를 위해 무려 12년이라는 긴 시간 동안 하고 싶은 것 다 참아가며 공부해야 하는가? 그리고 왜 그 단 하루를 위해 평생 쓰이지 않을지도 모르는 지식을 머릿속에 집어넣고 있어야 하는가? 어차피 시험 보고 나면 잊어버리는 그 지식들을 왜 달달 외우고 있어야 하는가? 왜 아침부터 밤늦게까지 학교에 앉아서 멍하니 문제집을 들여다보고 있어야 하는가? 내 주위의 친구들을 보면 자신이 하고 싶은 것, 잘하는 것, 좋아하는 것을 알지 못하는 경우가 더 많았다. 19년을 살면서 자신이 하고 싶은 것이 뭔지, 잘하는 것이 뭔지, 좋아하는 것이 뭔지도 모른 채 그저 기계적으로 공부만 하면서 살았다는 이야기이다.

　나는 이 현실에 물음을 던져왔다. 왜 그래야 하느냐고. 왜 그렇게 살아야 하느냐고. 12년만 고생하면 된다는데, 왜 오지도 않을 미래의 행복을 위해 12년을 고생해야 하느냐고. 왜 수능날 단 하루를 위해 12년을 고생해야 하느냐고. 하지만 그럴 때마다 돌아오는 대답은 한결같았다. '그래도 현실이 이런데 어쩌겠냐.' '우리같이 힘없는 놈들이 별수 있냐, 그저 현실에 맞춰서 살아야지.' 나는 이제 그 대답에 제대로 응수해주려 한다. 현실인데 어쩌겠냐, 현실에 맞춰서 살아야지 어쩌겠냐고 말해왔기 때문에, 그렇게 말하는 당신들이 있었기 때문에 우리는 12년 동안 자신이 하고 싶은 것, 잘하는 것, 좋아하는 것이 뭔지도 모른 채 기계적으로 공부만 하며 살아왔다고. 그래서 더는 당신들이 현실을 바꿔주기를 기다리지 않겠다고. 당신들이 바꿔주지 않는다면 우리가 바꾸겠다고. 물론 이 현실이 쉽게 바뀌지는 않겠지만 바뀔 때까지 싸워 이겨서 바꿀 거라고. 그래서 대학을 거부했다.

고통을 혼자 견디는 길고양이처럼

나 한 번 날개를 펼쳐
구만리 상공을 날아오르려
석 삼 년 물속에 웅크려 있는데
매미와 뱁새가 자꾸 비웃는다오

아서라

나무 사이에서 나무 사이로만

건너뛰는 매미와 뱁새가

구만리 상공을 날아가는

나의 깊은 뜻을 어찌 알리오

 고등학교 3학년이 되던 무렵, 도서관에서 빌린 《장자》에서 〈대붕大鵬〉 편을 읽고 쓴 시이다. 지금에 와서 이 시를 다시 읽자니 참 많은 생각이 든다. 나는 정말 나를 대붕이라고 생각했던 것일까? 내가 정말 대붕이 되어 큰 날개를 펼쳐 구만리 상공을 날아가려고 석 삼 년을 물속에 웅크려 있는 곤이라는 물고기라고 생각했던 걸까? 아니면 적어도 대붕은 되지 못해도 곤은 될 수 있는 존재라고 생각했던 걸까?

 어쩌면 나는 내가 대붕도, 곤도 될 수 없는 존재라는 것을 알고 있었던 것일지도 모른다. 그저 스스로의 한계를 절실히 깨달으며 부족한 부분을 배우고 또 배워나가야 하는 하나의 평범한 인간에 지나지 않는다는 사실을 알고 있었을지도 모른다. 그래서 나는 한동안 대학거부 이후의 이야기를 쓸 수 없었다. 나 자신이 대붕도, 곤도 될 수 없는 존재이고, 매일매일 스스로의 부족함을 깨달으며 '나 진짜 왜 이러지'라고 하루에 수십 번도 더 자학해야 하는 평범한 인간에 지나지 않는다고 스스로에게 고백하는 것이 나로서는 참 힘든 일이었다.

 대학거부 이후의 이야기를 쉽게 쓰지 못하고 망설일 때, 길고

우리는 대학을 거부한다

양이에게 먹이를 챙겨주는 '캣맘'이라는 분의 블로그에 어느 분이 단 댓글을 보게 됐다. 캣맘은 자신이 밥을 주며 돌봐주던 길고양이가 어느 날부터인가 갑자기 보이지 않기에 이상한 느낌이 들어 자신이 놓고 갔던 고양이 사료를 확인해보니 약이 뿌려져 있었다고 했다. 게다가 그 사료는 이미 반쯤 먹은 상태였다는 것이었다. 그때부터 혹시 그 아이가 지금쯤 자기 눈에 보이지 않는 곳에서 죽어가고 있을지도 모른다는 생각이 하루에도 몇 번씩 드는 탓에 일도 손에 잡히지 않고 말 그대로 미칠 지경이라고 토로했다. 댓글을 단 분은 야생동물들은 본능적으로 적에게 자신의 약한 모습을 보이지 않으려 하고, 그것은 야생의 본능이 어느 정도 남아 있는 길고양이 또한 마찬가지라며 아마 어느 누구의 눈에도 띄지 않는 곳으로 가 구덩이를 파고 들어가 있을 거라고 했다. 그곳에서 몸이 약기운을 이겨내고 스스로 회복하든, 아니면 약기운을 이겨내지 못하고 죽든 둘 중 하나가 될 때까지 기다릴 것이라고 했다.

나는 내가 나에 대해 고백하기를 꺼렸던 것이 혹시 구덩이를 파고 들어가 있을지 모를 그 길고양이의 모습과 같다고 생각한다. 어쩌면 나 역시 다른 누군가에게 약한 모습을 보이기 싫어서 그동안 나에 대해 이야기하는 것을 회피하고 있었을지도 모른다.

대학거부 이후에 나는 몇 달 동안 '대학 어디 갔냐'는 질문에 시달려야 했다. 마주치는 사람마다 무슨 인사치레라도 되는 양 어느 대학에 갔느냐고 물어본다는 것, 그것은 정말 미칠 것 같은 일이다. 듣기 좋은 꽃노래도 하루 이틀만 들으면 질려버린다는데, 대학에 가지 않은 내가 '대학 어디 갔냐'는 질문을 몇 달 동안, 거의 매일같이 듣다시피 했으니 얼마나 미칠 지경이었을지 한번 상상해보기 바란다. 그러나 더 미칠 것 같았던 것은 선생님들과 친구들 앞에서 너무도 당당하게 대학에 가지 않겠다고 선언해놓고, 그런 질문들 앞에서는 한없이 작아지는 내 모습이었다. 질문을 들을 때마다 나는 쉽게 대답하지 못하고 우물쭈물할 수밖에 없었고, 대답을 재촉하듯이 재차 반복되는 상대방의 질문에 무슨 큰 죄라도 지은 사람마냥, 대학에 가지 않는다고, 원서조차 넣지 않았다고, 기어들어가는 목소리로 말해야 했다. 그러고 나면 대부분의 사람들은 으레 '재수하나보다' 하며 대수롭지 않게 넘어가고는 했다. 그런데 아주 이따금씩 물어보지 말아야 할 것을 물어본 사람처럼, 마치 부모님은 뭐 하시냐고 물었을 때 두 분 모두 돌아가셨다는 대답을 들은 사람처럼 당황한 표정을 지어 보이는 사람들도 있었다. 그러나 어쩌겠는가. 대학에 가지 않기로 한 것은 내 선택이었으니 그 질문들과 대학에 가지 않는다는 대답에 대한 모든 반응들 또한 내가 감당해야 할 책임일 수밖에. 그래서 나는 이제 제발 그만 물어보라고, 남의 인생에 무슨 오지랖이 그렇게 넓으냐고 화를 낼 수 없었다. 화를 내려다가도 '그래, 이건 내가 감당해야 할 책임이지'라는 생각에 묵묵히 그 질문들을 듣고 있을 수밖에 없었다.

대학에 가지 않은 덕에 발견한 '나'

그렇게 몇 달이 지나고 더는 나에게 어느 대학에 갔는지 물어보는 사람들이 없어졌다. 그러나 지금도 이따금 비슷한 질문을 받고는 한다. 나는 나이에 비해 외모가 어려 보이는 편이다. 머리 길이가 목선을 덮는 단발이었을 때에는 내 나이에 비해 서너 살 정도 어리게 보더니, 쇼트커트로 머리를 자른 지금은 심지어 대여섯 살 정도 어리게 보는 사람들도 많다. 그러나 분위기상으로는 도저히 청소년으로 볼 수 없는지, 나와 몇 번 마주친 사람들은 으레 묻고는 한다. "몇 살이야?" 내가 스무 살이라고 하면 그다음에 나오는 질문도 으레 똑같다. "대학생이야? 대학 어디 다녀?" 내가 대학에 가지 않았다고 하면 그다음에 나오는 질문 역시 으레 똑같다. "그러면 뭐 해? 어디 취업했어?" 이쯤 되면 현재 내 본업인 웹소설 연재 작가라는 직업을 밝힐 수밖에 없다. 이쯤에서 끝나면 차라리 다행이다. 내게 그런 질문들을 하는 사람들은 내가 연재하는 소설 제목을 스마트폰으로 검색해보기까지 하는데 그러면 나는 내 약한 곳을 드러낼 수밖에 없다. "비인기 작가예요. 댓글이 한 회당 10개도 안 달려요."

나는 그런 사람이다. 한때는 내가 대붕은 못 되어도 곤이라도 될 수 있는 존재라고 생각했으나 이제는 내가 부족한 것을 알아버린 탓에 매일매일 내가 이 정도밖에 안 되는 인간인가 자학할 수밖에 없는 사람. 그리고 내가 그런 사람이라는 것을 알게 된 데에는 대학에 가지 않은 것이 결정적인 실마리를 제공하지 않았나 싶다. 만약 내가 대학에 가기 위해 입시 공부를 했더라면 소설을 쓸일은 없었을 테고, 그렇다면 소설을 연재하면서 내가 이렇게 부족한 인간이구나 느낄 일 또한 없었을 테니까. 그리고 어느 대학에 갔냐는 말에 대답을 하지 못하고 우물쭈물하면서, 모든 선택에는 책임이 따르고 그 책임은 오로지 선택한 자의 몫이라는 간단하다면 간단한 진리를 깨우치는 일도 없었을 것이다. 그러면 누군가는 이렇게 물을지도 모르겠다. "그래서 대학 안 간 것 후회해?"

그러나 그 말에만은 단호하게 고개를 저을 수 있을 것 같다. 아니라고. 절대 후회하지 않는다고. 오히려 내가 어떤 사람인지 알게 되는 또 다른 기회였기에, 감사하는 것까지는 아니더라도 후회하지는 않는다고. 그리고 앞으로도 후회하지 않을 것이라고.

그러면 또 누군가는 이렇게 말할 것이다. "그래도 너는 글이나 쓸 수 있었잖아. 앞으로 계속 글을 쓸 거고. 너처럼 하고 싶은 일이 뚜렷하게 정해진 사람이 아니라면 우선은 대학을 가는 편이 낫지 않아?"

사실 나도 이 말에는 딱히 뭐라고 대답할 수 없다. 하고 싶은 일이 뚜렷하게 정해져 있던 나도 대학에 가지 않기로 결정한 뒤로 몇 달간 내게 쏟아진 질문들에 무척 힘들었는데, 하고 싶은 일이 뚜렷하게 정해지지 않은 사람들은 나보다 몇 배는 더 힘들 수도 있으니까. '아, 내가 왜 그랬지? 그냥 대학이나 갈걸' 하고 후회할지도 모르고.

하지만 고백하자면 나도 내가 무엇을 해야 할지, 어떤 길을 가야 할지 온전하게 정해놓은 것은 아니다. 계속 글을 쓸 수 있을지 없을지도 모르고, 또 베스트셀러 작가가 되지 않는 한 글만 써서는 먹고살기 힘들 테니까 다른 일을 하면서 소설을 써야 하는데 지금까지 다른 일을 해본 적도 없고 다른 일을 한다는 생각 자체를 해본 적이 없다. 그래서 무슨 일을 해야 할지, 또 내가 소설 쓰는 것 외에 할 수 있는 일이 무엇일지조차도 모르겠다. 또 아빠가 대학 보낸 셈 치고 4년 동안은 봐준다고 했으니 그동안 취업을 해야 하는데 내가 무엇을 잘하는지, 무엇을 할 수 있는지 어떻게 알고 그에 맞는 취업 준비를 할 것인지도 모르겠다.

이렇듯 나는 한때는 스스로 잘났다 생각했으나 사실은 모르는 것투성이에 내가 하고 싶어했던 일조차 제대로 하지 못하고, 사람들 앞에 당당하지도 못하면서 자존심만 강한 인간에 불과하다. 그러나 이것이 내가 가는 길에 딱히 방해가 될 것이라고는 생각하지 않는다. 모르는 것은 배워나가고, 제대로 하지 못하는 것은 노력해서 제대로 할 수 있게 만들면 되는 것이 아닌가?

내가 앞으로 무엇을 하게 될지, 또 어떤 길을 가게 될지는 아직 모르나 그 길을 하나하나 고민하며 찾아가는 것도 나쁘지는 않을 것 같다. 아무런 대책 없이 대학에 가지 않아서 지금의 나를 발견한 것처럼, 앞으로도 그렇게 끊임없이 또 다른 지금의 나를 발견해나갈 것이다.

모두 '투명가방끈'이 되어 싸운다면 대학은 변한다

문 동 혁

나는 친구들과는 다른 길을 가기로 했다. 대학에 가지 않고, 내 꿈과 목표를 위해서 사는 것이다. 거창한 생각과 달리, 결심한 계기는 단순했다. 내가 지금 대학에 갈 이유는 전혀 없다는 것. 그래서 내가 활동하고 있는 인권단체인 '청소년인권행동 아수나로'에서 투명가방끈 활동을 시작했다. 투명가방끈은 수능을 앞둔 고3 학생들이 스스로 대학을 거부하겠다는 선언이자 외침이다. 배우려고 하는 사람을 빚쟁이로 만드는 대학, 소위 '우골탑'과 '모골탑'이라 불리는 대학에 대한 거부이다. 대학에 지원하는 것이 자유로운 것처럼, 대학을 거부하는 것 역시 자유로워야 한다. 하지만 대한민국 교육 현실은 대학에 지원하지 않으면 안 되는 여러 장치와 상황과 여건들을 만들어놓았다. 그것들에 문제 제기를 함과 동시에 거부한다. 여기에 동감하고 공감한다면 같이 행동하고 활동하는 것이 가장 좋지만, 그게 힘들다면 자신의 위치에서 할 수 있는 한 모든 권력에 저항하라. 그리고 거부하라.

투명가방끈에게 그것은 바로 대학이고, 노동자에게는 자본가이며, 청소년에게는 학교와 학교 권력을 비롯한 선생일 것이다. 자신의 위치에서 싸우는 것이야말로 가장 강력한 연대다.

세상을 자신에게 맞추는 것=투명가방끈

자신을 세상에 맞추는 건 쉽지만, 세상을 자신에게 맞추는 건 어렵다. 나에게 투명가방끈의 활동이 가지는 의미가 바로 이것이다. 이것이 세상을 바꾸는 작은 발걸음이 아닐까 싶다. 언제나 누군가에게 맞춰가거나 체제에 수긍해가는 것은 쉽지만, 거기에 저항하고 그 체제를 바꾸려는 활동들은 어렵고 힘들다. 하지만 어렵고 힘든 길을 가는 사람이 없다면, 세상은 바뀔 수 없다. 모두가 다 쉬운 길만 간다면 그것은 정말 극악무도한 독재국가이거나, 기계화된 사회의 기계화된 인간일 뿐이다. 내가 가려는 길은 '틀린 길'이 아니라 '다른 길'이다. 대학은 수단이 될 수 있을지언정 목표가 되어서는 안 된다. 왜냐하면 대학은 하나의 배우는 공간에 불과하기 때문이다. 하지만 대한민국 사람은 의무교육을 받으면서 대학에 가기 위한 목적으로 공부한다. 그런데 대학에 갔다고 문제가 해결되지 않는다. 오히려 문제가 더 커지거나 변질되기도 한다. 가령 가장 잘나가는 학교의 가장 잘나가는 과에 들어갔는데도 졸업하고 나서 취직이 안 된다. 대학 다니는 동안 등록금은 하늘 높은 줄 모르고 쌓인다. 그리고 순수학문들은 취업률이라는 당국의 평가 잣대로 인해서, 점점 없어지거나 통폐합되고 있다. 대학들이 굉장히 서열화되어 있기 때문에 어떤 대학에 가든 만족하지 못한다. 지방대는 수도권 대학을, 수도권 대학은 또 외국 대학을 우러러보는 '대학서열화병'에 걸려 있기 때문이다. 이런 문제들을 지적하고 비판하고 싸우려면 대학 밖에서 싸우는 것도 중요하다. 그래서 나는 단순히 대학을 안 간다는 거부 선언이 아니라, 대학의 근본적인 문제부터 총체적으로 비판하고 싸우는 것이 '투명가방끈'이라고 소개하고 싶다. 여기에 관심이 있다면 대학을 안 간 사람들은 투명가방끈과 바깥에서, 대학에 간 사람들은 대학 안에서 여러 가지 저항과 싸움을 시도해봤으면 좋겠다. 꼭 투명가방끈이 아니더라도 다른 이름으로 싸울 수 있다. 그들은 결국 또 다른 '투명가방끈'이다. 모두 다 '투명가방끈'이 되어서 싸운다면 대학은 변한다.

'놀이하는 인간'이 살 수 없는 나라

나는 실업계 고등학교에 다녔기 때문에 일반 인문계 고등학교보다는 야간자율학습이나 보충수업 등에서 자유로운 편이었다. 하지만 대학입시 스트레스에서 자유로울 수 있는 학교나 학생은 없다. 내 동생과 같은 일반계 고등학생들은 자신의 꿈과 관계없이 성적을 위한 공부를 엄청나게 한다. 그래서인지 '논다는 것' 자체가 죄악이 되어버린다. 선생님이나 부모님은 이렇게 말한다. "공부 잘하면 얼마든지 놀 수 있잖아?" "좋은 대학 가면 실컷 놀게 해줄

게." 공부를 잘하기 위해서 하루 종일을 투자하는데, 어떻게 놀 시간이 있을까? 그리고 대학에 가면 마냥 놀 수 있을까? 또 학점이라는 다른 이름의 성적을 올리기 위해서 공부를 해야 하고, 그 공부를 하기 위해서 엄청난 등록금을 내야 하고, 그 돈이 너무 비싸서 알바까지 하지 않으면 안 된다. 우리나라에는 '호모 루덴스'(놀이하는 인간)가 존재하지 않는 것 같다. 노는 것이 죄악이 되고, 놀고 있다는 것을 '백수'의 한 특성으로 이해한다. 세계 최고로 공부를 많이 하는 나라, 일(노동)을 많이 하는 나라여서 그런지 놀이는 죄악이 되어버린 지 오래다. 대학을 비롯한 각 사회계층의 권력 집단들이 그런 분위기를 조장하고, 자신들은 천박한 놀이를 즐기고 있다.

취업과 진학으로 나뉠 뿐 똑같은 '상품'

실업계 고등학교는 3학년이 되면 취업반과 진학반, 두 가지 경우로 나뉜다. 취업반은 고등학교를 졸업하고 바로 취직하는 반으로, 취직을 위한 공부를 시킨다. 진학반은 대학을 진학하려는 학생들을 위한 공부를 시킨다. 하지만 졸업하고 나면 취직반의 친구들은 고졸로 취직한 탓에 대졸의 동료나 사업자에게 차별과 멸시를 당한다. 그것도 모자라서 똑같은 일을 더 많이 시키고도 대학 나온 친구보다 돈을 덜 준다. 그래서 회사를 그만두고 대학에 들어가는 친구가 있는가 하면, 가정 형편 때문에 그럴 수 없는 친구들은 회사를 다니면서 야간대학에 다니게 된다. 아예 회사를 그만두고 군대에 가거나, 군대를 가지 않는 대신 방위산업체에서 일하기도 한다.

대학에 간 경우에도, 대학에 대한 환상이 깨져서 자퇴해 알바나 취직을 하려고 애쓰는 친구들이 있는가 하면, 가정 형편상 등록금이 부담스러워서 휴학하고 알바나 취직자리를 찾아다니는 친구들도 있다. 친구들이 고등학교 3학년 때에 비해 지금은 내 걱정을 덜 하는 걸 보면, 어쩌면 자신들의 처지가 나 이상으로 나빠지고 있다는 걸 느끼고 있는지도 모른다. 내가 학생회에 참여하다가 알게 된 충격적인 사실은, 3학년 때 취업반과 진학반으로 나누는 이유가 고등학생 취업률을 높여서 국가보조금을 받으려는 '인원 채우기'라는 것이다. 더 많은 취업생들을 만들어서 마이스터고가 되기 위해서 힘쓰고, 그게 학생들을 위한 일이라고 생각하는 교장과 교감의 발상에 놀랐다. 학교에서 학생은 취업과 진학으로 나뉘는 상품에 지나지 않는다. 그 상품의 가치를 높여서 자신의 학교 브랜드 가치를 높이려는 생산자가 바로 선생들이다. 그 선생들에게 맞서 저항하고 싸웠던 학생회 활동은 정말 값진 경험이었다.

다를 바 없는 고3이 변하고 싶어할 때

내 친구를 보면서 정말 안타깝다는 생각을 하곤 한다. 그 친구는 나와 똑같이 대학에 갈 이유가 전혀 없는데도 대학에 진학했다. 다른 친구들도 다 진학하고 부모님도 그렇게 하길 원했기 때문이다. 자신의 선택이 아닌, 주위 친구들의 선택과 부모님의 선택에 묻어가려고 하는 것이다. 적어도 나는 그런 점에서 자유롭게 선택했다는 것이, 그들보다 좀 더 떳떳해질 수 있는 이유가 아닐까 싶다.

이번에 수능포기와 투명가방끈 활동을 시작하면서 깨달았다. '부모님은 부모님이고, 나는 나'라는 것이다. 누구나 다 알고 있는 사실이지만, 대한민국에서 이 현상이 가장 두드러지게 나타나는 문제가 바로 학교 진학이 아닐까 싶다. 우리 부모님 역시 처음에는 반대했지만, 내가 결국 이 길을 선택하자 어머니는 '네 인생은 네가 알아서 하라'고 일축했다. 그리고 아버지는 내가 직접적으로 말하지 않았지만, 대학거부 관련 포스터를 보고 대충 알고 나서 아무 말씀도 없었다. 요즘 어머니는 내 기사를 재밌게 읽고, 주위 사람들에게도 보여준다. 아버지 역시 여전히 책을 읽고 나름대로 공부하는 내 모습을 보고, 꼭 대학에 가는 것만이 공부가 아니라는 사실을 인정했다.

내가 이 이야기를 하는 이유는 대학거부를 하는 사람 역시 일반 사람들과 다름이 없는 고등학교 3학년이라는 사실과, 이 다름 없는 고등학교 3학년이 변하고 싶어하는 열망과 욕구가 바로 변화를 만들어낸다는 것을 말하고 싶어서이다. 그것이 일단 가정 안에서 나타나는 변화이더라도 말이다. 대학 진학에 대한 부모님들의 기대가 사라지지는 않았다. 그러나 그 기대는 변질되었다고 볼 수 있다. 내가 대학에 갔으면 하는 기대가, 진정으로 꿈을 이뤘으면 좋겠다는 기대로 변질된 것이다. 어쩌면 이렇게 다른 길을 가는 사람들이 선택 후에 오는 여러 가지 압박이나 압력에서 오히려 더 자유로울 수 있는 것이 놀랍게 느껴질지도 모른다. 하지만 그만큼 또 다른 부담이 있다. 바로 내가 주체로서 독립적으로 살아가야 하는 상황과 여건이 대학생들보다 더 절박하다는 것이다.

조금씩 '독립'에 가까워지기

내가 대학거부선언을 하고 세운 계획들 중 하나가 바로 '독립생활'이다. 하지만 대학생들이 막연하게 부모와 떨어져 살면 좀 더 편하게 잘 지낼 수 있지 않을까 싶어 기숙사를 꿈꾸는 것과 마찬가지로, 나 역시 대단히 큰 환상을 품었다는 것을 알게 됐다. 친한 친구의 독립생활을 보면서 절실하게 느낀 것이다. 독립을 한다면서 나와놓고도 전에 같이 살던 친할머니에게 돈을 받아서 생활한다거나, 남자친구에게 빌려 방세를 내거나 하는 모습 등을 보면서 말이다. 나는 독립생활에 대한 꿈을 아예 버리지는 않았으나, 폐해를 봤기 때문에 독립생활은 바로 자신이 주체적으로, 독립적으로 살아갈 준비가 됐을 때에만 이룰 수 있다는 걸 깨달았다.

그래서 지금은 비록 아버지와 함께 살더라도, 집 안에서 독립적인 존재로 지내면서 독립된 공간들을 늘려가고 있다. 마치 고등학교 때 학생회를 통해서 학생들의 독립된 공간들을 조금씩이나마 늘려갔듯이 말이다. 예를 들어 교실마다 찾아와서 두발을 검사하고 그 현장에 쫄쫄 따라다니던 학생회의 행태를 없애고 교문 단속만으로 축소시킨 일이 있다. 물론 완벽하지는 않지만 조금이나마 독립권을 추구할 수 있는 환경들을 만들어가는 것이 필요하다.

그래서 나는 굳이 집을 나오지 않더라도, 혹은 나중에 나올 것을 생각해서라도 지금 자신의 위치와 환경에서 먼저 독립적인 공간을 늘리기 위해 독립적이고 주체적인 인간으로 사고하고 행동하고 생활해야 한다고 생각했다. 이것이 내가 아직 독립을 이루지는 못했지만, 독립을 이루기 위한 발판으로서 깨달은 것들이다.

오히려 길이 열린다

내가 관심이 있는 '인권'이나 '노동문제'를 머리로 생각만 하는 것이 아니라, 실제로 활동하면서 배우고 경험해보고 싶다. 덧붙여 자신의 꿈과 목표가 없어서 고민하는 친구들에게 해주고 싶은 말들이 있다. 그건 바로 주위 눈치를 보지 말고, 지금 고민하고 생각하는 걸 실행에 옮기라는 것이다. 나도 많은 고민 끝에, 수능포기와 대학거부를 결정했다. 그러나 정하고 나니 이제는 내가 해야할 일과 계획해야 할 일들이 보여서 고민에서 벗어난 느낌이었다. 자신이 자신의 길을 선택하면 고민하는 것보다 오히려 좀 더 현실적이고 구체적인 길들이 열린다.

그리고 적어도 이런 고민쯤은 해보았으면 좋겠다. "대학에 꼭 가야 하나?"

학벌에 대한 문제 제기,
내 삶에서부터

박고형준

세상에는 많은 차별들이 존재한다. 예컨대 외모차별, 남녀차별, 나이차별 등은 한국 사회의 고질적인 차별로 인정되며 문화로 거듭나고 있다. 이런 문화로 전락하기까지는 수많은 시간과 많은 사람들의 인식이 부과되었을 것이다. 예컨대 두발제한은 단순히 초·중·고등학교에만 존재했던 차별일까? 두발단속의 전통은 박정희 정권뿐만 아니라 1980년대에도 변형된 형태로 지속되었는데, 1987년 현대중공업 노동자들이 파업을 하며 내건 첫 번째 요구는 임금 인상이 아닌 '두발 자유화'였다고 한다.

이처럼 차별은 날이 갈수록 세속화되기도 했지만, 장애인, 비혼주의자, 성소수자, 병역거부자, 외국인노동자 등 여러 항목으로 다양해지고도 있다. 물론 어떤 사람들은 차별 항목이 세상에 드러남으로써 권리를 보장받을 수 있는 길이 열렸다고 생각하겠지만,

사실 커밍아웃으로 인해 돌아오는 것은 편견과 역차별뿐이다. 특별한 취급을 해달라는 것도 아니고 있는 그대로를 봐달라는 요구가 왜 그리도 받아들이기 힘든 걸까? 이런 사회 속에서 학벌차별을 언급하자니 낯설고, 차별 철폐 운동 중 학벌 문제는 후순위에 밀려 있는 듯해서 글로 쓰기가 머뭇거려진다.

물론 각종 차별의 우위를 가려야 하는 것은 아니다. 학벌차별도 없애야 하고, 그 밖의 모든 차별 또한 없애야 한다. 그러나 힘없는 소수자들 간의 연대의 힘은 세상을 바꾸기엔 아직 부족한 게 현실이다. 대다수 사람들이 차별의 피해자이지만 피해자라고 나서지 않는 것 또한 문제를 해결하지 못하는 원인이기도 하다. 결국 학벌이 인정되며 재생산 구조가 돌아가는 이유도 피해자들이 학벌차별을 반대하기는커녕, 학벌이라는 자격증을 취득하기 위해 경쟁하기 때문이다.

대학의 경쟁을 넘어 대학원, 석사, 박사 과정을 밟는 사람들, 토익이나 토플 시험을 보겠다고 매일 학원가에서 죽치며 학습 노동을 하는 사람들, 자격증 시험으로 가득 찬 세미나와 밀린 과제물, 이 와중에 먹고살기 위한 노동들…… 저마다 낙오자가 되지 않기 위해 경쟁하고 있다. 경쟁에서 낙오하면 끝장이라고 피해자들을 위협하고 있기 때문이다.

그러나 반대로 생각해 질문을 던져보자. 우리 모두가 낙오자되기를 선언한다면?

입시 사육장에 들어가다

어렸을 때 아버지는 한 증권사 간부로 근무했다. 증권사, 은행 등 금융권은 지금이나 예전이나 연봉이 높은 직종이다. 아버지의 수입을 통해 우리 가정은 평범하게 살았고, 재력이라는 사회적 지위를 통해 친척들에게 부끄럼 없이 살아왔다. 그러던 어느 날 아버지가 큰 교통사고를 당했다. 결국 장기간의 병원 입원과 통원 치료 때문에 직장을 자진퇴사하게 되었고, 집을 팔아 진행했던 사업은 결국 실패해 가족 모두 단칸방에 의지하며 살게 되었다. TV 프로그램에 나오는 안타까운 가족의 실화가 주변이 아닌 내 삶이기도 했던 것이다.

우리 가족 모두 충격과 실의에 빠져 있던 초등학교 시절, 내 삶에서 가난에 대한 고민은 그때부터 시작되었다. 왜 우리 가정은 가난이라는 불편한 삶을 벗어나지 못하는 것일까? 왜 아버지와 어머니는 매일같이 돈 때문에 싸울까? 왜 부모님이 하루도 안 쉬고 밤늦게까지 일하는데도 우리 가정은 지금까지 가난한 걸까? 왜 나에게 공부 잘해서 좋은 대학에 가서 출세하거나 좋은 직장에 가서 돈을 많이 벌라고 하는 걸까? 뒤늦게서야 그 답을 알게 되었지만, 그 시절 내게 질문을 던지지 않았다면 지금의 나는 어떻게 됐을까 되돌아본다.

중학교에 진학하면서 초등학교 때 몰랐던 '좋은 학교'라는 개념을 알게 되었다. 그 당시 좋은 학교는 지금도 강조되는 과학·외국어고등학교, 서울·연세·고려대학교 등이다. 그 학교들을 가기 위해 내 친구들은 학교를 마친 후 교복도 벗지 못한 채 운동장이 아닌 학원으로 향했다. 먼지 날리며 뜨겁게 공을 찼던 초등학생 시절은 이미 과거가 되어버린 것이다. 어려운 형편에 다녔던 학원은 고작 한 달, 부모님 고생하는 게 미안한 마음에 내가 싫어 그만두었다. 소외되지 않으려 몸부림치며 교과서로 공부했다.

하지만 성적이 그렇게 나쁘지 않았기 때문에 당시 인문계 고등학교 진학이 어렵지 않았지만, 현실적인 조건에 대해 고민하게 되었다. 고민은 바로 돈과 진로였고, 내 스스로에게 던지는 질문들에 버티기 힘들 정도로 삶이 버거웠다. '우리 가정 형편으로 대학에 갈 수 있을까?' '좋은 학교 보내려고 내 삶의 일부를 부모님이 책임질 필요가 있나?' 여러 고민 끝에 결국 전자공고에 진학하기로 했지만, 부모님과 담임 선생님은 그냥 남들처럼 평범하게 살라며 나를 달랠 뿐이었다.

결국 끌려가다시피 진학한 인문계 고등학교는 입시 사육장과 같았다. 암기를 강요하고, 공부 잘하라고 용의복장을 단순화하고, 담장 밖에 나가지 말고 말 잘 들으라며 수시로 체벌을 가했다. 용돈을 벌기 위해 새벽에 하던 신문 배달도 잠시, 멋지게 보이고 싶어 머리도 길러보지만 그것도 잠시, 학교는 오직 승자를 기르기 위한 수용소 3년의 시간일 뿐이었다. 학교 밖을 벗어나 일탈도 해보았지만, 잠시의 위로일 뿐 지속되지는 못했다. 결국 적응하지 못해 어머님과 학교를 찾아 자퇴서도 작성해봤지만, 평범하기만을 바라는 부모님의 마음을 돌리기란 쉽지 않아 계속해서 학교에 다녀야 했다.

강자가 되지는 말아야겠다

그러던 중, 삐딱한 삶을 살아가던 내게 결정적인 삶의 전환이 찾아왔다. 또래 친구들과 함께 중·고등학생연합이라는 단체를 만들어 학생 인권과 교육에 대해 문제를 제기하면서부터다. 그러나 사회는 호락호락하지 않았다. 학생이라는 사회적 약자의 외침을 들어주기는커녕 단체 탈퇴를 강요했고, 수업도 제대로 받지 못하며 매일같이 훈계를 들어야만 했다. 학생들의 양심적 목소리에 교사들의 권력과 폭력은 더 심해졌으며 결국 징계위원회까지 열려 제적당할 뻔하기도 했다. 교사들은 학벌을 통해 자신의 꿈을 이뤄 결국 교사가 되었지만, 그들에게 학벌은 그저 또 다른 권위를 갖고 강자가 되기 위한 수단일 뿐이었다. 그래서 난 스스로 강자가 되지는 말아야겠다는 다짐을 했다.

그렇다고 약자가 되겠다는 건 아니었다. 그저 돈도 적당히 벌고 직장도 안정적인 삶, 부모님 말처럼 평범하게 살고 싶었다. 실업계 학생이든 인문계 학생이든 고3 수험생이 되면 대학 진학을 한번쯤 고민하게 된다. 나 역시 사회 경험을 통해 사회단체의 활동에 대해 공부하고 싶었고, 'NGO대학'이라고 불리는 한 대학의 진학을 고민했다. 하지만 수능 날, 어머니가 싸주신 도시락을 들고 걸어간 곳은 고사장이 아닌 광주광역시 교육청. '대학 평준화'를 주장하는 피켓을 들고 1인시위를 하며, 우리 사회의 학벌주의를 거부하는 내 양심에 따라 대학 진학 거부를 표현했다.

당시 많은 사람들이 내게 훈계하듯이 말했다. "1인시위 한다고 학벌 사회가 바뀔까?" "나중에 결혼해서 애 낳고 후회하지 마라."

그러나 단순히 나 혼자 행복하게 살겠다는 대학 진학 거부였다면 시작도 안 했을 것이다. 나 혼자만의 삶으로 치부하기엔 우리 주변에 치유하지 못한 아픈 과제들이 너무 많다. 매일같이 시험에 쫓겨 사는 학생들, 그 시험 제도의 낙오자가 되거나 성적을 비관하며 자살하는 학생들…… 우리는 일상에 쫓겨 아픔을 느끼지 못할 뿐, 너무나도 아픈 사회 속에서 살아가고 있다. 고등학교 때부터 해왔던 청소년인권운동과 교육운동으로 나 혼자만의 삶이 아니라 우리 모두의 삶이 행복해지기를 바랐기 때문에, 학벌주의를 거부하며 시작한 나의 대학 진학 거부는 지금도 계속되고 있다.

주위 사람들과 학벌 문제에 대해 이야기하게 되면 항상 '먹고 살려면 어쩔 수 없지'라는 말로 정리가 된다. 현실에서 자신의 몫을 챙기면서 학벌 문제에 대해 반대하는 것을 어떻게 봐야 할까? 자기 스스로에 대한 성찰과 변화가 없을 경우, 세상은 아무것도 진정으로 변하지 않을 것이다. 난 학벌주의의 문제에 대해 지적하며 대학 진학을 거부한 내 삶을 후회하지 않는다.

최연소 의대 합격을 꿈꾸던
나의 대학거부

김예림(라일락)

어릴 적 나는 미국에서 유치원과 초등학교 시절을 보냈는데, 상당히 좋은 기억으로 남아 있다. 학교에서 하는 공부는 책을 읽고 같이 토론을 하는 게 전부였고, 다른 시간에는 자유롭고 행복한 분위기에서 선생님과 노래를 부르거나, 친구들과 같이 요리 실습을 했다. 심지어 점심을 먹은 후 낮잠 시간까지 따로 있어, 푹신한 매트에서 잠도 잘 수 있었다(초등학교 2학년이었는데도!). 하교 후에는 같은 동네에 사는 친구들이랑 밤낮으로 놀았다. 내가 살았던 지역은 도심과 떨어진 주택가였는데, 집 근처는 온통 푸릇푸릇한 풀로 둘러싸여 있었고, 큰 숲과 예쁜 놀이터가 있었다. 그 숲과 놀이터에서 나는 온몸으로 뒹굴면서 즐겁게 놀았고, 하늘이 어둑어둑해지고 배가 슬슬 고파오면 친구와 함께 집에 와서 엄마가 해준 치즈 오븐 스파게티를 정말 맛있게 먹었다. 방학이면 한 달 동안 진행되는 캠프에 다녀왔는데, 전지에 내 몸 그리기, 물총 놀이, 케이크 만들기 등 즐거운 프로그램에 참여하다보면 어느새 하루가 훌쩍 지나 있었다.

그렇게 4년간 깨끗한 공기와 좋은 학교, 자유로운 분위기에서 스트레스 없이 생활하다보니, 한국에서 심하게 앓았던 아토피도 언제 있었냐는 듯 사라졌고 잔병치레도 거의 없었다.

의사가 되고 싶었다

초등학교 2학년이 끝날 때쯤 다시 한국에 돌아왔는데, 한국의 분위기는 미국과 많이 달랐다. 학교에서 본 받아쓰기에서 나는 빵점을 받았는데, 시험지를 걷던 친구가 내 점수를 보고 웃음을 터뜨렸을 때 창피했던 것이 아직도 기억난다. 엄마는 내 시험지를 보고 내가 다른 아이들보다 뒤처질까봐 걱정하며, 그 이후로는 시험 일주일 전에 미리 받아쓰기를 연습하도록 했다.

엄마는 주위 다른 학부모들이 '한국에서 생활하게 되면 영어실력이 떨어진다'고 말하는 것을 듣더니, 날 영어 학원에 보내기 시작했다. 학원에 가면 친구를 만날 수 있는 것은 좋았지만, 어려운 문법을 배워야 하고, 숙제가 많아서 너무 벅차고, 평가 시험을 못 보거나 숙제를 해오지 않으면 교사가 부모님께 연락하겠다고 협박을 하는 것이 나에게는 큰 스트레스였다.

난 학원의 시스템에 적응을 못했고, 그때마다 학원을 옮겼다. 꽤나 많은 학원을 옮겨 다녔던 나에게, 엄마는 차라리 자기가 공부를 가르쳐주겠다고 했다. 엄마는 내가 문제집 한 장을 풀 때마다 100원씩 주겠다고 하면서, 1시간 내에 일정한 분량을 풀라고 지시했다. 내가 잘해내지 못하면 엄마는 제대로 하라고 화를 내면서, 가끔씩은 매를 들고 내 물건을 던지기도 했다.

그렇게 중학생이 되었는데, 엄마는 선행 학습이 중요하다면서 날 다시 학원에 보내기 시작했다. 집 근처에 있는 유명 수학 학원에서 선행 학습을 했는데, 나는 강의 내용을 잘 이해하지 못했고, 어려운 학원 숙제를 하느라 학교 수업 진도마저 따라가지 못했다. 초등학교와 중학교가 달랐던 점은, 영어와 수학 수업이 등수에 따라 상중하 반으로 나뉜다는 것인데, 나는 매번 수학 중반과 하반을 오갔다. 시험이 끝날 때마다 선생님은 공개적으로 교실 앞 안내 게시판에 성적과 배정 반을 붙여놓았고, 나는 그것을 볼 때마다 부끄러움을 느끼면서 '나는 왜 성적이 안 나올까' 고민했다.

당시 내 꿈은 대한민국 최고의 흉부외과 의사가 되는 것이었다. 나는 초등학교 때부터 흉부외과 의사들이 나오는 의학 드라마를 즐겨봤다. 드라마 속 의사들의 삶과 수술 장면에서 느껴지는 긴장감에 빠져들었고, 새 학기마다 학교에서 적게 하는 장래희망란에 늘 '흉부외과 의사'를 적어 넣었다. 흉부외과 의사를 목표로 삼은 이상, 나는 누구보다 잘하고 싶었다. 최고의 대학에서 공부하고, 최고의 병원에서 수련하고, 많은 환자들에게 새로운 삶을 불어넣어줄 수 있는 명성 있는 의사가 되고 싶었다.

더 이상 이대로는 안 되겠다는 생각과 동시에, 내 공부 방법에 문제가 있다는 생각이 들었다. 그때 아빠가 나에게 자기와 함께 공부를 하면 어떻겠느냐는 제안을 했다. 아빠는 본래 공부는 혼자 해야 하는 거라며, 본인도 스스로 공부해서 명문대에 입학했다는 이야기를 했다. 나는 아빠의 제안에 따라 다니던 모든 학원을 그만뒀고, 학교 수업을 충실하게 따라가는 공부를 하기로 했다.

그렇게 나는 도서관과 독서실을 오가며 공부하기 시작했다. 평일에는 새벽 1시까지 독서실에서 공부하다가 셔틀버스를 타고 깜깜한 밤에 집에 들어왔고, 주말에는 아빠의 조언을 들으며 도서관에서 공부하기 시작했다. 늘 잠이 부족했던 나는 항상 피곤에 절어 있었다. 수업 시간에는 최대한 집중하는 게 원칙이었기에, 조금이라도 피곤하면 뾰족한 볼펜 끝으로 옆구리를 찌르며 어떻게든 잠에서 깨려고 노력했다. 그렇게 날 혹사시키며 학교 수업에 충실한 공부를 하니 성적은 가파르게 오르기 시작했고, 500명 중에 250등이던 성적이 전교 30~40등으로 올랐다.

인권침해에 맞선 등교거부

내가 다니던 중학교는 지역에서 나름대로 명문인 학교였다. 그렇기에 교사들은 학생들에게 공부를 하라고 많은 압박을 했고, 경쟁심을 느끼게 하려고 교실 앞쪽에 있는 게시판에 학생들의 성적을 공개했다. 그들이 생각하는 '학생 본분'에 어긋나는 행동을 하면 가차 없이 징계를 내렸고, 손이 꽁꽁 얼 정도로 추운 한겨울이 아닌 이상 외투를 입지 못하게 했다. 평소 학생들은 교사들의 체벌과 언어폭력이 만연한 환경 아래에 노출되어 있었고, 불이익에 대한 두려움 때문에 나를 포함한 그 누구도 저항을 하지 못했다.

중학교 3학년이 되자, 학교 내의 제재와 교사들의 체벌이 점점 심해졌다. 나는 학생이라는 이유로 당연하다는 듯 인권침해를 당하는 현실을 견디지 못하고, 학교를 그만두겠다고 선언했다. 부모님은 학교를 다니지 않는 것은 '비정상'이라고 하며, 학교를 그만두면 평생 후회할 거라고 했다. 부모님은 허락해주지 않았고, 나는 등교거부를 시작했다. 두 달 정도 등교거부를 했고, 결국 부모님은 검정고시를 보고 의대에 가겠다는 내 계획을 설명하자 마지못해 허락했다.

학교를 그만두었지만, 내 목표는 다른 친구들과 마찬가지로 좋은 대학에 가는 거였다. 학교를 그만두면서 목표 하나가 추가되었는데, 바로 '최연소' 의대 합격이었다. 당시 내 나이는 열여섯 살이었는데, 열일곱 살에 경험 삼아 수능을 보고, 열여덟 살에 재수를 해서 의대에 합격하는 것이 내 계획이었다. 학교를 그만두고 일찍 수능을 보는 이상 '최연소'라는 타이틀에 욕심이 생겼고, 정말 열심히 해서 누구보다 먼저 의대에 합격하고 싶었다.

나는 하루의 절반인 12시간 정도를 집 근처 도서관에서 지내게 되었다. 타이머로 초 단위까지 세며 내가 시간을 잘 활용하고 있는지 점검했고, 하루 정한 분량의 공부를 끝마치기 전까지는 집에 가지 않았다. 수험 수기를 읽으며 '더 열심히 해야겠다'고 이를 악물었고, 도서관 열람실에서 공부하는 다른 사람들을 보며 자극을 받았다.

그러나 어느 순간부터 나는 의사가 된 미래를 생각해도 간절한 마음이 들지 않았다. 여러 기사들과 현장의 의사들 이야기를 접하며, 어렸을 때 봤던 의학 드라마의 의사는 현실의 의사와 다르다는 생각이 들었고, 내가 간절히 꿈꿔오던 길을 의심하게 됐다. 책상에 앉아 있는 시간보다 책상 밖에서 다른 일을 하는 시간이 많아졌고, 자연스레 공부 능률도 떨어졌다. 열심히 스크랩해뒀던 공부 자극 글이나 수험 수기를 읽어봐도 더 이상 의욕이 생기지 않았다. 자신만만하게 학교를 그만두겠다고 이야기한 내가 실망스러운 모습을 보이자 부모님은 크게 걱정했다. 부모님과 이야기를 나눈 결과, 진로의 방향을 틀어 사회학과에 가서 대학교수가 되기로 했다. 평소 관심이 있던 분야가 사회와 인권이니, 좋은 대학에 가서 전문적으로 공부를 해보면 어떻겠냐는 이야기였다.

당신이 내 앞에 있든 뒤에 있든

이제 곧 열아홉 살이 되는 나는 인천에서 청소년인권운동을 하고 있다. 도서관에서 공부하면서 늘 휴식 시간에 책을 읽었는데, 당시 내가 읽었던 책들은 주로 학생 인권, 청소년 인권에 관련된 내용이었다. 학교를 그만둔 이유 역시 학생 인권이 보장되지 않는 현실이 잘못됐다고 생각했기 때문이었기에, 자연스럽게 청소년인권운동을 시작하게 되었다. (나는 현재 청소년인권행동 아수나로에서 활동하고 있다.) 청소년인권운동을 하면서 대한민국의 입시 현실에 대해 깊은 문제의식을 느끼게 되었고, 주변에서 입시거부를 한 지인들 이야기를 접하며 나도 진지하게 고민을 시작하면서 대학에 가지 않기로 마음먹었다.

많은 청소년들이 좋은 대학에 가는 것이 자신의 꿈이라고 한다. 그러나 대학 입시는 본질적으로 서열화를 통해서 소수의 사람만이 좋은 대학에 갈 수 있는 제도다. 소위 말하는 좋은 대학에 입학하려면 자신의 가치를 높이기 위해 끊임없이 노력해야 하고, 명문대에 가지 못하면 차별을 받는다. 그렇게 누군가는 낙오되고, 그렇게 낙오된 이들은 잔인한 먹이사슬에서 자신의 삶을 보장받지 못하게 된다.

항상 그랬듯 내가 옳다고 생각하는 것을 해야 한다고 판단했기에, 대학에 가는 것은 내 길이 아니라고 생각했고 중학교를 그만둔 것처럼 대학 입시 역시 거부하기로 마음먹었다. 이제 막 열아홉 살이 된 지금 생각해보면, 내가 살아온 18년의 짧은 삶은 결코 평범한 삶은 아니었던 것 같다. 그러나 남들과 다르지 않았던 것은, 언제나 내 목표에 '대학'이 빠지지 않았다는 것이다. 대학은 내 삶에서 '필수 코스'였고, 소위 '명문대'라고 불리는 좋은 대학에 가는 것이 간절한 목표였다.

누군가는 '대학에 가지 않고 네가 얼마나 잘 살 수 있겠느냐'고 이야기한다. 그리고 다른 누군가는 '대학에 가지 않아도 성공할 수 있음을 보이라'고 한다. 그러나 나는 내가 대학에 간 사람들보다, 혹은 그들만큼 안정적인 삶을 사는 것을 증명해내는 것이 대학입시거부라고 생각하지 않는다. 나는 지금 아르바이트로 생계를 잇고 있고, 하루하루 불안정한 삶을 살고 있다. 누군가가 자신의 찬란한 미래를 위해 열심히 달릴 때, 나는 학교를 그만두고, 대학 입시를 거부하고, '고작' 콜센터에서 일하고 있다. 물론 대다수가 꿈꾸듯 나 역시 잘 살고 싶고, 편안하고 안락한 삶을 보장받고 싶다. 하지만 내게 하나의 기회가 될 수 있는 대학 입학을 거부한 이유는, 대학이라는 특권이 없으면 안정적인 삶을 보장받지 못하는 현실에 물음표를 던지기 위해서다.

누구보다 '더 나은' 성공적인 삶을 살기 위해, 내 앞에 있는 사람보다 더 빨리 뛰며 뒤에 있는 사람을 밟아야 하는 것이 대학 입시이고, 우리 삶의 일부다. 나는 대학입시거부 선언을 통해, 당신이 내 앞에 있든 뒤에 있든 우리 모두의 삶은 보장받아야 하는 삶이라고 외치고 싶다.

명문대 진학'률', 취업'률'로
존재하는 사람들

김서린

　나는 2011년 대학거부선언을 했고 그 이후 투명가방끈 활동을 해오고 있다. 막상 대학에서 나와버린 이후에는 대학이나 제도권 교육에서 멀어졌다. 게다가 이제 나도 20대 후반인지라, 일부러 자리를 만드는 것이 아니면 10대를 만날 일이 별로 없다. 그래서 나는 더욱더 지금 학교에 다니고 있는 10대들의 이야기가 궁금했다. 그들에게 대학은 무엇이고, 지금 다니는 학교들은 어떠한지, 또 그들에게 사회는 어떠했고, 본인의 삶은 어떠한지 말이다. 이 궁금증을 풀기 위해 이 땅의 모든 10대를 만나볼 순 없었지만, 운이 좋게도 나는 자신들의 자세한 이야기를 들려줄 두 사람을 만날 수 있었다. 인문계고 3학년 이연주 씨와 특성화고 3학년 함이로 씨다.

1. 인문계고등학교 3학년 이연주 씨

이연주 씨에게 자기소개를 부탁하자, 그는 ○○고등학교에 다니는 3학년 학생이라고 짧게 대답했다. ○○고등학교는 인문계 고등학교이고 중산층 이상의 사람들이 주로 사는 지역에 있다. 그의 평소 일정을 물었다.

이: 8시까지 학교 가는데 제가 집이 멀어서 7시 반에 나와서 엄마 차 타고 가면 8시까지 도착해요. 점심시간에 오전 수업 복습하고, 학교 끝나고 보충 시간에, 전 보충 안 들으니까 오후 수업 복습하고, 학식 먹고 나와서 월요일은 프로슈머˙. 그리고 다른 요일은 학원. 평일에는 8~9시쯤 끝나고 수학 학원 가는 날은 10시? 끝나고 집에 가면 11시. 그쯤 되면…… 그때 또 독서실 가는 거예요. 그래서 새벽 1시까지 있다가 집에 오면 씻고. 바로 자진 않을 거 아니에요? 핸드폰도 보고 하니까. 2시? 2시쯤 자는데 진짜 잠이 안 올 땐 막 3시, 4시 잠들어서 다음날 정신도 못 차리고, 하루 종일.

˙ 학생들끼리 모여 교사에게 신청해서 하는 보충수업. (이연주 설명)

투: 그럼 하루에 길게 자도 네다섯 시간이네요?

이: 그렇죠. 잠이 너무 부족해요. 맨날 졸아, 미쳐요.

칭찬받으려면 그 수밖에 없으니까

하루에 네다섯 시간 겨우 잘 수 있다니, 이런 생활이 반복되면 무척 힘이 들 것 같았다. 이렇게 잠이 부족한 생활을 하는 것은 비단 연주 씨만이 아니다. 청소년인권행동 아수나로*가 서울 지역 중·고등학생 2,919명을 대상으로 실시한 실태조사에 따르면, 서울 청소년들의 평일 평균 수면 시간은 5시간 48분으로 성인들의 평균 수면시간 6시간 53분보다 1시간 이상 짧았다. 휴식 시간 역시 성인 평균인 3시간 18분에 비해 54분 짧은 2시간 24분으로 나타났다. 교육부와 질병관리본부가 해마다 실시하는 청소년 건강행태 온라인 조사 결과도 크게 다르지 않았는데, 2013년 한국의 일반고 학생 평균 수면 시간은 5.6시간에 불과했다. 미국 국립수면재단이 제시하는 청소년기 권고 수면 시간은 8.5~9.25시간이다.** 이렇게 잠을 줄여가며 공부를 하는 이유를 물었다.

투: 공부를 열심히 하는 목표는 대학에 가기 위해서?

이: 저는 별로 대학을 욕심내는 건 아니고요. 그냥 제가 자존심

---

* 모든 청소년들이 인권을 보장받는 사회를 만들기 위해 청소년들이 중심이 되어 직접 행동하는 단체이다. (출처: www.asunaro.or.kr)
** 경향신문 2014. 8. 23일 자 '아이들은 쉬고 싶은데… 9시 등교 지각 논쟁'(김태훈 기자) 참고

우리는 대학을 거부한다

이 좀 센 타입이라. 그러니까 예전에 선생님들한테 '발랑 까졌다' '머리가 비었네' 같은 소릴 들었던 기억이 있어서, 그런 소릴 듣기 싫었어요. 머리 빈 사람 취급을 당하고 싶진 않아서요.

투: 선생님이 그런 말씀도 해요?

이: 네. 그랬어요. 초등학생 때도 들었는데, 그 소리를 듣기 싫어서요. 그리고 처음 시작한 계기는, 어른한테 칭찬을 한 번도 받아본 적이 없었는데 공부할 때 처음 칭찬을 받아봤어요. 사실 처음에는 칭찬받으려고 공부했던 것 같아요. 칭찬을 받으려면 그 수밖에 없으니까요. 그리고 아빠가 나한테 관심을 갖고요. 원랜 아예 관심이 없었어요. 솔직히 되게요. 그런 이유들, 별거 아닌 이유죠.

투: 중요한 이유죠.

이: 하하하.

칭찬을 받기 위해선 '그 수밖에 없다'는 말을 들으니 울적했다. 실제로 이연주 씨의 부모님은 그의 입시 공부를 위해서라면 70만 원 상당의 난방비나 계획에 없던 학원비 등 가계에 무리가 되는 비용이더라도 전폭적으로 지원하려 했다. 이런 집안의 분위기는 그에게 상당한 부담으로 작용하고 있었다.

친구들도 저도 그냥 다 불쌍해요

이어 학교와 교육제도에 대한 생각을 물었다. 그는 학교에서 선생님들이 '대학, 대학' 하는 것이 신경에 거슬린다고 했다. 몇몇 교사들은 "그런 데 가고 싶냐? 난 쪽팔려서라도 안 간다" 하는 식으로 특정 대학교를 비하하는 발언까지도 서슴지 않는다고 했다. 또 "너네 그렇게 해서는 되지도 않아"라며 학생들을 깎아내리는 교사들이 많아서, 자존감이 낮아지고 기분이 나쁘다고도 이야기했다. 그 모든 것이 좋은 대학에 보내기 위해서라는 이유였다. 내가 놀랐던 것은, 그럼에도 불구하고 연주 씨가 대학에 대해 좋은 이미지를 가지고 있었다는 사실이다.

투: 대학이란 말을 들을 때 떠오르는 게 있나요?

이: 음, 토론할 기회? 토론할 기회가 많아지는 것이요.

투: 고등학교에 비해서요?

이: 네. 우리 학교도 많이 하는 편이긴 한데. 음, 되게 사소한 것? 대학에서는 한 문장을 두고 몇 시간을 이야기할 기회를 주잖아요? 뭐, 제가 그렇게 생각하는 걸 수도 있고……

투: 수업마다 다르겠죠, 그건.

이: 네, 다르긴 한데. 그냥 생각할 기회가 좀 더 많다는 점에서. 그렇게 생각해요, 전.

이렇듯 토론을 기대하며 참고 준비해 들어간 대학이 과연 그 역할을 하고 있는지 떠올리면 가슴이 답답해진다. 진로를 결정할 때도 친구들의 의견을 가장 많이 듣게 된다는 연주 씨는 친구들과의 경쟁이 힘들다고 했다.

이: 친구를 견제하기 싫어요. 그런데 친구를 견제하게 돼요. 제 친구들이 잘하기 때문에요.

투: 친구를 견제한단 건 어떤 거예요? 예를 들면?

이: 친구들이 다 저랑 비슷비슷하게 성적이 나왔어요. 그런데 한 친구가 부잣집 아인데 갑자기 학원을 엄청 많이 다니고 과외도 잔뜩 했어요. 7~8개 정도요. 어떻게 다 소화하나 믿기지도 않았는데, 어느 날 우리들 중에 성적이 월등하게 뛰어버린 거예요, 말도 안 되게. 어느 순간에는 우리가 다 친구인데도 '아, 돈 많으니까 성적 나오네' 하는 식으로 말하는 우리 자신을 발견했어요. 이건 좀 아니지 않나 해서 화제를 돌리긴 했는데, 무의식적으로 그 친구를 좀 견제하고 미워하지 않았나 하는 생각이 들었어요. 죄책감도 들고요. 그러고 싶지 않은데……

투: 신경이 쓰이죠, 아무래도.

이: 네. 신경이 쓰이죠. 좀 질투도 나고. 게다가 여기는 ○○(지역 이름)이라, 잘사는 애들은 워낙에 잘살기 때문에. 부모님들도 머리가 엄청나게 좋으세요. 그래서 머리가 좋은 애들이 많아요.

잘사는 아이들의 부모님이 머리가 좋다는 것은 잘사는 아이들의 부모님들이 좋은 대학 출신이라는 것을 의미했다. 연주 씨는 자신의 집안에는 '인서울'인 사람이 몇 없어 그것이 '이 가족의 한계'라고 했다. 그만큼 자신이 '인서울'할 수 있는 가능성도 낮아진다는 의미였다. 연주 씨는 선생님이 해주었던 말을 떠올리며, 집안의 명문대 진학률은 '유전'된다고 했다. 유전이라는 말을 들으니

마치 명문대 진학을 위한 유전자가 따로 있는 것 같았다. 학력 대물림은 어제오늘 일도 아니지만 요즘에는 '유전'이라는 말이 나올 정도로 고착화되어간다.

서울대학교 김세직 교수가 서울대경제연구소의 학술지 《경제 논집》에 발표한 〈경제 성장과 교육의 공정 경쟁〉 논문에 따르면, 2014년 학생 100명당 서울대 합격자가 강남구는 2.1명인 데 비해 강북구는 0.1명으로 21배 차이가 났다. 서초구는 1.5명, 송파구는 0.8명인 데 비해 구로구와 금천구는 각각 0.2명으로 8~15배 벌어졌다. 서울대 합격자의 상위 3개구와 하위 3개구 순위는 각 지역 아파트 매매 가격 순위와 거의 정확하게 일치한다. 이는 부모의 빈부 차이가 자녀의 학력 차이로 이어졌음을 의미한다. 이 논문에서 이야기하는 '교육의 공정 경쟁'이라는 것이 과연 존재할지는 의문이지만 이와 같은 조사 결과는 매우 유의미하다고 생각한다. 마지막으로 연주 씨에게 한국의 10대에 대해 어떻게 느끼는지 물었다.

이: 불쌍한 것 같아요. 네. 불쌍하다고 많이 느껴요. 이러면 안 되는데, 저는 사실 제 친구들 보면서도 많이 느껴요. 되게 안타깝다고요. 말도 못하고 토론할 기회를 줘도 조용히 있고. …… 말하면 틀릴까봐 말 못하겠다고 하더라고요. 그래서 제가 뭐라고 했거든요. "틀리면 뭐가 어때! 그냥 내뱉으면 되지!" 하고요. 그리고 평소에는 "우리나라 쓰레기야. 왜 이래?" 하는 식으로 다들 욕을 입에 달고 다니잖아요? 친구들이 그럴 때마다 저는 "야. 그러면 너도 나랑 같이 아수나로 가자. 같이 활동하면 되잖아" 하고 얘기하는데,

그건 또 안 한대요. 그냥 입으로만 떠들면서 맘에 안 든다고 하는 것도 안타깝다는 생각이 들어요. 뭐, 저도 하고 있는 건 없지만. 그냥 안타깝다는 생각도 들고 불쌍하다는 생각도 들어요. 저도 그렇고 제 친구들도 그렇고 다.

연주 씨는 20대도 10대와 크게 다르지 않을 것 같다고 했다. 하지만 나는 연주 씨의 20대는 10대와는 달랐으면 좋겠다고 생각했다. 그에게 부족한 건 '토론'이 아니라 '자유'다.

2. 특성화고등학교 3학년 함이로 씨

함이로 씨에게도 자기소개를 부탁했다.

함: 자기소개요? 나를 뭐라고 소개하면 좋을지 모르겠는데. 이름은 함이로이구요. 어디 활동하는 곳을 얘기하는 건지…… 그냥 인천의 모 고등학교를 다니는 함이로입니다. 고등학교이긴 한데 일반계고 아니고 특성화고이고요. 취업 준비 중이고. 일단 제 소개는 그렇습니다.

함이로 씨의 일과를 물었다. 4~5시간 겨우 잔다는 연주 씨와 비슷할지 궁금했다.

함: 제 개인적인 하루 일과는 잉여로운(여유로운) 편인데, 그냥 학교 가서 8시간 동안 죽치고 있다가 집에 가서 쉬거나 놀거나 아니면 일을 하거나 그 정도예요. 최근에는 기능사 자격증 준비 때문에 학교에서 10시간 있기도 해요. 요새 좀 바빠지고 있어요.

'선취업 후진학'을 부추기는 학교

특성화고등학교에 다니는 함이로 씨의 일과는 김연주 씨의 일과보다는 덜 피로해 보였다. 학교에 머무는 시간이 상대적으로 적은 탓이다. 그러나 자격증 준비를 하면서 역시 늦게까지 학교에 남아 있는 경우가 많다고 했다. 함이로 씨는 고등학교 3학년이 되어서 자퇴를 고민했던 적이 있다. 학교와 진로에 대한 고민도 있었고 동시에 가정 상황상 아르바이트를 할 필요가 있었는데, 시간이 너무 없었다는 것이 크게 작용했다고 했다. 정도의 차이일 뿐 시간이 없는 건 마찬가지란 것이다.

함: 자퇴를 하겠단 것도 그런 맥락이었다고 기억을 해요. 학교에 다니면 평일에 정말 시간이 없어요. 평일 알바를 한 달 동안 해봤는데, 밤 12시에 들어와서 진짜 여가 시간 하나도 없이, 그거는 인간다운 생활이 안 되더라고요. 학교 가면 맨날 막 꾸벅꾸벅 졸고 수업 못 듣고 자고, 완전히 난리였어요. 평일에 학교 다니면서 알바를 뛰기는 너무 그런 것 같고, 그래서 자퇴를 하게 되면 시간적으로도 좀 여유로워지지 않을까 생각했던 거죠.

함이로 씨는 특히 최근에 집에서 취업을 해서 돈을 벌라는 압박을 많이 받고 있다고 했다. 이연주 씨와 다른 듯하면서도 비슷한 모습도 발견할 수 있었다.

함: 중3 때는 집에서 좀 우려가 있었어요. 나 특성화고 갈 거라고 이야길 했죠. 아버지가 너 인문계 가야 되지 않겠냐고, 일반계고 가야 되지 않겠냐고 우려를 했는데, 결국엔 특성화고에 들어갔어요. 어떻게 설득을 했냐면 그냥, 고졸 취업으로 밀어가지고. 고졸 취업을 하면 대학 등록금도 안 들고 바로 돈을 벌 수 있다, 그런 걸 어필했는데, 이제 집에서 조금 부담을 줘요. 올해 고3인데 공부해야 되지 않겠냐고, 그래야 취업하지 않겠냐고, 돈을 벌어오라고, 그렇게 부담을 좀 줘서 저도 눈치가 보이죠.

함이로 씨에게 학교생활의 불편함에 대해 물었다.

함: 어려운 점은 좀, 고민이 많은데. 뭘 어떻게 해서 돈을 버느냐 하는 것이요. 취업하라는 게 좋게 말하면 원래 목적은 일찌감치 사회 경험을 하고 나중에 대학을 간다, 그런 '선취업 후진학' 정책에 의한 거예요. 그런데 사실 다들 그런 마음은 아니죠. 돈 벌기 급급한 사람도 있으니까요. 사실은 자기랑 맞는 직업, 맞는 직장에 취업하기가 이 학교에선 굉장히 힘들어요. 우리들이 그나마 뭔가 할 수 있을 만한 거 적당히 찾아서 적당히 취업하고 그러다보니까 몇 달 안 돼서 다들 그만두고 그런 경우가 허다하거든요? 저도 그

럴 거 같고요.

투: '선취업 후진학'이라는 게 뭐예요?

함: 대학에 가는 데 등록금이 많이 들잖아요. 기본이 1,000만 원이니 부담이 큰 거죠. 대학 졸업해서 취업하기도 힘들고, 대학 다니면 돈이 계속 빠져나가는데 언제 졸업할 수 있을지, 무사히 졸업할 수 있을지 장담을 못하는 상황이죠. 그래서 '고등학교 때 미리 취업을 하고 돈을 벌어서 그걸로 대학을 가라'는 거예요. 아니면 가끔 좋은 직장에서는, 야간대학 전형이 있어요. 취업자 전형으로요. 그런 걸 보내주기도 하니 나름대로 혜택을 주겠다는 거죠.

투: 학교에서 취업 후 진학을 장려하는 건가요?

함: 그렇죠. 항상 입이 마르고 닳도록 얘길 하죠.

투: 원래는 대학에 안 가고 취업을 바로 할 수 있게 하겠다는 게 특성화고 취지 아닌가요?

함: 아, 뭐 그렇게 하고 싶은 사람들은 하는데, 2011년인가 이명박 정권에서 그거(선취업 후진학)를 강조하고 그래가지고. 그때 한창 대학생들이 반값등록금 투쟁을 했잖아요. 그래서 그 수습책으로 나온 것 같기도 하고요. 그게 몇 년째 지속이 되고 있어요.

취업의 목표가 취업을 해서 돈을 모아 대학에 가는 것이라니, 조금 이상하게 들렸다. 내일을 위해 오늘의 행복을 유보하는 또 하나의 방식이라는 생각이 들었다. 일부 마이스터고교, 특성화고교에서는 정부에서 '고졸 취업'을 강조하면서 오히려 학생들의 대학 진학을 막는 사례도 있다. 대학 진학을 원하는 학생에게도 대학 원서를 써주지 않으면서 먼저 취업을 하라고 하는 것이다. 함이로 씨가 다니는 학교는 그 정도까지 강제적이지는 않았지만 비슷한 경향이 있었다. 학생을 명문대 진학률이라는 숫자로 보나, 취업률이라는 숫자로 보나 크게 다를 건 없는 일 아닐까? 결국 학생들의 삶에 대해서는 관심이 없고 학생들에게 학교의 입장을 강제한다는 점에서, 대학 진학을 강요하는 것이나 취업을 강요하는 것이나 근본적으로 다를 것은 없다. 함이로 씨는 선취업 후진학, 혹은 졸업 후 바로 진학하는 것에 대해서 어떻게 생각하고 있을까?

차별받지 않으려고 대학에 갈 순 없어요

함: 저는 어떤 선입견, 눈치 보는 걸 좀 지양하고 싶어서 굳이 대학에 가고 싶진 않아요. 아마 몇 년쯤 지나서 추가로 뭔가 배우고 싶다면 대학에 가겠죠?

투: 고졸로 산다고 하면, 대학에 왜 안 갔느냐는 질문을 받을 수도 있고, 차별이 있을 수도 있는데, 그런 것에 대해 생각해보신 적 있으세요?

함: 어, 차별은 사실…… 대학을 가더라도 똑같은 거죠. 어딜 가나 차별은 있고, 차별을 받지 않기 위해서, 나와 맞지도 않는데 무리하게 서울대에 갈 수도 없는 거고 연·고대에 갈 수도 없는 거죠. 이런 상황에서 그런 차별은 어쩔 수가 없는 것 같아요. 각오를 해야 할 것 같고요. 차별이 있을 때마다 진짜 답답하고 화는 나겠지만 어쩔 수 없겠죠. 싸워야죠, 어째요.

한국의 대학 진학률은 지난 2009년 77.8퍼센트로 최고치를 찍은 이후 2010년 75.4퍼센트, 2011년 72.5퍼센트, 2012년 71.2퍼센트, 2013년 70.7퍼센트까지 4년 연속 하락한 뒤 2014년 0.2퍼센트 올라 70.9퍼센트를 기록했다.* 다른 국가들에 비해 한국의 대학 진학률이 매우 높은 편이지만, 그렇다고 할지라도 10명 중 3명은 대학 진학을 하지 않았다는 말이다. 그러나 사회는 많은 순간, 그 세 명의 존재를 잊는다.

투: 아직 겪어보진 않으셨지만 20대엔 어떨 거 같아요?

함: 20대 때는 학교를 완전히 졸업한 상태이고, 그때는 스스로 돈벌이를 하면서 살아야 되는 때니까 되게 힘들 거라는 생각이 많이 들죠. 직장에 가서는 완전히 입 싹 다물고 그냥 겉으로 고분고분하게 굽실굽실하면서 막말로 빌어먹어야 한다는 그런 느낌이.

투: (직장인) 코스프레를 하듯이?

함: 그렇죠. 제가 알바를 하면서도 그렇게 했기 때문에 그게 일상이 될 것 같아서 두려운 거죠. 그렇게 살다가, 직장인으로 살다가, 지금의 어떤 생각들이 많이 타협이 되진 않을까라는 두려움이 많이 있거든요. 나도 똑같은 꼰대가 되진 않을까 하는 두려움이 앞서고. 사실 감히 말을 하자면 저는 나중에 피선거권 생기면 선거도 나갈 생각인데, 그런 마음을 잘 간직을 해야겠죠. 간직을 못하고 변절? 막말로 변절할 것 같아가지고 두려워요.

● 교육부와 한국교육개발원이 발표한 '2014년 교육기본통계'

3. 두 사람에게 투명가방끈에 대해 물었다

대학입시거부와 투명가방끈들의 모임에 대한 생각을 물었다. 인터뷰를 하면서 가장 궁금한 내용이기도 했다. 이 질문에 대한 두 사람의 답을 끝으로 글을 마무리 지으려 한다.

이: 대단하다는 생각이 들었는데, 그 사람들 인터뷰 중에서도 솔직히 걱정된다는 이야기가 있잖아요? 제가 그 입장이 돼서 생각해봤는데 저도 무서울 것 같아요. 막상 선언은 했지만 '어떻게 해야 하지?' 하는 생각이 들 것 같아요. 용기가 대단하다는 생각도 들었지만 진짜 어떻게 할까 그게 궁금한 거예요. 앞으로 더 지켜보고 싶은 생각이 있어요.

함: 투명가방끈이요? 제안을 좀 받았죠. 아리데(2013년 대학입시거부선언자)가 "너 투명가방끈 할래?" 하고 제안했는데, 해볼까 생각하고 있어요. 아직 시간은 많으니까. 그게 가을인가요? 수능 때, 그때 하는 거니까 아무튼 몇 달 동안 생각을 좀 해봐야 될 거 같아요. 대학에 가지 않아도 잘 살 수 있고, 학력에 무관하게 하고 싶은 일을 하면서 살 수 있는 사회가 만들어졌으면 좋겠어요.

• 함이로 씨는 그로부터 약 반년 뒤에 2014 대학거부선언을 했다.

2부
대학거부자들의 이야기

대학에

물음표를
던지다

대학 잘못 온 사람이
던지는 물음표

공현

껄끄러운 이야기지만, 서울대 학생으로 적을 두고 있다. 아니, 과거형으로, 있었다. 2011년 10월 첫째 주, 학과 행정실에 자퇴한다는 서류를 제출하고 왔다. 그리고 바로 그 다음주에 자퇴를 하게 된 이야기를 적은 자보 네 장을 학교에 붙였다. 고려대 김예슬 씨의 선례도 있었고 자보 글도 담담하게 썼기 때문에, 신문 기사가 좀 나긴 하겠지만 크게 시끄러워지진 않을 거라고 생각했다. 그렇지만 바로 다음날, 기자들에게서 전화 수십 통이 걸려왔고 10여 개의 인터뷰에 시달려야 했다. 그 인터뷰 하나하나도 "서울대를 포기했는데, 대단한 결단을 내리셨는데, 무슨 특별한 이유가 있나요?" 같은 껄끄러운 질문들이 많았다. 인터뷰들을 끝내고 몸살이 났다. 계속 핀트가 어긋나는 질문들을 헤쳐나가며 내 관점의 이야기를 관철하는 것은 마치 부담스러운 음식을 억지로 소화시키는 것 같은 과정이었다. 여하간 나에게는 내가 서울대학교 학생이라는 것 자체가 참 껄끄러운 일이었다.

나는 입시에 적합한 유형이었을 뿐

고등학교 때 어쩌다보니 청소년운동이라는 걸 시작하게 됐다. 그것도 YMCA나 보이스카우트 같은 게 아니라, 이 사회의 견고한 체제와 문화를 바꾸려고 하는 아주 저항적인 청소년인권운동이었다. 뒤늦게 운동을 본격적으로 시작한 고3, 남들은 다들 입시를 준비하는 시기에 열심히 집회를 준비하고 캠페인을 꾸리고 학내 모임을 만들고 학교 안에서 무허가 신문을 기획했다. 모의고사 성적이 떨어진 걸 놓고 담임교사가 불러서 나무라도, 시큰둥하게 "지금 저한테 뭐가 중요한지는 제가 정해요"라고 얘기하고 나와버렸다. 그러면서 자연스레 입시 경쟁에 대한 문제의식도 발전시켜 나갔고 '안티 수능' 운동 등도 알게 됐다. 초등학교 때부터 느껴온, 학교가 나를 성적으로 대우하는 데서 비롯된 소외감을 더 분명하게 스스로에게 설명할 수 있게 됐다. 온갖 인권침해를 감내해가며 입시 공부를 열심히 해서 명문대에 가는 게 자랑할 일이 아니라고 생각하게 됐다.

어떤 이들은 성적이 좋은 것, '명문대'에 진학하는 것이 '자기 노력의 결과'이며 입시 체제는 공정하고 정당하다고 생각할지도 모르겠다. 하지만 나는 내가 시험 성적이 좋은 게 일종의 우연이라고 생각한다. 그저 내가 입시에 적합한 유형이었을 뿐이라는 것이다. 나보다 더 노력하고도 나보다 시험을 잘 못 보는 친구들도 많았고, 나보다 그 분야 학문에 대한 감도 지식도 뛰어난데 내신이나 수능 성적은 낮은 친구도 있었다. 이런 비교 자체가 웃기겠지만, 어떤 면에서는 나보다 더 가치가 있는 사람 같은데도 입시 때문에 불이익을 받는 친구들도 많았다. 사람을 문제 풀이 점수로만 '평가'하는 시스템, 그건 어쨌든 '공정'할 수도 '인간적'일 수도 없는 것이다. 그래서 나는 내가 성적이 상위권이라는 이유로, 또는 고등학교 졸업한 뒤 '명문대'에 가게 되었을 때 명문대 학생이라거나 졸업생이라는 이유로 가지게 될 자원과 혜택들이 부당한 특혜, 불공정의 산물처럼 느껴졌다.

또한 '상위권 대학'을 가는 데 모든 기준이 맞춰져 있는 고등학교 생활은 가만히 참고 살 수가 없었다. 어린이날이나 공휴일에까지 나와서 자습을 하라고 하고, 점심시간에도 밥을 먹고 바로 교실에 와서 40분 동안 자습을 하라고 하는 담임교사. 반강제적인 야간자율학습. 시험 문제를 틀리면 틀린 점수만큼을 매로 때리겠다고 하는 교사. 성적으로 인한 차별, 모의고사 성적을 둘러싸고 일어나는 학생들 사이의 여러 눈치와 경쟁과 열등감. 공부 잘하는 학생과 친해지려고 하는 노골적인 모습. 잠도 제대로 못 자면서 죽고 싶다는 말을 너무나 쉽게 들을 수 있는, 스트레스 포화 상태의 고등학교 교실. 내신 성적이 안 나와서 입시를 위해 고등학교를 자퇴하고 기숙 학원에 들어갈 고민을 하는 친구들. 시험 문제 풀이에만 열중하는 수업. 수업이 입시에 도움이 되는지만 따지는 학생들……. 그 모든 것이 정상이 아닌 것 같았고 우리가 사람답게 사는 것 같지가 않았다. 이건 분명 제대로 된 교육이 아닌 것 같았다.

하지만 생각은 그렇게 했더라도, 현실에선 여러 가지 것들이 꼬여 있었다. 나는 입시 경쟁에 비판적이었지만 정작 대학에 대한 결정을 내리는 것은 미루고 있었다. 2학기 때 영어 교사가 입시를 앞두고 친구들을 격려하는 말을 해보라고 했을 때, "이런 식으로 살 바엔 그냥 대학을 때려치웁시다"라고 말해서 모두를 황당하게 만들었지만, 동시에 "쟤는 성적도 잘 나오면서 위선 떨고 있다"는 냉소를 받았다. 사실 그런 말을 들어도 쌌다. 나는 일단 한번 내보자는 생각으로 서울대 2학기 수시 원서도 냈고(서류에서 똑, 떨어졌지만) 성적에 대한 미련은 버렸으면서도 학교 숙제나 수업 참여, 복습은 또 습관적으로 꽤나 성실하게 하고 있었다. 돌이켜보면 나는 그때 입시 문제에 대해서 우유부단한 상태일 뿐이었던 것 같다.

주변 사람들에게 진로와 입시에 대한 그런 고민을 털어놓기도 해봤다. 친하게 지내던 교사에게도, 지역의 다른 활동가에게도, 같이 운동을 하던 친구에게도, 짝사랑했던 사람에게도, 당시 상담을 받던 카운슬링 센터의 상담사분에게도. 하지만 돌아오는 대답은 대부분 "그래도 대학은 최선을 다해서 가고 나서……" "좋은 대학에 가는 게 앞으로 세상을 바꾸는 데도 도움이 될 거예요" 등등의 얘기들이었다. 어느 대학을 가는 게 좋다는 조언은 있었어도, 대학에 가지 않는 게 좋다거나 대학이 활동에 안 좋을 거라는 말은 없었다. 어쩌면 그건 수험생에 대한 배려였을지도 모른다. 하지만 그때 누군가 대학 같은 건 안 가는 게 좋다고 말해주었다면 좋았을 거라는 생각도 가끔 한다. 주변의 모두가 그렇게 말하는 가운데, 좀 혼란스러워하면서도 나도 그냥 대학은 가야겠다고 생각하고 있었기 때문이다.

특별히 수능을 잘 보려고 노력하진 않았다. 수능 바로 전날에도 청소년 인권에 관한 글을 쓰다가 늦게 잤다. 다만 수능 시험은 특별히 틀리려고 하거나 대충 하지 않고 풀 수 있는 한 풀었다. 일부러 틀리는 것도 웃긴 일인 것 같았기 때문이다. 그냥 모의고사 보는 기분이어서 별 감흥은 없었다. 그런데도 점수는 잘 나왔다. 그전에 모의고사 성적이 뚝뚝 떨어지던 것과는 대조적으로 수능만 성적이 높게 나왔으니 이건 운이라고 해야 할지. 정시 원서를 쓸 때는 부모와 많이 다퉜다. 나는 그냥 내가 고등학교를 다니던 지역의 국립대학교를 가겠다고 했고, 부모는 반대했다. 결과적으로는 부모의 뜻대로 연세대, 서울대에 원서를 냈다. 논술과 면접 등은 그럭저럭 재미있었다. 둘 다, 합격했다.

결국 서울대에 입학하게 되고서 한 생각은 이런 거였다. '우물쭈물하다가 내 이렇게 될 줄 알았는데…….' 입시에 대한 그 골치 아픈 고민과 갈등 들이 어쨌건 일단락되었다는 기쁨. 부모 뜻대로 대학에 갔으니 크게 눈치 보지 않아도 되겠다는 안도감. 입시 경쟁과 학벌 사회에 반대한다면서 서울대의 후광을 가지게 되는 것에 대한 거부감. 딱히 서울대에 가고 싶지 않았는데, 나보다 더 서울대에 가고 싶었을 다른 누군가를 밀어내고 합격한 것에 대한 죄책감 비슷한 감정. 합격 통보를 받았을 때 여러 가지 감정들이 마음속을 어지럽게 했다. 결국 나 자신에게 운동과 삶에 대한 확신이 없었고 우유부단했기 때문에 간 대학이었다.

"넌 뭐 하는 놈이냐?"

그렇게 들어가게 된 대학은, 마치 몸에 안 맞는 옷을 걸치고 있는 것 같은 느낌이었다. 만약 내가 대학 공부든 대학 안에서의 대학생운동이든 즐기려고 했다면 즐길 수도 있었을 것이다. 어차피 나는 기업에 취직할 생각도, 고시를 볼 생각도 없었기 때문이다. 그리고 내 주변 다른 대학에 진학한 친구들의 이야기를 종합해서 평가해보자면, 서울대는 단지 학벌, 이름값만 좋은 것이 아니었다. 수강신청을 할 때도 이미 '필수'로 시간표가 다 나와 있고 선택할 수 있는 건 6학점, 10학점도 채 안 된다는 대학도 있었고, 교양과목 수업의 다양성이 절대적으로 부족하다는 대학도 있었다. 그에 비해 서울대는 비교적 여러 수업을 골라 들을 자유가 있었고, 강의의 질도 좋은 편이었다. 나처럼 졸업이나 학점에 괘념치 않을 때나 그런 것일지도 모르지만.

하지만 결국 나는 대학에 발을 붙이지 못했다. 서울대 졸업생이 되고 싶지 않다는 감정이 계속 마음속에 있었기 때문이다. 강의의 다양성과 질마저도 다른 대학들에 비교해봤을 때 결국 불공평한 자원 분배의 특혜이고 특권이라는 생각밖에 들지 않았다. 대학 안에서 대학생운동이라도 했다면 어땠을지 모르겠지만, 운동은 청소년운동 하나만으로도 충분히 벅찼다. 그나마 하나 하던 평화운동 동아리 활동은 나 외에 사람들이 대부분 졸업하면서 정리하게 됐다. 입시 경쟁과 대학 서열화, 학벌에 대한 문제의식 때문에 계속 서울대 학생으로서의 내 정체성을 거부하게 됐다. 나중에는 수업에 잘 들어가지 않고 학교에 나가지 않아서 모든 과목에서 낙제점을 받기도 했다. 이것도 일종의 대학 부적응이라고 해야할까?

그리고 요즘 대학이라는 게 그런 어정쩡한 마음가짐으로 남아 있을 곳이 못 된다. 등록금은 내가 입학할 때 이미 200만 원을 넘어가고 있었다. 학자금 대출을 몇 번 받았고, 집이 개인회생 중이라는 사유로 장학금도 한 번 받아봤지만, 성적이 뚝뚝 떨어지니 학자금 대출도 장학금도 불가능해졌다. 학자금 대출도 성적이 일정 수준 이하면 안 해준다는 걸 알고서 우습기도 했고, 이미 두 번 받은 학자금 대출만으로도 충분히 부담스러웠다. 내가 무슨 돈 잘버는 직업을 가질 계획도 아니었고……. 대학을 그만둘 특별한 이유가 필요한 게 아니라, 대학을 계속 다니는 데 특별한 이유가 필요한 것이라는 생각이 들었다.

대학생으로서의 정체성, 대학이라는 곳이 요구하는 것에 대해서 혼란을 느낀 적도 있었다. 예를 들자면, 한번은 대학에서 전공 중 하나인 사회통계학 수업이 영어 강의로 개설되어 들어야 했던 적이 있다. 안 그래도 수학이 많이 나오는 사회통계학은 문과생들이 어려워하는 수업 중 하나인데, 모든 내용이 영어로 진행되다보니 난도가 한층 높아졌다. 나는 기초적인 수학에는 어느 정도 자신이 있었지만 외국어는 전반적으로 못했기 때문에 수업 내용이 알아듣기 힘들고 머리에 쥐가 날 것 같을 때도 많았다. 통계학 수업을 왜 영어로 들어야 하는지 이해가 안 가서 대학에 화가 날 때도 많았다.

그러다가 수업 시간 중에, 학생 인권 문제에 관해 긴급하게 답을 해야 하는 연락이 와서 휴대전화로 문자메시지를 보낸 적이 있었다. 그때 교수가 화를 내면서 나를 불러 "넌 뭐 하는 놈이냐?"라고 물었다. 교수가 원하는 것이 강의 도중에 휴대전화를 쓴 것에 대해 사과하는 것임을 알고 있었기에 그 부분에 대해서는 사과를 하고 끝냈지만, 내가 뭐 하는 놈인지에 대한 질문은 계속 나에게 메아리쳤다. 나는 대학생인가? '서울대 졸업생'이라는 이름을 달기 싫어서 졸업할 의욕도 없는 나는 왜 대학에 다니고 있는 것일까? 나는 대학생이기 이전에 활동가이지 않았던가? 왜 나는 여기에서 이렇게 구조적으로 '무례한', 이유도 알 수 없이 영어로 진행되는 수업에 매달리고 있는 것일까? 그런 생각이 들면서 그 뒤로는 대학 강의에 한 번도 나가지 않았던 것 같다.

내가 고등학교 때 대학에 가는 데 대한 변명이 되어주었던 것은 '서울대 가서 사회적으로 힘 있는 사람이 되는 게 운동에 더 유리하다'는 이야기였다. 그러나 이것은 운동을 하면 할수록 그냥 헛소리라는 게 명확해졌다. 지금 운동에 필요한 건 더 많은 사람들이 같이 하는 것이지, 몇몇의 학벌 좋은 엘리트가 아니었다. 개인이 아니라 집단이, 개인적 출세나 권력이 아니라 사회적, 구조적 변화가 필요했다. 서울대 나온다고 해서 특별히 운동에 도움이 되는 힘이 생기는 것도 아니었다. 학력, 학벌 같은 것들은 사회에 순응하려고 할 때는 커다란 힘이 될지 모르겠지만, 사회에 저항하려고 할 때는 별다른 효력을 가지지 못한다. 어차피 욕 먹는 건 똑같다. 공부 못하는 사람이 입시를 비판하면 쟤는 공부 못하고 피해보니까 저런다고 하고, 공부 잘하는 사람이 입시를 비판하면 잘나가니까 배가 불러서 저런다고 하는 게 세상이다.

대학에 더 있을 이유도 없어졌고, 대학에 더 있기도 어려운 상황에서도 한두 학기쯤 학적을 계속 유지하고 있었던 건 결국 병역 문제 때문이었다. 병역거부를 하겠노라고 진작부터 마음을 굳히고는 있었지만 막상 그 문제에 직면하는 것은 두려운 일이었다. 주변의 다른 사람들도 병역거부자들이 대부분 나이가 많은 편이니, 나도 좀 더 나이가 들고 나서 생각해보라고 조언해줬기에 조금씩 조금씩 대학을 이유로 병역 문제를 미뤄왔다. 하지만 2011년, 드디어 휴학은 한도까지 다 썼고, 등록금을 해결할 방법도 딱히 없고, 대학에 더 다닐 마음도 없었다. 병역거부는 좀, 아니 많이 두려웠지만 마음을 굳혔다. 결단, 계기만 필요한 시점이었다. 그러던 차에 때마침 주변의 청소년 활동가들이 대학입시거부선언을 한다고 한 것이 결정적인 계기가 되어주었다. "옳거니" 하며 함께 거부선언에 참여해야겠다는 생각을 했고 자퇴서를 냈다. 청소년들에게 '선동당해서' 거부를 하게 된 셈이다.

우리 행동은 정치적 불복종이다

내가 어떻게 대학을 오게 되었고 어떻게 대학을 그만두게 되었나, 개략적이지만 길게 이야기를 풀어놓았다. 그 속을 들여다보면 그냥 서울대 안 갔어야 할 사람이 우물쭈물하다가 서울대에 갔다가 그만두는 과정일 뿐이라고 요약해볼 수도 있다. 하기야 대학 거부가 뭐 별거란 말인가. 나는 김예슬 씨가 "나는 오늘 대학을 그만둔다. 아니 거부한다"라고 쓴 글을 읽어봤을 때도 어찌나 오글거린다고 느꼈는지 모른다. 뭐, 이렇게 폼을 잡고서 거창한 의미를 부여하고 있나 싶어서. 어쩌면 그것도 고대생이기 때문에 잡아볼 수 있는 폼이라는 생각이 들어버려서, 나는 영 삼키기가 어려운 글이었다. 이런 식의 '선언'은 개인에게서가 아니라 집단에게서, 하나의 지속적인 사회운동의 과정에서 제출되어야 어울리는 것 아닐까? 나 개인의 결단은 좀 더 장식 없이 질박한 이야기여야 하지 않을까? 그런 생각으로 나는 대자보 글을 그저 내 자퇴를 내세워 '대학거부선언' '대학입시거부선언' 운동을 홍보하기 위한 수단이라고 생각하고 최대한 담담하게 솔직한 척 쓰려고 노력했다.

그렇지만 나도 나의 대학 자퇴, 대학거부를 단지 개인의 선택이 아닌 정치적, 사회적 의미를 가진 행동이라고 말하고 싶긴 하다. 내가 서울대에 가기를 꺼려했던 것, 대학 진학 자체를 놓고 고민했던 것, 대학에 발을 붙이지 못했던 것, 결국 대학에 자퇴서를 낸 것, 그 모든 과정들은 불공정하고 비인간적·비교육적인 입시 경쟁 교육, 대학 서열 체제, 학벌 사회에 대한 문제의식 때문이었다. 그리고 그건 개개인의 차원에서 착하게 산다거나 윤리적 선택을 한다고 해서 해결할 수 있는 문제가 아니다. 그렇기 때문에 자신이 이루고 싶은 꿈이 있어서, 먹고살기 위해서 입시 공부를 하고 대학에 진학하는 것은 윤리적으로 비난받을 일일 수 없다. 그러니 나는 딱히 내가 착하게 살기 위해서가 아니라 그것들을 바꾸기 위한 활동의 일부로서 대학을 거부한다. 내가 아무리 잘 살아보려고 해도 '서울대'라는 타이틀이 사회적으로 가지는 의미와 효과가 있기에, 그런 사회적 의미와 효과를 공격하기 위해서 그 타이틀을 거부한다. 대학거부가 이처럼 정치적, 사회적인 것이기 때문에, 혼자 하는 게 아니라 대학 입시를 거부하기로 한 청소년들의 대학입시거부선언과 함께하려 하고, 대학에 가지 않았거나 나처럼 대학을 그만둔 사람들과 같이 대학거부를 하나의 '사건'으로 만들려고 한다.

한편으로는 서울대를 자퇴하고 나면 이제 '서울대 거부한 자퇴생'이라는 꼬리표가 따라다닐 수도 있다는 걱정이 든다. 애초에 내가 자퇴를 하고 난 뒤에 자보를 붙인 것을 가지고 이 신문 저 신문에 이야기가 실린 그 반응 자체가, 내가 서울대에 다니고 있었기 때문이리라. 내 기사가 나간 그 무렵, 어느 대학교의 다른 학생분이 '등록금 인하 서명 불허'에 항의하며 분신하겠다고 1만 배 시위를 하고 있었지만 언론에는 보도조차 잘되지 않던 현실을 꼬집는 목소리가 있었는데, 그런 지적은 꼭 필요할 것이다. 이처럼 내가 대학에 다닐 때도 걸리는 점은 많았지만, 대학을 자퇴해도 걸리는 점은 이것저것 많을 것 같다. 그런 점에서 출신 대학이란, 거부선언을 하더라도 벗을 수가 없는 굴레라는 생각이 든다.

아주 솔직히 말하면 병역거부를 하고 출소한 다음에 한 5년, 10년이 지난 후 뭔가 공부가 하고 싶어져서 다시 대학에 가고 싶어질지 어떨지는 나도 잘 모르겠다. 나는 그렇게 나 자신에 대해 확신을 가지고 확언을 하는 사람이 아니다. 우스갯소리로 입시 폐지와 대학 평준화가 되고 나면 다시 대학에 맘 편히 갈 수도 있을 거라고 하기도 했지만, 그게 그렇게 금방 될 거 같지도 않고……. 하지만 적어도 지금은 대학에 다시 들어갈 생각이 전혀 없다. 특히 서울대학교에는 말이다.

청소년들의 대학입시거부선언, 그리고 20대 이상인 우리들의 대학거부선언은 단지 우리가 대학을 가지 않는 게 더 이득이라고 생각해서, 대학이 싫어서 가지 않는 것은 아니다. 물론 대학을 졸업해도 88만 원 세대로 불안정 노동과 높은 실업률과 소득 양극화 속에서 살아야만 한다는 현실은, 사람들이 비싼 등록금 바쳐가며 대학에 다녀야 할 이유에 의문을 품게 만드는 한 사회적 요인이기도 하다. 하지만 단지 그런 이유뿐이라면 그냥 우리 개개인이 조용히 대학에 가지 않고 그만두면 될 터이다. 우리가 굳이 함께 모여서 선언을 하고 집회, 행진 등을 하는 것은 우리의 실천을 통해서 사회를 바꾸길 바라는 것이다.

그러므로 우리의 행동은 정치적인 불복종이다. 때문에 나는 우리가 대학을 거부한 것에 괜히 자기가 비난받는 것처럼 느끼는 수험생, 대학생, 대학 졸업생은 없으면 좋겠다. 지금 당장 대학을 그만두거나 하지는 못하더라도 지금의 입시 경쟁 교육이나 대학 체제 등에 대한 문제의식에 공감하고 같이 참여할 사람들도 적지 않을 것이라고 믿기 때문이다.

다만 나는 우리의 선언과 행동을 통해 지금 같은 교육을, 인권을 짓밟는 학교를, 잘못된 대학을 당연하다고 어쩔 수 없다고 생각하고 있는 사회에 물음표를 던지는 사건을 만들어내고 싶을 뿐이다. 그리고 바꿔야 한다는 문제의식을 널리 알리고 싶을 뿐이다. 우리의 대학거부의 의미는, 대충 그거면 되지 않을까.

내가 바라는 사회에 적합한
몸을 만드는 일

김서린

　대학거부선언을 했던 날을 기억한다. 선언문을 읽을 때의 떨림과 내 옆에 서 있는 사람들에 대한 든든함까지도 말이다. 그 당시에는 모든 것이 뚜렷한 것 같았는데, 지금에 와서 대학거부의 이유를 묻는 사람을 만난다면 나는 이야기할 것이 너무나 많은 탓에, "글쎄요, 불만이 많아서요?"라고 모호하게 대답해버릴지도 모르겠다. 대학거부선언을 기점으로 반복되는 질문을 받아왔지만 나의 대답은 언제나 미진했던 것 같다. 나에게 대학거부란 한 시점의 선택과 결단이기보다는 오랜 기간의 해석과 지향으로서 남아있기 때문이다. 그래서 대학거부의 이유를 물어올 때 나는 내 삶을 켜켜이 들추어 설명해야 할 것만 같은 복잡한 심경이 되어버리고 만다.

　시간을 좀 더 거슬러 올라가서 대학에 다닐 때를 떠올려본다.

나는 공부를 열심히 하기보다는 다른 여러 활동들을 조금 더 좋아하는 학생이었다. 공부가 재미없다거나 전공이 적성에 맞지 않았던 것도 아니었지만, 확실히 동아리나 그룹스터디처럼 다른 사람들과 같이 하는 활동을 즐겼던 것 같다. 학교 영상팀, 검도 동아리, 토론 동아리, 독서 동아리, 전공 그룹스터디 활동 등을 했다. 다른 사람과 무엇인가를 토론할 수 있고 여러 가지 활동들을 해볼 수 있다는 점을 '대학'의 중요한 특성이자 장점이라고 생각했기 때문이리라. 청소년기에 꿈꿔왔던 대학생활이 그런 것이기도 했다. 잔디밭에 둘러앉아 어제 읽은 시나 정치 얘기를 하는 그런 장면 말이다.

학교에 다니면서 무뎌진 불편함들

막상 대학에 입학하고 나서 했던 절망을 떠올려보면 지금도 한숨이 나온다. 신입생 OT를 갔을 때부터 불편함은 시작되었다. 큰 소리로 자기소개를 시키는 것도 싫었지만, 술을 마시라고 강권하고 노래를 불러보라고 하는 것에서는 참기가 어려웠다. 무엇보다 선배라는 사람들에 대한 존경심을 어디에서 끌어내야 할지 몰라서 난감했다. 물론 나는 개개인을 비난하고 싶은 것이 아니라 문화에 대해 이야기하는 것이다. 당시 나에게 선배라고 다가오는 사람들 중 다수가 신입생을 어떻게 하면 유혹할 수 있을까 고민하는 남학생들이었고, 독서 동아리라고 들어간 곳에서는 한 학기 동안 세미나를 단 한 번 했다. 믿고 따랐던 몇몇 선배들이 각자의 연애 문제 때문에 나에 대해 '호박씨 까는 년'이라고 뒷말을 하고 다녔고, 덕분에 알지도 못하는 학우들까지도 나에 대해 수군대는 것을 경험하게 되었다. 당시에는 이 모든 것들이 내 개인적인 문제라고 생각했지만, 시간이 지나서는 대학 안에서 이런 종류의 사건들이 흔하게 일어나는 이유가 실은 위계적인 대학 문화나 남성·주류 중심적인 분위기와 밀접한 연관이 있다는 것을 깨닫게 되었다.

돌아보면 어떤 종류의 불편함은 학교를 다니면서 무뎌졌다. 나는 어느새 학번이 낮은 동갑내기가 반말을 해도 심기가 불편해졌고, 신입생을 두고 '파릇파릇하다'고 표현하게 되었다. 여학생 모임에 가서는 "어, 아직 안 마셨어?"라며 술을 강권했고 후배들에게 장기자랑 준비를 시켰다. 불편한 점들은 여전히 많았어도, 적응하면서 즐거움을 찾게 되었다. 왕성하게 활동할수록 마음 맞는 사람들을 더 많이 만날 수 있었고 모든 것이 순조롭게 생각됐다. 휴학한 기간까지 포함해 6년에 가까운 대학생활을 하면서 대학거부를 생각하게 된 것도 바로 이렇게 순조로웠던 나의 일상에 위기가 찾아오면서가 아니었을까 싶다.

'적응'이냐 '순응'이냐

이쯤에서 '대학 문제'라는 이슈를 짚고 넘어가야 할 것 같다. 그래봐야 내가 아는 대학은 2011년에 멈춰 있고 그 이후로는 간접 경험으로서만 존재한다. 지금까지도 계속해서 지적되는 대학 문제에는 '대학 서열화' '취업 사관학교' '공공성 상실' '학내 비정규직 문제' '학내 민주주의' '비싼 학비' 등이 있는데, 내가 다닐 적에도 마찬가지였다. 그중에서 가장 나를 힘들게 했던 것은 경쟁에 대한 부분이었다. 당시 신자유주의에 대한 책들이 쏟아져 나오면서 나 역시 '무한 경쟁 사회'에 대해 고민하게 되었는데, 그런 내용들을 만나기 전에는 내가 느끼는 불편함에 대해 설명하는 방법을 모른 채 계속 대학을 다녔던 것 같다.

나의 직접적인 위기감은 취업-돈에 직결되는 활동들만이 추앙 받는 학내 분위기에서부터 시작됐다. 내가 하는 어떤 활동에서도 추앙을 원치는 않았지만, 혼자 할 수 없는 일들을 혼자서만 꿈꿔야 한다는 사실은 나를 슬프게 했다. 무엇보다, 대학이나 사회에서 내게 요구하는 것이 '취업을 위한 괜찮은 상품 되기'이고 이 과정에 내 일상을 송두리째 바쳐야 한다는 점이 내내 우울했다. 잘 팔릴 자신도 없고 내가 원하는 삶도 아닌, 이런 방식에 동의하지 않는 나는 동의하는 척 연기하며 살아야 하나? 고민을 거듭할수록 마음은 막막해져왔다.

이렇듯 내가 '경쟁'이나 '질서' 같은 근본적인 부분에서만큼은 끝까지 '적응'하지 못했기 때문에 대학거부라는 결과가 나온 것이 아닐까 생각한다. 무한 경쟁 사회, 안전망이 부재하는 사회에서 경쟁이 싫다고 말한다거나, '괜찮은 상품 되기'가 아닌 다른 것들을 공부하고 경험하고 싶다고 말하면 얼마나 세상물정 모르는 배부른 소리라고 하겠는가. 실제로 대학거부를 하는 이유가 집이 좀 살아서가 아니냐는 사람들도 있었다. 물론 사실과 전혀 무관하다. 어쨌거나 많은 사람들이 대학거부자들에게, 모두가 힘들게 경쟁하면서 지내는데 그게 싫다는 건 무슨 심보냐는 질문을 해온다.

하지만 앞에서의 '적응'을 '순응'이라고 불렀을 때 상황은 조금 다르게 읽힌다. 누구나 내가 원하는 사회나 교육에 대해 이야기할 수 있고 그를 위한 실천을 할 수 있다. 낙오자를 양산하는 경쟁 체제에 반대하는 일이, 누군가를 자의 반 타의 반 짓밟더라도 나만은 살겠다는 처절한 자본주의 경쟁 논리보다 못할 것은 또 무엇일까. 그런 면에서 나는 부적응자, 낙오자라고 불리는 '불순응자'가 되기를 꿈꾸게 되었다. 불순응, 불순종, 불복종, 이탈, 거부. 그게 무엇으로 불리든 말이다.

대학거부를 하고 나서는 대학에 대해 조금 다른 측면으로 생각하게 됐다. 일단 입시 제도에 대해서 부당하다고만 생각했지, 그것을 거부할 생각조차 하지 못했던 나와는 다르게 대학입시를 거부한 대학입시거부자들을 보면서 놀라움과 존경의 마음을 가지게 됐다. 나처럼 대학을 거부한 친구들을 보면서는 동질감과 함께 다른 사회에 대해 이야기할 사람, 이야기만 하는 것이 아니라 함께 행동하며 살아갈 수 있는 사람이 생겼다는 기쁨이 컸다.

거부하고 나서는 무엇이라도 시작될 테니까

시간이 흐르면서 나는 생존의 문제에 부딪히게 되었고, 덩달아 투명가방끈 활동도 점점 어려워지는 시기를 맞이했다. 가장 고민되었던 지점은 일정한 전문성 없이 직업을 갖기 어려운 사회에서 생존을 위한 전문성을 어떻게 갖출 것이며 또 그 전문성을 어떻게 인증받을 것인가 하는 문제였다. 대학이라는 제도적 장치 없이 전문성이라는 것을 인정받기 위한 요건은 굉장히 까다로웠다. 따라서 내가 가진 무엇이라도 스펙으로 포장할 줄 아는 노하우, 최소한의 자본으로 최대한의 인증을 받기 위한 정보 싸움이 언제나 나를 따라다녔다. 때때로 '사회 불만 세력'이 아니라는 것을 보여주는 순순한 표정과 부드러운 말투도 필요했다. 취업이 워낙 안 될 때는 대학에 다시 가야 하는가 고민할 정도였으니 말이다. 자본주의 사회에서 돈을 벌 수 없는 사람이 택할 수 있는 것은 민폐, 죽음, '나 자신이기를 포기하기'뿐이다.

그런 와중에도 뜻을 굽히지 않고 대학거부를 계속해서 할 수 있는 이유는 대학거부가 단순히 그만두고 싶다는 충동에서 시작된 명에가 아니라고 생각하기 때문이다. 내가 힘들어할 때 주변의 많은 사람들이 다시 대학에 가서 졸업하고, 잘되고 난 뒤 사회변화를 촉구하는 활동을 해도 된다고 조언해주었다. 사실 그 말에 따르면 나는 굳이 불리한 길로 가려는 한 사람일 뿐이다. 하지만 스스로가 주장하는 대로 살지 못하면서 하는 주장이 무슨 의미가 있을까?

나는 요즘 이 사회가 과부하 상태로 굴러가고 있다고 느낀다. 너무 많은 차들과 너무 많은 야근, 너무 많은 일과 너무 많은 소비, 너무 많은 공부까지. 그런 사회 속에서 대학거부자는 어떤 삶을 살 수 있을까 하는 고민을 한다. 대안을 내놓고 말하라는 많은 사람들에게 정답이 아닌 하나의 예시로서 내 삶이 비쳐질 수도 있겠다는 생각도 한다. 그러니 대학거부선언자로 살아간다는 것은 하나의 유의미한 표본으로 기꺼이 살아가주겠다는 호기로운 결단일 수도 있다.

사회를 이렇게 저렇게 변화시키자는 말은 너무나 많지만, 결국 사회를 바꾸는 것은 나 자신을 바꾸는 일과 다르지 않고, 그 이상의 일은 내가 할 수 있는 일도 아니라고 생각한다. 나 자신을 바꾼다는 것은, 매 시점의 '유별난 선택'과 그것이 표방하는 가치를 지켜나가는 일과 크게 다르지 않다. 나의 대학거부는 나 스스로에게 영향을 미치고, 멀리는 다른 사람들에게도 영향을 미친다. 비슷한 사람들이 모이게 되면 그 효과는 두 배, 세 배가 된다.

대학거부는 대학 문제나 입시 제도, 교육과 사회 안전망에 대한 문제 제기를 포함하여, 대학이라는 제도와 그곳에서 가르치는 질서, 자본과 국가에 대한 순응에서 벗어나고자 하는 시선과 행동을 멈추지 않는 일이라고 생각한다.

즉, 대학에 대한 평가는 누구나 할 수 있고 그 내용도 다양할 테지만, 중요한 것은 개인의 결단과 개인이 바라는 사회에 적합한 몸을 스스로 만드는 일이다. 이 사회에서 개인에게 주어지는 너무 많은 요구에 매번 응답할 이유는 없다고 생각한다. 나는 그 모든 응답에 시간을 쏟는 대신, 새로운 질문과 '쉼'에 우리의 시간을 할애하자고 말하고 싶다. 원치 않는 것이라면 간단하게, 그것을 거부하면 된다. 거부하고 나서는 새로운 무엇이라도 시작될 테니까 말이다. 나의 삶 역시 거부에서부터 새롭게 구성되었고, 살아가면서 살아가는 법을 배워간다. 함께해주는 가족과 친구들이 있어 고맙다.

이름 없는 세대의
건투를 빈다

김 민 수

"지금 그만두시면 재입학 안 되는데 괜찮으신 거죠?"

행정실 조교의 마지막 질문은 기억나는데 내가 뭐라고 대답했는지는 기억이 잘 나지 않는다. "네"라고 대답했던가. "괜찮아요"라고 대답했던가. 혹은 그냥 고개만 끄덕였을 수도 있다. 아무래도 상관없는 대답을 끝으로, 나는 추억하기엔 너무도 짧았던 대학생활을 마쳤다. 자퇴 원서를 내고 집에 돌아가는 길에도 별 생각이 없었던 것 같다. 후련했던가. 조금은 슬펐던가. 그저 대학을 자퇴하는 데 부모 동의서가 필요하다는 사실에 깊이 짜증이 났던 것만 떠오른다.

고등학교 시절 광우병 소고기 수입 반대 시위를 어깨너머로 구경하고, 소위 진보 성향의 논객이라 불리는 이들의 책을 몇 권 접했던 것이 화근(?)이었다. 삼각함수를 외울 시간에 입시 경쟁이 어쩌고 대학 서열이 어쩌고를 조금 공부했던 나는 수능 시험을 치르지 않겠다는 급작스러운 결심을 세웠다. 그러나 담임 선생님에게 처절하게 '쪼인트' 까였고 어설프게 대학에 입학했다. 이렇게 꼬인 마음으로 입학한 대학의 풍경이 아름다웠을 리 없다. 수능을 치르지 않겠다는 결심보다는 조금 더 신중하게 자퇴를 결심했다.

"너 어차피 요즘 학교 수업도 잘 안 듣지? 동의서 써줄 테니까 네 마음대로 하렴." 자식 이기는 부모 없다는데, 내 어머니는 확실히 그랬다. 한 달 넘게 씨름한 끝에 내 자퇴 원서 접수를 인정해준, 다시 말해 하나밖에 없는 아들내미에게 져준 그의 한마디는, 그 장면은, 너무도 또렷하게 기억난다. 그의 눈빛은 나에게 실망이 아닌 믿음의 언어를 보여주었다. '걱정이 되긴 하지만 내가 배 아파서 낳은 새끼니까 어떻게든 잘해낼 것이라고 믿는다.'

그로부터 4년여의 시간이 흘렀고 나는 어찌어찌하여 청년유니온이라는 노동조합의 간부로 활동하고 있다. 가끔씩 "지금 학생이신 거죠?"라는 물음이나 "대학은 어디 나오셨어요?"라는 질문에 움찔하곤 하지만 지난 4년 동안 대학을 다니지 않았다는 점 때문에 크게 어려움을 느끼진 않았다.

그렇게 대학거부와 관련해서는 별 생각 없는 나날을 살던 나에게 대학거부와 관련한 글을 한 편 남겨보는 것은 어떻겠냐는 제안이 들어왔다. 조금은 우습지만 3초 정도 고민하다가 수락했다. 이참에 '대학 재학(졸업)'이 아닌 '최종 학력 고졸'의 신분으로 살아온 나의 4년짜리 고민을 복기해보는 것도 괜찮겠다는 생각이 들었다. 글을 써야겠다고 마음먹고 나니 대학거부와 관련한 오만 가지 장면들이 떠올랐다. 평소 같았으면 결코 떠오르지 않았을 장면들 말이다. 돌이켜보면 참으로 고마운 제안이었다.

앞으로도 모를 삶이구나

내가 속한 청년유니온에는 다양한 배경을 가진 사람들이 모여든다. 나와 같은 고졸 패밀리도 있고, 대학에 다니고 있거나 대학을 졸업한 이들도 있다. 그중에는 대학 시절 소위 학생운동으로 불리는 학생회 활동을 열심히 했던 식구들도 있다. 하루는 나와 각별하게 관계 맺으며 활동을 함께하는 동료가 학교 후배들을 챙겨야 한다며 모교로 달려간 적이 있다. 총학생회장 후보로 출마한 학교 후배의 개표 결과가 나오는 날이라고 했다. 추운 겨울이었다.

그가 총학생회 개표를 초조하게 지켜보았을 야심한 시각. 나는 영등포 언저리에서 청년유니온 식구들과 술을 진탕 먹고 있었던 것으로 기억한다. 후배의 선거 결과가 슬슬 궁금해지던 자정 무렵, 페이스북에는 짧은 글과 함께 사진 한 장이 올라왔다. 승전보였다. 축배를 들기 위해 설레는 마음으로 이동하는 동문들의 모습이 담긴 기념사진을, 나는 아주 오랜 시간 동안 바라보았다. 아주 오랜 시간 동안.

사진을 바라보며 내가 느꼈던 감정은 부러움이었다. 내가 살아보지 못한 시간을 살아온 사람들. 내가 만나보지 못한 동료와 함께하는 사람들. 내가 느껴보지 못한 기쁨과 희열을 만끽하는 사람들. 그리고 기쁨의 순간을 만들기 위해, 그 순간을 함께하는 동료를 만들기 위해 그들이 감내해왔을 인내의 시간들을 떠올리며 부러움을 느꼈다. 아. 정말로 치열하고 뜨겁구나. 이 치열함이 나와 함께 일하는 동료가 일궈온, 나는 몰랐던, 그리고 앞으로도 모를 삶이구나.

내 존재가 문득 외로웠다

작년이었나, 어느 대학교의 총학생회에서 주최한 토론회에 참석한 적이 있다. 위기에 봉착한 학생운동이 나아가야 할 방향을 토론하는 자리였는데, 학교 바깥에서 활동하는 단체 관계자의 이야기를 듣고 싶다는 취지였다.

토론회는 순조롭게 마무리되었다. (나의 발제가 순조로웠는지는 잘 모르겠다.) 기억에 남는 것은 토론회가 끝난 뒤 정리가 덜 되어서 어수선한 강의실의 모습이었다. 나를 제외하고는 모두 같은 학교를 다니는 학생회 성원들이 만든 행사였다. 서둘러 강의실을 벗어나는 한 무리의 사람들. 삼삼오오 모여 토론회에서 못다 한 이야기와 고민을 나누는 사람들. 한쪽에서 울려퍼지는 어느 남학생의 박장대소. 나는 토론회 단상에 그대로 앉아 이 장면을 멍하니 바라보았다. 그리고 역한 이질감을 느꼈다. 그리고 현기증을 느꼈다. 얼마 지나지 않아 이 이질감의 정체가 외로움이라는 것을 깨달았다. 참석한 이들 모두 어차피 나와 동년배인데, 학생이 아닌 노동조합 관계자라는 이름으로 어색한 자리에 앉아 있는 내 존재가 문득 그냥 외로웠다.

돌이켜보면 이런 식으로 종종 외로움을 느꼈던 것 같다. 지금도 대학교에서 주최한 행사나 대학생들이 주축인 행사에 참석하는 것을 별로 좋아하지 않는다. 토론회 자리에서 느꼈던 역한 이질감과 마주하는 것이 두렵기 때문이다. 나는 누구, 여긴 어디. 아이고, 의미 없다.

대학에게서 거부당한 삶들

대학을 거부하고 지난 수년간 수없이 느껴온 부대낌을 자연스럽게 흘려보낼 수 있었던 것은 그것이 내 선택이었기 때문이다. 이 불편한 느낌들은 대학거부에 뒤따라오는 약간의 부작용 혹은 기회비용이었다. 이렇게 놓고 보면 대학을 거부한 사람으로서 느끼는 단상들은 심각하게 고민할 문제가 아니다. 대학의 반대편이라는 공간을 선택한 만큼, 내가 선택한 이 공간에서 삶을 치열하게 일구어나갈 뿐이다. (실제로 치열한지는 다른 문제이다. 열심히 산다는 것은 너무 귀찮은 일이니까.) 사실 내 눈에 밟히는 것은 대학을 거부한 나의 삶이 아니라, 대학에게서 거부당한 이들의 삶이다.

몇 년 전, 광주의 기아차 공장에서 현장 실습생으로 일하던 청소년이 퇴근 직후 급작스레 뇌출혈로 쓰러졌다. 자동차 도장, 재연마 등의 위험한 공정을 일주일에 60시간씩 수행하는 것은 몸이 단련된 성인에게도 버거운 일이다. 2011년 12월 17일 쓰러진 그는 3년이 지난 지금까지도 혼수상태에 빠져 있다.

광주 기아차 사건 이듬해인 2012년 4월에는 고용노동부와 교육부, 중소기업청이 현장실습생들의 안전을 위한 제도 개선책을 발표했다. 같은 해 12월에는 울산 신항만 공사 현장에서 작업선 전복 사고로 전남 순천의 현장실습생이 사망했다. 2013년 8월에는 현장실습 안전 대책이 추가로 채택되었고, 2014년 1월에는 CJ제일제당 충북 진천 공장에서 근무하던 현장실습생이 사내 괴롭힘과 폭행을 견디다 못해 자살을 하는 사건이 발생했다. 피해자는 사고 며칠 전 '회사 다니다가 뺨을 맞게 될 줄 몰랐다. 두렵다. 내일 난 제정신으로 회사를 다닐 수 있을까'라며 친구들에게 문자메시지를 남겼다고 한다. 그리고 같은 해 2월에는 울산 금영ETS 공장의 지붕이 무너졌고 지붕의 잔해 속에서는 현장실습을 하던 3학년 학생의 시신이 발견되었다. 공장의 담벼락에는 "내 친구 살려줘" "대환이를 살려 보내" "보고 싶다"라는 스프레이 래커 글자들이 자욱했다.

특성화(실업계) 고등학교를 다니며 취업을 준비하고 산업체로 현장실습을 나가는 이들의 상당수는 녹록치 않은 가정 형편을 안고 있다. 많은 경우 고액의 대학 등록금을 부담할 수 없기 때문에 산업체 현장실습을 거쳐 빠르게 취업하는 경로를 따르게 된다. 선택의 여지 없이 대학에게서 거부당한 삶이다. 이 절박한 삶이 하나둘씩 사라졌다. 뇌출혈로. 작업선이 뒤집히거나 지붕이 무너져서. 혹은 공장 선임들에게 얻어맞다가. 하나둘씩 사라졌다.

이름 없는 세대를 호명하다

온 거리에 대학이 나부낀다. 등록금을 인하하라는 촛불이 밝혀지고, 어느 대학의 총장실 점거 소식이 포털뉴스 메인에 기록된다. 대학을 졸업하고도 취업이 어려운 '스튜던트 푸어'에 대한 분석 기사가 쏟아지고, 고려대학교 경영학과를 자퇴한 대학생의 대자보는 정국을 뒤흔들었다. 정부에서 새롭게 발표한 입시 전형을 어떻게 유리하게 활용할 것인지 토론하는 대치동 어머니들의 작당 모의는 지금 이 순간에도 진행된다. 온 거리에 대학이 나부끼는 가운데 소리 없는 죽음들이 쌓여갔다. 울산ETS 현장실습생 사망 사건의 기사 작업을 함께했던 기자가 말했다. "고등학교 졸업하자마자 취업 현장으로 뛰어들어야 하는 이들에게 이름을 불러주고 싶어. '88만 원 세대'처럼 대학생·대학 졸업생들을 호명하는 이름은 많은데 이들은 이름이 없잖아. 정확히 말하면 사람들이 있는지도 잘 모르는 삶이잖아. 이들에게 '이름 없는 세대'라는 이름을 붙여주면 어떨까?" 이름 없는 세대. 너무도 정확해서 슬픈 표현이었다. 그러고 보니 이 기자도 대학을 나오지 않았다.

하루는 특성화 고등학교 졸업을 앞두고 취업을 준비 중인 동료와 대화를 나눌 일이 있었다. 지금으로선 사정이 여의치 않아 취업을 준비하고 있지만, 나중에 기회가 되면 꼭 대학생활을 해보고 싶다고 말했다. 대학을 졸업해야 사람대접 받는 세상에서 고졸로 산다는 게 무섭기도 하고, 남들 다 하는 대학생활도 꼭 한번 누려보고 싶다는 것이다. 본인이 하는 이야기가 제법 슬프다는 사실을 아는지 모르는지 그의 목소리는 너무도 해맑았다. 아이러니하게도 그 해맑음은 나를 무너뜨렸다. 그래. 꼭 열심히 해서 등록금도 벌고 대학생활을 만끽하길 바란다. 내가 할 수 있는 유일한 말이었다.

대학에게서 거부당한 삶, 이름 없는 세대의 목소리가 우리 사회에 나부껴야 한다고 생각했다. 이름 없는 세대의 목소리를 제도 정치의 영역에서 호명하고, 그들이 겪고 있는 구체적인 삶의 문제를 조금씩이라도 해결해야 한다고 생각했다. 몇몇 동료들과 마음을 모았고, 올해 2월에는 청소년유니온이 출범했다. 청소년유니온은 대학에게서 거부당한 삶의 단편들을 엮어내어 사회적으로 호명하기 위한 작업을 수행하고 있다.

비빌 언덕이 있었기 때문에

다시 대학을 거부한 내 삶을 돌아본다. 별 생각 없이 사는 게 주특기이긴 하지만, 나는 어떻게 거리낌 없이 대학거부를 선택할 수 있었을까. 대학을 때려치우더라도 취업 걱정, 인생 걱정 없이 살 수 있는 부유한 집안에서 태어난 것도 아닌데 말이다. 내가 내린 잠정적인 결론은 '동료'이다.

대학을 그만두겠다고 결심할 당시 나는 이미 청년유니온의 조합원이었다. 대학교에서 만난 관계가 아니더라도 나에게는 소주를 들이부으며 함께 인생을 낭비할 술친구들이 있었다. 서로가 겪고 있는 삶의 고민과 어려움들을 토론할 수 있는 곁이 있었고, 공동의 문제의식을 해결하기 위해 치열하게 싸워나갈 동지가 있었다.

이 비빌 언덕이 없었다면 나에게 대학거부는 쉽지 않은 선택이었을 것이다. (동지라는 표현은 4년이 지난 지금에 와서야 쓸 수 있는 표현이다. 자퇴할 당시에는 술친구만 있어도 충분했다.)

개인적으로 잘 아는 관계는 아니지만, 대학거부라는 운동을 통해 다양한 사회적 고민들을 담아내고 있는 투명가방끈 성원분들 또한 나와 비슷한 생각이 아니었을까, 감히 추측해본다.

특별한 동료들과 함께하더라도 대학 졸업장 없는 인생을 살아가기에는 여전히 각박하고 피곤한 세상이다. 대학을 거부한 우리 모두의 건투를 비는 것으로 글을 마친다.

살아가는가?

시 원 한 형

숨이 막힌다. 아침 7시에 일어나, 집에서 역곡역 가는 버스를 타고 사람으로 꽉꽉 채워진 서울행 1호선 열차를 거쳐서 다시 버스로 갈아타야만 학교에 도착한다. 1시간 반이 걸린다. 지하철은 움직일 틈도 없이 사람들로 가득 차 있고 사람들은 그것을 당연한 숙명처럼 묵묵히 받아들인다. 피로에 젖어서 시체처럼 선잠을 자는 사람, 그 와중에 자신의 상품가치를 좀 더 높이기 위해 《이기는 습관》이라는 책을 보는 사람, 움직일 수도 없는 감옥 안에서 영어 단어를 외우고 있는 고등학생이 보인다. 그 고등학생의 왼손 손목시계를 바라보면서 내 머릿속은 잠시 몇 년 전으로 거슬러올라간다.

고등학교 시절을 색깔로 표현한다면 검은색이다. 아직도 뚜렷하게 기억에 남는 건 지독한 괴로움이다. 수능이라는 하나의 목표 안에서 내 이름과 삶의 리듬, 하고 싶은 일, 친구, 여가생활 등 모든 것이 사라졌다. 고3 때는 휴대폰과 인터넷마저 해지하고 게임도 끊고 그야말로 수능형 인간 혹은 수능 보는 기계가 되었다. 반 친구들과 대화가 줄었고 전에 즐겨 하던 축구, 웨이트트레이닝 등의 모든 운동도 끊어서 살도 굉장히 많이 쪘다. 정신은 피폐해져갔다. 나는 사는 것이 아니었고, 수능이 끝나고 삶이 시작되기만을 기다렸다.

OMR 카드라는 비행기 티켓

난 지금 어느 대학교 사회학과를 다니는 학생이다. 학교 이름을 밝히지 않는 것은, 언론이 대학거부운동마저도 거부자의 학교에 따라 서열화하고 소비하기 때문이다. 천박하다. 재개발 지역에 살던 내 삶은 가난했고 그것을 거부하기 위해서 오직 내 앞에는 하나의 선택지가 있을 뿐이었다. 수능은 비자 없이 나를 그곳에서 탈출시켜줄 유일한 여객기였다. 결국 선택은 구조 안에서의 선택, 강압이다. 내 무의식 혹은 의식은 내 가슴속에 있는 진정한 선택지를 구겨서 서랍 속 깊숙한 곳에 처박아버렸다.

가난하던 우리 동네 친구들과 강남 혹은 서울권 학생들의 대학 진학률을 비교하며, 그리고 사회학과에서 계층 간 이동에 대한 내용을 보면서 느꼈다. 불평등한 사회구조는 모든 사회 구성원들에게 풍족한 삶과 경제적 여유를 허락하지 않는다. 부는 경쟁에서 승리한 소수의 사람들에게 집중된다. 자본주의 사회에서 부모의 부를 제외하고 계급을 결정짓는 첫 번째 전쟁은 수능 시험이다.

심지어 그것마저 사교육이라는 든든한 우군에 의해, 가진 자들이 유리한 구조로 되어 있다. 다수의 사람들은 패배하고 가난은 대물림된다. 조선일보 등 보수 언론에서는 가난한 환경에서 자란 사람 중 엄청난 노력을 해서 서울대에 간 사람의 눈물 나는 후기를 보여주면서, 세상은 평등하고 기회는 있다고 역설하려 한다. 요즘 유행하는 오디션 프로그램 우승자에 대한 언론의 접근 역시 마찬가지다. 우습게도 1,000분의 1의 성공 신화는 미담이 되고, 사람들은 '긍정의 힘'이라는 종교를 믿는다.

다시 내 이야기로 돌아오면, 나는 가난이라는 유산 상속을 거부하려 성공에 칼을 갈았다. 그래서 나름대로 괜찮은 학교에 들어갔다고 생각했다. 집 앞 사거리에는 동네 친구들에게서 느끼는 우월감과 안타까움이 교차되었다.

대학 졸업장, 호화로운 노예 문서

대학 교육은 많은 부분 내 마음에 들지 않는다. 난 내가 스스로 관심 있는 사회학과에 진학했다. 하지만 대부분은 토론 없는 일방적인 주입식 교육이고, 게다가 상대평가를 통해 끝없이 경쟁해야만 했다. 고교 시절 새벽부터 등교해 늦은 밤까지 공부했던 복종의 경험은, 대학교에서 리포트와 팀 프로젝트로 밤새우는 것을 자연스럽게 만들었다. 이 경험은 결국 기업에 입사해서 근무시간 외 야근을 하는 것을 몸이 당연하게 받아들이도록 만들 것이다.

대학 교육은 자신이 누구인지를 알고, 꿈을 찾고, 자신이 좋아하며 배우고 싶은 공부를 하는 것이 아니라, 취업을 유일한 목적으로 하는 취업 양성소가 되어가고 있을 뿐이다. 또한 이념적 스펙트럼은 너무 우편향적이고, 교수와 학생, 선배와 후배 등 구성원 간의 관계는 전혀 평등하고 민주적이지 않다. 대학은 진정한 삶의 의미와 자유, 정의, 진리를 가르치는 것이 아니라 획일적으로 대기업의 이력서를 가리킬 뿐이다.

경쟁이라는 복음

과거에 신드롬을 일으켰던 프로그램인 〈나는 가수다〉를 떠올려보자. 탈락자의 고통을 아무렇지도 않게 소비할 수 있는 이유는, 일요일 〈나는 가수다〉가 끝나고 다음날 시작되는 '나는 인간이다'라는 끝없는 프로그램에 의해 이미 고통이 면역돼 있기 때문이다. 경쟁은 영원한 고정불변의 진리요, 복음이다. 학교나 취업의 장에서, 순위에서 밀려났다는 이유로 받았던 고통과 멸시는 이미 체화되어서 타인을 평가하고 재단하는 척도로 재생산된다.

너무나 당연히 존엄성보다는 효율성이라는 가치를 우선 배치하는 일련의 흐름은, 신자유주의 이데올로기에 의한 것이다. 고로 정치적이다. 하지만 대부분의 사람들은 정치적이지 않다고 생각한다. 이 땅의 권력과 재력을 가진 기득권층은 모든 매체와 교육, 종교 등을 통해 대중들에게 그것이 당연하다는 거짓을 주입한다. 여기에 대해 비판하고 연대와 공존을 말하면 '정치적'으로 취급받고 심지어 '빨갱이'라는 매카시즘으로도 연결된다. 수능이 주입식인 이유도 이런 맥락과 맞닿는다. 질문을 하면 안 된다. 따라서 정치적이지 않은 것이 정치적이라는 모순된 명제가 완성된다.

결과적으로 인간은 너무나 자연스럽게 노예가 되었다. 자본가의 부를 채워주기 위해, 패배한 루저로서 열등감을 갖지 않기 위해, 스스로 상품이, 도구가 되기를 자처한다. OMR 카드로 탈 수 있는 비행기에 쓰이는 연료는 자신의 '삶'이다.

자살은 존재하지 않는다

방 한구석에 고장난 시계처럼 팽개쳐놓은 나를 일으켜세운 것은 역설적이게도 군대였다. 끔찍한 계급사회는 내 모든 자유를 제한했고, 도구가 된 나는 삶의 의미를 잃었다. 계급에 의한 권위주의에 굴종하고, 내무 부조리, 그리고 나를 도구로 만드는 모든 환경에 씻을 수 없는 상처를 받은 나는 더 이상 살아갈 이유를 찾지 못했다. 목숨을 끊고 싶었다. 그것은 원치 않는 행동들로 내 삶을 채우는 것이 아니라 진정한 내 삶을 찾고자 하는, 인간답게 살고자 하는 너무나 정당한 의지였다. 수많은 고민 끝에 결국 목숨을 끊는 대신 끝없이 이어지는, 살아지는, 사라지는 삶을, 무한 경쟁의 악순환의 고리를 끊기로 했다.

국가는, 교육은 자살을 금지하고 사회 전반적인 경향은 그것을 입에 담는 것조차 금기시한다. 자살은 구조 안에서 저항할 방법을 잃은 개인의 마지막 선택이다. 그런데 자살을 단순한 우울증과 부적응 등 개인 문제로 치부하는 썩어 문드러진 사회구조의 책임 회피는 끝없이 자살자를 태어나게 한다. 자살은 구조 안에서 일어난 결과이고, 엄밀히 말하면 자살은 존재하지 않는다. 나는 스스로 지금까지의 나를 죽이고 진정한 내 삶을 찾기 시작했다. 처음 찾은 곳은, 처음 나를 찾은 곳은 프리스타일을 하던 홍대 거리였다.

그렇다면 세상을 멈추자

난 꿈에 대해 굉장히 편협한 생각을 가지고 있다. 아마 내 경험을 바탕으로 사유했기 때문일 것이다. 지금껏 돈을 벌기 위해 해왔던 노동은 대부분 내가 원치 않았으며 그 과정에서 주체가 될 수 없었고, 저임금에 불평등한 갑을 관계였으며, 운영과 기획 전반에 대한 권리 또한 없었다. '근대적'인 조직과 집단 속에서 난 하나의 큰 목표를 위해 나를 맞춰가고 조직에서 원하는 일을 할 수밖에 없었다. 이 사회에서 대부분의 일이 마찬가지일 것이다. '공산주의'는 노동에서 노동자가 소외되지 않는다고 하는데 가본 적 없는 풍경이라 피부로 잘 와 닿지는 않는다. 일단 이 체제 안에서 모든 사람들의 (진정한) 꿈은 순수예술 등의 창작활동일 것이라고 추측한다. 말했다시피 편협한 생각이다. 자본이나 타인의 권위에 종속되지 않고, 집단에 복무하는 것이 아니라 진정 자신의 목소리를, 사상을, 가치관을 자기가 원하는 방식으로 드러내는 일. 그것 빼고는 무엇이 있을까?

꿈을 단지 꿈으로 만드는, 꿈을 적은 종이를 구겨서 서랍 속에 처박게 만드는 원인은 무엇인가? 바로 예술 산업의 착취 구조와 부조리다. 예술가에 대한 존중이 없는, 노동에 대한 보상이 없는, 예술가는 배고파야 한다는 잘못된 인식이다. 뮤지션 달빛요정만루홈런의 죽음은 우리에게 음원 수익 배분율의 문제를 제기했고, 촉망받는 시나리오 작가였던 최고은의 죽음은 대기업의 열정노동 착취라는 비극을 세상의 무대에 올렸다. 수십 억이 오가는 영화감독과 배우의 개런티, 그러나 최저임금도 보장되지 않는 영화 스태프들, 장시간 노동과 열악한 시설.

예술 분야 역시 신자유주의 승자 독식 구조를 골격으로 만들어졌다. 오디션 프로그램인 〈슈퍼스타 K〉의 인기는 우승자와 TOP 10에 집중되고 나머지는 이름도 알기 어렵다. 소수의 간택된 사람은 구조적인 모순이 가득한 음원 분배율에도 불구하고 미디어와 소속사를 배경으로 높은 수익을 얻고, 축제 등의 공연에서 천문학적인 개런티를 받는다. 나머지 혹은 떨거지 예술가들이 챙기는 소득은? 사회는 성공한 뮤지션을 보며 구조는 정당하다고, 그 외 뮤지션들은 실력이 없거나 대중성이 없다고, 하고 싶은 일이니 배고픈 것은 당연하다며 갖가지 궤변으로 열정노동의 착취를 정당화하고 예술가의 배고픔을 마치 낭만인 양 묘사한다.

2011년 희망버스를 타고 한진중공업 김진숙 지도위원을 만나러 갔을 때, 정규직 노동자들의 고용승계를 위해 '일을 하고 싶다'라는 투쟁의 구호를 함께 외쳤다. 물론 나는 김 지도의 헌신의 숭고함과 그 뜻을 지지하는 수많은 노동자들, 학생들과 같은 곳에 서서 같은 곳을 바라보는 입장이다. 그러나 그것과 별개로, 난 진정으로 그들이 그 일을 즐거워할까 하는 의문이 든다. 생계와 생존을 위해 어쩔 수 없이 일을 해야만 하는 그들의 타협 지점이 구호를 마음속 목소리가 아닌 그저 '구호'로 만들지는 않았을까. 물론 실존을 위해서 생존이 전제가 되는 것은 자명하다. 하지만 투쟁의 구호가 임금과 고용 안정에만 한정된다면 스스로 삶과 노동을 도구화하는 문제가 남는다. 그리고 생존이라는 대전제만을 바라보며 한 곳으로 걸어간다면 실존은 언제까지나 영원히 뒷전일 것이다.

그래서 나의 구호는 '일을 하기 싫다'이다. 내 삶을 정말 내가 원하는 것으로 채우고 싶고 그것만으로 배고픔과 상대적 박탈감 없이 살고 싶다. 혹자는 모두가 자기가 원하는 대로 하면 세상이 돌아가지 않는다고 한다. 그렇다면 세상을 멈추자. 개인이 없이 잘 돌아가는 세상과 그 안에 있는 개인의 매순간의 삶은 지금처럼 대립될 필요가 없다. 일단 모든 것을 멈추자, 그리고 다시 시작하자.

학교에서 배우지 못하는 것, 연대와 저항

2009년 용산참사의 비극에 눈물을 흘렸다. 그러나 난 그 자리에 함께하지 못했다. 이것은 나에게 큰 부채감이 되어 돌아왔다. 궁색한 변명을 하자면 난 그곳에 가야 하는 것을 '배우지' 못했다. 학교에서, 학원에서, 사회에서는 경쟁에서 이기라는 것만 강요했고, 인권유린, 폭력, 부당함, 부조리 앞에서 함께 싸우고 연대하고 공존하는 삶에 대해서는 침묵했다.

홍대 두리반의 이례적인 농성 승리를 지나, 올해 명동 3구역이 강제 퇴거 대상이 되었다. 몇 년 전 카페 마리라는 곳이 생기고 강제퇴거에 맞서 저항과 해방의 상징으로 다시 한 번 만들어지고, 부당한 철거에 대항해 삶을 지키려는 학생들과 노동자들이 함께 연대했다.

이전부터 학생운동에 관심을 가지면서 정규 수업이 아닌 토론 동아리를 통해, 마음 맞는 사람끼리 사회과학과 인문학 세미나를 했다. 사회에 대한 공부와 좋은 사람과의 토론으로 인해 2011년의 나는 많이 달라졌다. 하지만 머릿속에 담기만 한 지식은 기만적이다. 이제 지식을 삶으로 전환할 때가 왔다고 생각했다. 용역의 침탈과 그것을 사주한 무소불위의 권력 자본의 침탈 앞에서 그곳을 지켜내려 했고 해방의 기억을 공유했다. 거기서 명동해방전선과 용산참사진상규명위원회 사람들을 만나게 돼서 '용역 깡패와의 랩배틀'이라는 기획 행사를 만들었고, 평범한 사람들의 행복까지 철거하는 강제 퇴거에 '나의 목소리로' 저항했다.

의아함 혹은 씁쓸함

대학입시거부운동을 하면서 한 가지 의아한 점은, 서열화와 무한 경쟁 교육 문제의 중요성에 비해 이 쟁점에 연대하고 관심을 가지는 계층은 턱없이 적다는 것이다. 김진숙 지도위원의 크레인 위 농성, 쌍용차 노동자의 잇단 자살 등 노동문제와 비교할 때, 매년 수능이라는 서열화 교육 때문에 수험생이 자살하는 문제는 그 수는 차치하고라도 무게에서 전혀 다르지 않다.

우리나라가 G20이라는 명예(난 동의하지 않지만)를 달 때, OECD 가입국 중 10대 자살률 1위라는 멍에 또한 가졌다. 피의 월계관은 경쟁 지상주의 서열화 교육과 청소년에 대한 권위주의적인 억압에 의해서 만들어진 것이다. 매년 수백 명의 청소년들이 자살한다. 한미 FTA 반대에 온 국민의 관심이 쏠려 있는 데 비해 대학거부는 조금은 초라해 보인다. 노동자와 농민의 삶, 학생의 삶 사이에서 경중을 따질 수 있을까?

세상을 바꾸는 음악

난 내가 할 일을 정했다. 그것은 내가 하고 싶은, 그리고 해야 하는 일이다. 굉장히 오랜 고민의 과정 속에서, 내가 갈 길은 타인과 경쟁하는 것이 아니라 끊임없이 내 자신과 대화하고 타인과 연대하며 얻을 수 있는 매순간임을 알았다. 투명가방끈 콘서트 때 발표하려던 EP 앨범은 '살아가는가?'라는 이름의 정규 앨범이 되어 세상에 나왔고, 이 글에서 밝힌 내 생각들은 음악 속에 살아 있다. 음악과 기획을 함께 해나갈 사람들을 만나는 것은 여전히 어려운 숙제다. 이 글을 보고 내 생각의 일부를 공유하고 지지한다면, 무엇인가를 함께 만들어가고 싶은 사람이 있다면 언제라도, 환영한다.

내가 좋아하는 음악으로 세상을 바꿀 수 있을까? 많은 고민을 했고 지금 이 순간도 답을 찾고 있는 과정이다. 그 결과에 대해서는 확신이 없으며 그 누구도 나에게 답을 줄 수가 없다. 그러나 분

명한 건 세상을 바꾸는 '음악'이라는 다른 방식의 삶에서부터 벌써
많은 변화가 시작된다는 것이다.

'학벌 철폐'라는
긴 싸움을 시작하며

고승은

수능 시험을 세 번이나 치르며 힘들게 들어갔던 대학을 포기한 지 이제 3년째이다. 사실 사이버대학 한 곳을 다니고 있긴 하지만, 수업도 거의 듣지 않는 억지 학생일 뿐이다.

지난 세월 나는 초·중·고를 다니면서 힘들게 대학에 들어가기까지, 장래에 무엇을 할 것인지, 무엇을 하고 싶은지 제대로 생각해본 적이 없었던 것 같다. 주변에서 얘기하는 대로 '과가 어떻든 소위 인서울 대학이나 들어가라, 나중 일은 어느 일자리든 취직만 하면 알아서 될 거다'라는 생각이나 갖고 있었을 뿐……

고등학교 시절 밤늦게까지 책상에 앉아 '야자'(사실 강제타율학습)를 기계적으로 하면서도, '내가 왜 재미도 없는 이런 공부를 건강까지 해쳐가며 해야 하는가' '실생활에 아무 도움도 안 되는 공부를 대체 왜 하는 것인가' 하는 의문을 품으면서도, '대학'이라는 그

두 글자에 그대로 순응해버리던, 지금 생각해보면 나 자신뿐만 아니라 대부분의 사람들에게 다시 돌아가고 싶지 않은, 돌이키고 싶지 않은 '흑역사'가 아닐까 싶다.

고2 여름, 나는 심한 스트레스로 인해 속병을 앓게 되었다. 식도와 위쪽에 계속 가스가 차면서 트림이 나왔다. 병원에서 내시경 검사도 받아봤지만 결국은 신경성으로 생긴 일종의 '고질병'이 되었다. 정말 그때는 모든 일을 때려치우고 싶을 정도로 괴로웠다(10년이 넘게 흘렀지만 지금도 후유증을 앓고 있다).

그런 괴로움을 앓고 있음에도 불구하고, 수능 점수가 생각대로 나오지 않았다고 여겨 수많은 고민 끝에 재수를 택했다. 입시 학원 다니면서 성과가 충분히 나오는 듯해 내심 좋은 대학에 갈 수 있겠구나, 그동안의 고생을 보상받나 싶었지만 나는 또다시 수능을 크게 망치고 말았다. 자존심 때문인지 나를 괴롭게 하면서, 집안까지도 힘들게 하면서 세 번째 수능을 택했고 결국 모 대학의 보건 계열 학과에 입학했다.

책이라면 경기를 일으키던 내가

그래도 '대학'이란 곳에선 무언가 내가 하고 싶은 일을 할 수 있지 않을까라는 일종의 환상을 가지고 있었다. 하지만 그 환상이 깨지는 데는 시간이 얼마 걸리지 않았다.

그나마 달라진 게 있다면 약간의 자유가 생겼다는 것뿐이지, 몇 십 배나 되는 '등록금'을 내는 대학 강의가 고등학교 수업과 대체 다른 게 무엇인지 궁금할 정도였다. 결국 교수가 시험에 나오는 문항을 하나씩 짚어주고 있고, 학생들은 거기에 목숨 걸고 있고.

나는 대학에 들어가서 과거의 입시 제도처럼 '시험을 위한 공부'는 조금이라도 지양하고 싶었지만 오히려 이게 강화되는 느낌을 받았다. 어느 정도는 다양한 문제에 대해 활발한 토론도 오가고 재밌을 줄 알았는데, 오히려 더욱 시험 기계가 되어가는 현장을 목격하니 정말 역겨웠다.

게다가 돈을 수십 배로 내는 만큼 경제적인 부담도 장난이 아니었다. 등록금을 대부분 집에 의존할 수밖에 없던 나는, 대수롭지 않은 하루 한 강의를 들으려고 몇 만 원이나 되는 돈을 낸다고 생각하니 너무 아까웠다. 몇 시간 동안 알바를 해야 겨우 벌 수 있는 돈이지 않나. 게다가 그만한 가치를 전혀 하지 못하는 대학 강의에 대한 회의감이 더해졌고, 그동안 적성은 별로 고려치 않고 차후의 취직 문제만 고려하다가 (취직률이 높다는) 보건 계열을 택했는데, 이것도 상당한 불찰로 돌아왔다. 정말 재미가 없었다.

이런 문제의식에 휩싸여 있던 나는, 같은 과 친구들하고도 그다지 친하게 지내지 못한 채 한 학기만을 다니고 바로 휴학계를 제출했다. 이것저것 내가 하고 싶은 일을 생각하며 1년간 방황의 시간을 보내다가 남들보다 늦게 군에 다녀왔다. 그 방황의 기간 동안 세상일에 처음 관심을 가지기 시작하면서 수많은 사람들을 만나고, 평소엔 거의 쳐다보지 않던 각종 책들을 읽기 시작했다. 스스로 다양한 종류의 책을 찾아서 읽었다. 특히 역사 분야에 대해선 크게 관심이 생겼다.

한때 책이라면 경기를 일으킬 정도로 멀리하던 내가 갑자기 책을 가까이 하게 되다니 내 자신의 변화에 놀랍기도 했다. 현재 내 가치관의 바탕을 형성한 시기가 아닐까 싶다. 지루하기 짝이 없던 군생활 중에도 하루하루 시간 가는 것이 아까울 정도로 정말 열심히 책을 읽었던 기억이 난다.

어느새 두 번째 여름이 찾아왔고 전역 날이 다가왔다. 나는 그때부터 심각한 고민에 빠져들었다. 다른 학교 사학과 계열로 옮기기 위해 수능을 다시 볼까 고민도 했다. 하지만 집에서는 너무 늦은 나이 아니냐면서 나를 만류했다.

처음엔 새로운 친구들과 얘기도 하면서 즐겁게 학교를 다니려 했으나, 그런 기분은 결국 한 학기를 채 넘기기 힘들었다. 과도 안 맞고 대학 다니는 것에 완전히 흥미를 잃어버린 나는 학과 공부는 아예 내팽개치고 말았다.

그나마 3점대 초중반을 유지하던 학점도 학교를 관두기로 마음먹었던 2학년 2학기에는 거의 선동렬 방어율 급으로 내려갔다. 아예 대놓고 담당 교수한테 "학교 졸업할 생각 없습니다"라고 의사 전달을 해버렸다. 항상 학교 갈 아침만 되면 인상이 팍팍 찌푸려졌고, 괜히 스트레스만 받았다. 학교가 어떻든 바깥의 집회 행사만 찾아다니곤 했다. 반값등록금 집회나 한미 FTA 반대 집회나, KBS의 이승만·백선엽 미화 방송 반대 집회 등……. 툭하면 그런 행사장이나 돌아다니면서 읽고 싶은 책만 읽으며 지냈다.

결국 학기가 끝나자마자 지긋지긋한 학교를 관두고 말았다. 그러다가 1년 동안 유학을 준비한다느니 허황된 꿈을 꾸며 거의 매일같이 도서관에 틀어박혀 살았다. 그러던 와중에 집안에서 대학은 나와야지 않겠느냐고 해서 갈등이 커졌다. 사실 내 수중에 돈도 거의 없었고, 제멋대로 책만 읽었을 뿐 구체적인 계획도 없이 막연하게 지내왔으니까. 결국 사이버대학 한 곳에 편입을 했다. 그러면서 나는 허황된 꿈을 뒤로하고 돈을 모으기 위해 일을 시작했다. 숙박업소와 보안업체 등을 몇 개월씩 다니면서 조금씩 돈을 모았다. 비록 많은 돈은 아니지만 더 이상 집에 손을 벌릴 일은 없었다. 그러면서 나름대로 사람들도 만나고, 책도 틈틈이 읽어가면서 시간을 보냈다.

그러던 중 올해 3월, 친한 형의 제안으로 대안 언론에 지원을 했고 팩트TV 보도국 기자로 입사하게 됐다. 나도 내가 이런 일을 하게 될 거라곤 몇 년 전만 해도 전혀 상상하지 못했다.

긴 싸움에 동참하겠다

사실 이름 좀 알려진, 자본의 영향을 많이 받는 공중파와 대형 언론사 기자들은 이른바 '언론 고시'를 통해서 들어온다. 신입 기자들을 보면 이름 있는 대학은 물론이고, 대학원 이상 다닌 사람도 상당수다.

하지만 나는 그것에 별로 기죽을 필요는 없다고 생각한다. 이름난 교수한테 배운 적은 없어도, 스스로 하나씩 부딪치면서 깨닫고 있다. 또한 나는 내 일에 만족하고 있고, 뚜렷한 목표를 가지고 있다. (돈을 많이 번다든가, 출세를 하는 것은 결코 아니다. 다수의 대중을 위한 목표이다.)

학벌 철폐. 한국 사회에서 몇 년 안에 이루어질 일은 결코 아니다. 학벌이라는 것도 결국 근대화 이전의 잔재가 현재까지 고스란히 남아 있는 것이라 확신한다. 우리는 여전히 현대화는커녕 근대화도 되지 않은 것 같다. 여전히 그 망령과 싸우고 있다. 일제강점기를 비롯해 군사독재 정권의 잔재는 지금도 여전히 유효하지 않은가. 게다가 지금은 봉건 왕조 시대로 시계를 되돌리려는 수구 세력들이 권력을 꽉 잡고 있는 형국이다.

사람들은 서열화를 겉으론 부당하게 받아들이면서도 어느새이에 동화되어 움직인다. 뭐든지 수능 등급 나누듯이 사람들의 등수, 서열을 나누는 것이 자연스러워졌다. 이렇게 상하 계층으로 나뉜 것은 물론, 지역과 세대 간에도 심각한 사회 갈등이 여전히 존재한다. 이런 사회적 갈등으로 인해 생기는 비용은 도저히 계산이안 될 정도다. 이로 인해 얼마나 많은 학생들이 시험에 고통받고스스로 목숨까지 끊었을까. 학교 친구들하고 재밌게 뛰어놀 나이에 벌써 경쟁자요, 밟고 넘어야 할 대상으로 여기게 되었으니.

세계적으로 특정 분야에 이름을 알린 인물도 한국에만 오면, 학벌을 비롯해 여러 사회적 차별로 인한 제약 때문에 결국 아무능력도 발휘하지 못할 거라는 우스갯소리가 있었다. 이는 우스갯소리로 넘길 일이 아니라 정말 현실이다. 이렇게 기계적으로 동일한 시험을 통해 만들어지는 '학벌'이 우리 후세대에게 얼마나 많은고통을 안겨줄 것인가. 우리가 겪었던 고통을 이제는 우리 손으로 끝내야 하지 않겠나.

분명 긴 싸움이 될 거라고 본다. 나도 학벌 거부, 혹은 철폐 운동에 적극 동참하겠다.

정의가 없는 대학은
대학이 아니기에

김창인

사실 대학이 참 좋았다.

스무 살 3월, 나는 대학에서 매일 술을 먹었고 또 사람들을 만났다. 실상은 헌내기들이 의례적으로 새내기들과 친해지기 위해 하는 술자리였지만, 그땐 그게 참 좋았다. 어디 사는지, 무얼 좋아하는지, 어떻게 살아가고 싶은지…… 태어나서 그렇게 많은 질문을 받아보기는 처음이었다. 누군가 순수하게 나를 궁금해하고, 나도 그렇게 그 누군가를 알아가는 것이 좋았다. 서로 비슷한 고민을 가진 사람들이 만나 소탈하게 서로의 이야기를 밤새도록 하는 것이 좋았다. 수업이 조금 어렵고 잘 안 맞는다 싶어도, 수업이 끝나면 항상 과실에서 술 한잔 같이할 사람을 기다리는 것이 즐거웠다. 그렇기 때문에 스스로 대학 체질이라고 굳게 믿었다.

하지만 나는 대학 6년차에 스스로 대학을 떠났다. 사실 대학이 참 좋았는데 말이다.

'최후의 보루'라고 믿었던 대학

2008년에 두산 기업이 중앙대를 인수했고, 나는 09학번으로 중앙대에 입학했다. 두산 재단에 대한 기대감이 있었던 것도 사실이지만, 재단 같은 것에 관심 가질 틈이 없었다. 대학은 입시생활을 끝낸 내게 그저 해방구였고, 나는 이를 만끽했다. 날마다 술을 먹고 놀았다. 학과에 있는 소모임에 대부분 가입했으며, 새내기 학생회 집행부도 맡았다. 학생회 행사는 빠짐없이 참여했고, 뒤풀이 때마다 제일 마지막 자리까지 있으려고 노력했다. 그러다보니 자연스럽게(?) 운동권으로 불리는 사람이 되었다.

2009년엔 많은 일이 있었다. 경찰의 무리한 강경 진압으로 철거민 다섯 명과 경찰 한 명이 불속에서 사망한 용산참사가 있었다. 또한 열악한 노동 환경에서 일하는 택배 노동자들의 투쟁 과정에서 박종태 열사가 스스로 목숨을 끊었다. 그리고 쌍용자동차 노동자들이 대량 정리해고에 저항해 평택 공장에서 점거 농성을 벌였다. 중앙대에서는 정권에 쓴 소리를 하던 진중권 교수가 재임용에서 탈락했으며, 이를 항의하던 학생들은 징계위원회에 회부되었다. 술을 사주던 선배들은 술보다 더 가치 있는 일들을 해오던 선배들이었고, 덕분에 나는 이 과정들을 지켜보는 방관자가 아니라 함께하는 사람이 될 수 있었다. 대학이 어떤 곳인지 관심도 없었던 나지만, 대학생으로서 내가 어떻게 살아가야 할지, 한국 사회에서 대학의 역할이 무엇인지 스스로 고민하기 시작했다.

흔히 사회에는 상징적이든 실질적이든 간에 정화 작용을 하는 집단이 있다고 한다. 미국 사회에서는 언론이, 유럽 사회에서는 시민의식이, 그리고 한국 사회에서는 대학이 역사적으로 그러한 역할을 해왔다. 그런데 많은 이들이 요즘 대학생들은 예전 같지 않다고, 시대가 변하면서 대학도 변했다고 이야기한다. 하지만 아직까지도 대학의 이러한 모습을 복원하기 위해 노력하는 사람들이 있고, 나 또한 그중에 하나였다. 대학 안에서 한국 사회에 대한, 대학에 대한, 대학생의 역할에 대한, 여러 가지 이야기들을 하고 싶었다. 사회가 세상의 부조리함에 대해서 이야기할 수 없는 구조라 하더라도 대학은 최후의 보루이기 때문에, 진리와 정의의 상아탑이기 때문에 함께 이야기할 수 있다고 믿었다. 하지만 그럴 여유도 겨를도 없었다. 이미 대학 그 자체가 흔들리고 있었고, 대학의 본질이 위협받고 있었다.

기업을 등에 업고 괴물이 되었다

2010년, 두산재단 박용성 이사장은 중앙대라는 이름을 제외하고는 모두 바꾸겠다고 선언했다. 학생 자치 행사인 새내기 새로배움터(새터)를 불허하고, 절반 가까이 되는 학과들을 통폐합하겠다는 계획을 발표했다. 이사장의 말대로 대학은 이제 '교육'이 아니라 '산업'이 되었고, 이윤 추구를 위한 도구로 전락했다. 교양과목은 구청 문화센터에서나 들으라는 그의 말대로, 대학에서 교양과

품격은 사라졌다.

열심히 싸웠다. 대학을 지키기 위해 많은 사람들이 싸웠고, 그 때문에 상처받아야 했다. 학내 커뮤니티에서 학교 본부를 비판하면 글이 삭제되고 계정이 정지되었다. 학내에서 천막을 치고 한 달 가까이 농성에 돌입했다. 머리를 깎고 단식도 해보았고, 삼보일배도 해보았다. 하지만 아무것도 변하지 않았고, 그 무엇도 지킬 수 없었다. 자신의 학과와 공동체를 지키기 위한 학생들의 심정은 참담했다. 하지만 그들이 흘리는 눈물은 학교 본부에 의해 자기 밥그릇을 챙기려는 이기주의로 둔갑되었다. 그 절박함과 절실함을 알리고 싶었다. 이사회에 학과 통폐합 구조조정안이 통과되던 마지막 날, 나는 한강대교 아치 위에 올라 고공 시위를 감행했다. "대학은 기업이 아니다"라는 문구의 플랜카드를 걸었다.

대학에 반기를 든 저항의 대가는 가혹했다. 함께 투쟁하던 선배들과 함께 나는 무기정학 처분을 받았다. 선배와 단둘이서 재학생 수 4분의 1에 달하는 3,000여 명의 징계 반대 서명을 받았지만 학교 본부는 거들떠보지도 않았다. 징계가 부당하다는 내용의 소송을 준비했다. 동문 출신 변호사 선배들이 무료 변호를 맡았지만 재단과 학교의 압력에 선배들은 미안하다는 말과 함께 떠나갔다. 교수들도 제자들을 지켜주지 못했다. 어렵사리 1년 만에 소송에서 승리했지만, 복학한 지 한 달이 채 안 돼서 학교 본부는 다시 유기정학 18개월 처분을 내렸다. 재판 결과에 따르면 무기정학이 무효이지, 징계 자체가 무효가 아니라는 이유였다.

괴물과 싸우기로 결심했다

단지 평범한 대학에 다니고 싶었을 뿐인데, 평범한 대학생이 되는 것에 실패했다. 기왕 이렇게 된 마당에 꼭 이기고 싶었다. 옳은 것이 강한 것을 이긴다. 그렇게 믿었다. 다시 처음부터 시작하기로 했다. 이미 대학은 대자보 한 장, 플래카드 한 장 마음대로 붙일 수 없는 폐쇄적인 공간이 되었고, 학생회는 역량이 미미할 정도로 약해졌지만, 다시 처음부터 살려나가고 싶었다. 내가 좋아했던 공간을 지키고 후배들에게 남겨주고 싶었다.

과 학생회 집행부부터 다시 시작했다. 낮에는 학생회 활동을 하고, 밤에는 야간 알바를 하면서 생활을 이어나갔다. 힘들었지만 함께하는 사람들이 곁에 있어 버틸 수 있었다. 학생 사회에서 대학 기업화를 담론화하고, 새터나 농활 같은 학생회 행사를 지켜내기 위해 노력했다. 내가 경험했던 평범한 대학생활을 남기기 위해서였다. 운동권, 종북 좌파, 빨갱이라는 손가락질도 이겨냈고, 구조조정 토론회를 잔디밭에서 허가 없이 진행했다는 이유로 한 차례 더 징계 조치를 받았지만 이도 이겨냈다. 지지하는 사람들도 응원하는 학생들도 많이 늘어났다.

2013년 학교 본부는 다시 구조조정을 추진했고, 학생들은 다시 싸웠다. 결국 막아내지는 못했지만 학내 여론은 예전만큼 학교 본부에 호의적이지 않았다. 돈 되지 않는 학과는 없어져야 한다는 논리는 대학 구성원들의 동의를 얻기 어려웠고, 학교는 스스로 학칙을 어겨가며 억지로 밀어붙여야 했다. 조금씩 변할 수 있다는 믿음이 생겼다. 대학을 지키기 위해 함께하는 사람들이 있었기에

희망을 잃지 않았다.

대학은 내가 가장 좋아하던 것을 빼앗았다

대학에서 가장 좋았던 일이 무엇이냐고 묻는다면 '학생회'였다. 대학 이전에는 경험하지 못했던 '자치 활동'은 내게 큰 기쁨이었다. 학생회의 각종 집행부들을 다 맡아보았고, 과 학생회장도 역임했다. 자연스럽게 단과대 학생회장에도 출마하게 되었다.

하지만 나는 학교 본부의 블랙리스트였다. 이미 받았던 장학금을 도로 반환하라는 요구를 할 정도로 학교 본부는 나를 극도로 탄압했다. 내가 속해 있던 인문대도 비슷한 상황이었다. 학내 청소 노동자들이 정당한 노동권을 위해 투쟁할 때, 유일하게 연대하는 단과대 학생회는 인문대뿐이었다. 농활 등의 학생 자치 행사를 유일하게 자치적으로 진행하는 단과대 또한 인문대뿐이었다. 그런 인문대 학생회에 내가 출마하는 것 자체가 학교 본부에게는 눈엣가시일 터였다. 학교 본부는 노골적으로 선거를 방해했다. 중앙대가 생긴 이래 단 한 번도 적용한 적 없는 학칙을 가지고 와서는, 특정한 시기에 특정한 대상에게 특정한 조항만 적용하여 나에게 후보자 자격이 없음을 공지했다. 설사 그러한 학칙이 있다 하더라도 학생회 선거는 학생 자치이기 때문에 자치적으로 진행할 것을 밝힌 선거관리위원회(각과 학생회장들)에는 징계 조치를 내리겠다고 협박했다.

더 이상 나 개인을 탄압하는 것으로는 먹히지 않으니 주변 사람들을 괴롭히겠다는 심산이었다. 견디기가 어려웠다. 나 때문에 주변 사람들이 힘들어했고 서로 원망했다. 내가 당선되면 학교 본부가 나를 퇴학시킬 거라는 이야기도 들려왔다. 결국 선거는 무산되었고 고민에 빠질 수밖에 없었다.

대학은 기업이 아니고, 학생은 상품이 아니다

내가 다녔던 대학은 대학이 아니었다. 아니, 적어도 대학답지 않았다. 대학은 이윤 추구보다는 정의와 민주주의 가치로 운영되어야 한다. 기업이 재단인 것이 문제가 아니라, 기업식으로 운영하는 것이 문제다. 대학 기업화는 더 이상 중앙대의 문제가 아니라 한국 사회 대학 전체의 문제이다.

학과 통폐합 구조조정은 전체 대학가에 전염병처럼 퍼져나가고 있고, 학생들이 그 희생양이 되고 있다. 학생의 성장과 발전을 위해서 학교가 희생하는 것이 아니라, 학교의 발전을 위해서 학생들의 희생을 강요하고 있다. 뚜렷한 기준도 없이 순수 계열 학문 단위들이 탄압받고 있다. 한국 교육의 폐해라고 볼 수 있는 대학 이전의 주입식 비민주적 교육 방식이 대학까지 잠식하면서 학생 자치를 무너뜨리고 있다.

취직도 좋고, 자격증도 좋다. 도움이 된다는데, 나쁠 건 없다고 생각한다. 시대가 변해서 대학도 변해야 한다면 구조조정을 할 수도 있다고 생각한다. 하지만 이곳은 민주 사회이고, 그렇기 때문에 지켜야 할 마땅한 가치가 있다. 자본이나 효율 이전에 더 소중한 가치가 있다. 그리고 그러한 것들을 가르치는 것이 교육기관 본연의 역할이다. 스스로 본질을 배반하는 행위는 결코 용납될 수 없다.

박용성 이사장은 기업에 '세일즈'하기 편한 학생들을 만들고 싶다고 했다. 하지만 대학은 기업이 아니고, 학생들은 상품이 아니다. 서로 공존하기 어려운 가치들이 충돌했고, 나는 나의 정의를 관철하기 위해 결단이 필요했다.

대학을 포기하지 않기 위한 자퇴

두산이라는 기업이 대학의 재단으로 들어온 지 불과 5년 만에, 학생 사회는 거의 무너졌다. 싸워왔던 학생들은 무력감과 패배감을 극복하기 어려웠다. 교수들도 현실에 타협했고, 대학을 지킬 수 있을 것인지 의문이 들었다. 투쟁, 징계, 복학, 투쟁, 또 징계. 내 대학생활의 패턴이었고, 중앙대 학생 사회의 패턴이었다. 이러한 반복의 고리를 극복하는 것이 새로운 계기가 될 수 있지 않을까 고민해보았다. 오랫동안 지속되어왔던 대학 사회의 침묵의 벽을 깨고 싶었다. 두렵고 겁이 나지만 한 걸음씩만 용기를 내자는 메시지를 던지고 싶었다. 한 달 가까이 자퇴를 고민했고, 수많은 사람들을 만났지만 모두가 만류했다. 사실 나도 그만두고 싶지 않았다. 하지만 학교에 남아 할 수 있는 일보다 더 큰 계기를 만드는 것에 의의를 두고 싶었다. 나에게 가장 소중한 것은 대학이었다. 가장 소중한 것을 버리면 그래도 뭔가 달라질 수 있지 않을까라는 생각도 있었다. 대학을 포기하지 않기 위해, 자퇴를 결정했다.

2014년 5월 7일, 학교 정문 앞에서 자퇴 선언 기자회견을 진행했다. 본래 겁이 별로 없는 편이지만 많이 두렵고 떨렸다. 하지만 많은 사람들이 곁에 있어줘서 용기를 낼 수 있었다. 사전에 기자회견 홍보를 제대로 준비하지 못했음에도, 정말 많은 사람들이 함께해주었다. 함께 대학 기업화에 맞서 싸웠던 사람들, 학생회 행사 하나라도 함께했던 사람들 같은, 내 대학생활 전부라고 할 수 있는 사람들이 곁에 있었고 진심으로 고마웠다.

대학 기업화에 대해 이야기하기 시작했다

내 자퇴 선언문은 만 하루도 되지 않아 철거당했다. 자퇴 선언을 지지하기 위해 학생들이 붙인 17장의 대자보 또한 3시간이 채 지나기 전에 철거당했다. 자퇴 기사를 실었다는 이유로 학내 언론 담당 교수는 보직에서 해임되었다. 학교 본부는 자퇴 후 재입학 규정에 대한 학칙 개정을 발의하였다. 징계 경력이 있는 자퇴생은 재입학 시에 별도의 심의를 거쳐야 한다는 내용이었다.

달라진 것이 별로 없어 보였다. 하지만 학생들은 나의 자퇴 이야기를 하며 대학 기업화에 대한 이야기를 하기 시작했다. 밥 먹는 시간이나 공강 시간에 가십거리 정도이더라도 대학에 대한 이야기를 하기 시작했다. 관심과 대화가 변화의 시작일 것이라고 믿어 의심치 않는다. 누군가는 내게 패배한 것이 아니냐고 묻지만, 아직 싸움은 끝나지 않았다. 지금 이 순간에도 전국에서 수많은 대학생들이 자신들의 대학을 지키기 위해 싸우고 있다. 그들을 응원하고 나 또한 힘이 되기 위해 노력할 것이다. 다시 말하지만, 아직 싸움은 끝나지 않았다.

대학은 고통?
취업 준비 기관?

호야

나는 2011년에 대학거부선언을 했고 지금까지 대학 교육을 받아본 경험이 없다. 간혹 대학에 진학한 친구들과 이야기를 나누어 보면 내가 사는 세계와 그들이 사는 세계가 사뭇 다르다는 생각이 들곤 한다. 사용하는 언어, 생활 패턴을 비롯하여 꽤 많은 부분에서 거리가 있음을 느낀다. 나는 이 거리에 관심이 있다. 사실 대학에 갔든, 가지 않았든 지금의 20대가 마주하고 있는 사회 현실은 유사할 것이다. 그렇기에 이 현실에 대해 이야기를 나누는 것은 그 거리를 메우는 시작점이 될 수 있을 거라는 생각이 들었다. 투명가방끈에서는 3명의 20대를 만나 그들의 생활, 대학, 교육 등에 관한 이야기를 들어보았다. 그들의 이야기에 내 이야기를 곁들여 20대의 현실에 관한 이야기를 풀어보려고 한다.

투명가방끈이 만난 20대는 수많은 20대 중의 3명일 뿐이니

20대 전체의 표본으로 삼기는 어렵다. 하지만 그들이 이런 방식으로 살아가고 있다는 것은 분명한 사실이기에 이 내용을 바탕으로 할 수 있는 이야기들을 해보고자 한다.

※ 투명가방끈(이하 '투')이 만난 20대
진탑(이하 '진'): 24세 / 경기대학교 사학과 재학 중 / 군대에 다녀온 후 복학해서 대학생활을 하고 있다. '집 → 학교 → 여가나 과제 혹은 친목 활동'의 패턴으로 일상을 보내고 있다.
캔디양(이하 '캔'): 20대 후반 / 국민대학교 연극영화과에서 제적 / 6년째 독립생활 중이다. 평소에는 열심히 회사에서 일한다. 지금은 살 만하지만 여전히 안녕하지는 못하다.
혜영(가명. 이하 '혜'): 20대 후반 / 전남대학교 사범대 졸업 / 사범대를 졸업했지만 교사 일이 적성에 맞지 않다는 결론을 내려 지금은 아르바이트를 하며 공무원 시험 준비를 병행하고 있다.

대학의 이미지와 실제는 얼마나 일치할까

나는 대학 안에 있어본 경험이 없다. 그래서 대학을 경험하고 있는, 혹은 경험했던 20대가 대학을 어떤 식으로 마주했을지 많이 궁금했다. 가장 먼저 그들의 대학교 생활은 어땠는지 물어보았다.

진: 지금 대학교 3학년 2학기를 다니고 있어요. 학사경고를 세 번 받아 제적당해서 그래요. 대학에 가면 하고 싶은 공부를 하면서 살 줄 알았더니 꼭 그렇지만은 않더라고요. 하기 싫은 공부를

회피하기도 했고, 또 놀고 싶은 마음도 있어서 수업을 빼먹기도 했더니 학점이 낮아지면서 학사경고를 받게 됐어요.

캔: 1학년 때를 제외하고는 학교를 성실히 다닌 편이 아니에요. 수업에 자주 빠지기는 했지만 듣고 싶은 강의가 있으면 청강하러 다니기도 했어요. …… 학교에서 친구들에게 타로카드 점을 봐주곤 했는데, 만날 해야 하는 것만 하다가 자신을 주제로 이야기하게 되니까 친구들이 좋아했어요. 학교 친구들은 끊임없이 학교 다니기 싫다고 이야기하곤 했어요. 공부한다는 건 즐겁고 새로워야 하는데, 우리가 공부하기 싫은 이유는 뭘까? 친구들은 왜 이렇게 무력감에 빠져 있을까? 교육을 이렇게 만들고, 우리를 이렇게 만들어놓는 사회가 너무 원망스러웠어요.

혜: 1학년 1학기 때는 술 마시러 다니거나 수업을 빠지고 놀러 다니는 일이 많았는데 2학기 때부터는 학점 관리도 열심히 하고 전공 수업도 받고 답사도 하면서 학과와 관련된 활동을 했어요. …… '역사'라는 과목이 제가 생각했던 학문과는 많이 달랐어요. 그래서 전공 수업을 처음 받게 되었을 때, 내가 이 과목에 대한 공부를 계속 해나갈 수 있을지 불확실한 느낌을 받고 고민을 많이 했어요.

대학생활 이야기를 꺼내보니 공통적으로 대학에서 하는 공부에 대한 고민들이 나왔다. 진탑 씨와 캔디양 씨는 성적 문제로 제적을 당한 경험이 있다. 혜영 씨는 자신의 전공이 적성과 맞는지 고민하게 되었다. 초·중·고등학교에서 12년간 경험한 입시 공부와는 뭔가 다를 줄 알았던 대학의 공부는 그들에게 고민을 가져다 주었다.

10대 시절, 나에게는 대학에 대한 환상이 있었다. 흰 티셔츠에 청바지를 입은 '청춘'들이 푸른 잔디밭에 둘러앉아 자유롭게 토론하며 자신이 원하는 '학문'에 마음껏 열중하는 모습. 이 정도까지는 아니더라도 사람들의 머릿속에는 저마다 대학에 대한 이미지가 있을 것이다. 대학교의 선전과 어른들의 입을 통해 전해져 내려온, '학문의 전당' '꿈을 향한 날갯짓' 식의 이미지 말이다. 과연 그 이미지가 지금 대학의 실제 모습과 얼마나 닮았는지는 의문이다.

투: 학교생활에서 어려운 점을 꼽는다면 뭐가 있을까요?

진: 필수교양 과목이 좀 버거워요. 대학 영어, 컴퓨터 활용, 자연계 교양, 체육 교양 등 해야 하는 게 많아졌거든요. 또 대학 졸업에 토익 점수도 요구되기 때문에 그런 공부를 꼭 해야 하나 갈등을 하게 되고요.

캔: 예체능 학과에는 악명 높은 군대 문화가 있어요. 단체 활동이 중요하기 때문이죠. 불가능한 것을 가능케 하는 것! 입학 후 얼마 지나지 않아 선배에 대한 두려움 때문에 수단과 방법을 가리지 않고 결과물을 내놓을 수 있는 능력이 생겨요.

신입생 때 교내에서 항상 이름표를 달고 "안녕하십니까, ○○기 ○○○입니다!" 하고 인사하고 다닌 기억이 나네요. 신입생들을 앞에 쪼르르 앉혀놓고 인사 제대로 안 한다고 "대가리에 총 맞았나?" "귓구멍에 말뚝 박았니?" 등등 모욕적인 말을 해요. 그땐 단순히 그냥 무서웠어요. 군기 잡는 만큼 후배들을 챙겨줄 수 있는 상황이라면 참 좋았을 텐데 말이죠. 동기들 사이에서는 "우선 나부터 살고 봐야 돼"라는 말을 장난삼아 하기도 했어요.

또 영화과 학생들은 500만 원이 넘는 등록금을 내고도 영화 제작, 사진 실습 때 모두 자비를 써야 해요. 사진 실습 시간에 꼭 DSLR 카메라를 1인당 하나씩 가지고 있어야 한대요. 그럼 카메라 없고 돈 없는 학생을 위해 학교에서 대여가 가능해야 하는데, 그런 것 없이 무작정 'DSLR 카메라가 필요하니 사거나 빌려라, 없으면 점수를 줄 수 없다'는 식이었어요. 등록금뿐만 아니라 수업을 마치기 위해 돈이 너무 많이 들어요. …… 이렇게 학교를 졸업하면 안정적인 직장이 보장되어 있냐고 했을 때, 그런 것도 아니었어요. 예술을 하기에는 너무나 끔찍한 상황이었다고 생각해요.

혜: 적성과 안 맞는다는 고충이 가장 컸어요. 그리고 교양과목을 배우는 1년의 기간을 제외한다면 3년 안에 공부를 끝내야 하는 커리큘럼이지만 역사라는 과목을 제대로 배우는 데 3년이라는 시간은 너무 짧다고 생각했어요. 수박 겉핥기 식으로 전공과목들을 몰아서 소화하려고 하다보니 힘이 많이 들었죠.

투: 학교, 학과, 진로를 결정하는 데 영향을 미친 게 뭐였나요?

혜: 전 수능을 본 뒤에 영어와 관련된 학교로 진학하고 싶었어요. 가고 싶었던 학과는 영어영문학과와 영어교육과였어요. 제 성적으로 갈 수 있었던 학교는 서울 4년제 영어영문학과였고 사범대(영어교육과)에 가기는 좀 어려웠어요. 서울로 가려고도 생각을 해봤

는데 부모님과 담임 선생님이 사범대를 권해서 학과에 상관없이 사범대를 들어가게 되었어요. 하지만 임용고시 티오(정원)가 적어지고 교사가 되기 어려워지면서 많이 고민하고 방황하게 됐어요.

투: 부모님과 담임교사가 사범대를 권유한 이유는 뭘까요?

혜: 교사가 된 이후의 안정된 삶, '여교사'를 보는 사회적 시선. 예를 들면 좋은 아내, 좋은 딸, 좋은 며느리 상 같은 것들 때문에 고려를 한 것 같아요.

이들은 각자 자신의 자리에서 대학을 고민하고 있었다. 진탑 씨는 학교에서 필수로 지정한 여러 가지 과목들에 속을 썩였다. 설령 자신에게 필요가 없다고 느끼더라도 졸업을 위해서는 토익 점수가 필요하기 때문에 원치 않는 공부를 억지로 강요당하는 상황이다. 취업을 우선순위에 둔 대학 교육은 과연 누가 원하는 것일까.

캔디양 씨는 대학의 군대 문화, 선후배 문화에 대한 경험을 꺼내놓았다. 나이, 학번 등에 따라 철저하게 수직적인 위계를 만들고 그에 따라 상대에게 존대하거나 하대한다. 초·중·고등학교를 넘어 대학에서마저도 학생들은 서로 존중하는 관계가 아니라 공포를 통해 복종하고 복종시키는 관계 맺음을 경험하고 있다. 이런 관계 맺음은 누군가의 입을 틀어막고 나오려던 목소리를 다시 삼키게 만든다. 민주주의 사회란 응당 나올 수 있는 목소리를 가로막지 않는 사회이다. 하지만 학교는, 심지어 대학마저도 민주주의를 가르치지는 않는 듯하다. 선후배 사이의 기강을 세우겠다는 명목의 폭력은 여전히 건재하며, '문화'라는 우아한 이름이 붙어 있기까지 하니 말이다.

게다가 진탑 씨의 이야기에서 알 수 있듯, 학교는 민주주의와 같은 가치보다도 취업을 중요시하는 모양새다. 교육부가 취업률을 각종 재정 지원 사업, 구조조정·대출 제한 대학 지정 등에 주요 평가 지표로 활용하는 것*은 그러한 추세를 가속화한다. 진탑 씨가 이야기한 필수교양과목의 증가는 취업률에 대한 압박이 학생에게까지 미치는 것이라 볼 수 있다.

또 캔디양 씨가 밝힌 것처럼 대학의 막대한 등록금과는 별개로 사비를 털어가며 공부해야 하는 현실도 20대에게는 버겁다. 캔디양 씨는 교육, 학교가 바뀌었으면 하는 부분에 대해서 물었을 때, 부모님 없이도 '무전 취학'이 가능한 세상이 왔으면 좋겠다고 답했다. 투명가방끈의 대학거부자 중에도 대학 등록금 부담이 대학 진학을 고민하게 한 요소로 작용한 사람들이 꽤 있다. 어떤 거부자는 우리나라의 대학이 무상교육이었다면 자신은 대학거부를 하지 않았을 거라고 말하기도 했다. 대학 등록금에 상응하지 않는 대학 교육의 질도 문제겠지만, 더 많은 이들이 자유롭게 학문을 하려면 캔디양 씨의 말처럼 무전 취학이 가능해야 하지 않을까.

우리나라는 아직 중학교까지만 무상교육의 영역에 속한다. 이 범위를 넓히는 것은 더 많은 사람들이 교육이라는 권리를 누리는

● 참조 기사, 〈누가 이들에게 돌을 던질 수 있는가〉(한국대학신문, 신나리 기자), http://news.unn.net/news/articleView.html?idxno=139153.

것과 연결된다. 나는 교육이 서비스보다 하나의 '권리'로서 인식될 때, 그 내용과 질에 대한 풍부한 이야기가 나올 수 있다고 본다. 그래서 대학까지도 '무전 취학'이 가능해야 한다고 생각한다.

혜영 씨는 전공에 대한 고민이 중요했다고 이야기한다. 이 고민에서 내 이목을 끈 것은 3년이라는 시간이 짧다는 이야기였다. 사람들은 대학을 졸업하면 그 전공에 대해 나름 전문가가 된다고 생각하게 되는데, 대학에서 얼마나 심도 있는 학문을 하는지 졸업장만으로 증명할 수 있을까 하는 생각이 들었다. 대학 졸업장이 증명하고 있는 것이 과연 무엇인지, 나라는 사람을 충분히 설명하고 있는지 생각해볼 법하다. 혜영 씨가 해온 고민들, 거쳐온 과정들은 그의 대학 졸업장에 나오지 않는다. 그는 이제 좋아했던 영어로 강사 일을 하며 교사에서 공무원으로 목표를 바꾼 상태다. 사회가 요구하는 수많은 증명서들은 이런 이야기를 들려주고 있을까. 얄팍한 몇 장의 종이로만 자신을 드러내게 하는 사회를 생각하니 조금 씁쓸해졌다.

대학이라는 말을 독점한 대학

이들에게 대학이라는 말을 들었을 때 떠오르는 것이 무엇인지 물어보았다.

진: 대학은 '고통'인 것 같아요. 1학년 때 놀아도 된다는 말을 믿었던 게 잘못이었어요. 취업 전선에 뛰어들기 위해서는 일찍부터 자격증, 학점, 방학 계획 등을 염두에 뒀어야 하는 건데. 나는

그래도 고등학교 때까지 숨 막히게 살아왔는데, 하는 생각이 있어서 그렇게 하지 못했어요.

캔: 대학 하면 '악덕 고용주와 결탁한 중간 착취 단체(?)'랑 '허영심'이라는 단어가 떠올라요. 대학은 취업 준비 기관이고, 기업과 손잡고 기업이 원하는 최적의 노동자를 만들어내야 하죠. 최적의 노동자가 되기 위해서 학생들은 대학에 어마어마한 돈을 바쳐야 해요. 기업이 원하는 사람을 만드는 데 왜 학생들이 돈을 내요? 기업이 돈 내야 하는 것 아닌가요? …… 학문이 취직 준비용이 되다 보니 남보다 더 잘났다는 걸 보여주기 위한 장신구 역할로 오용되고 있다고 생각해요. …… 대학大學이라는 말을 지금의 대학이 독점하고 있다는 사실이 열받아요. 진정한 학문이란 무엇인지 우리가 고민할 여지를 없애버리는 거잖아요.

혜: 대학은 취업 준비 기관, 교육은 기업에 들어가기 위한 스펙 쌓기의 일부인 것 같아요.

진탑 씨는 빠듯한 현실에 예전부터 좀 더 여러 가지를 챙겼어야 했다고 후회하며 대학은 고통이라고 답했다. 10대 때부터 말 그대로 숨 막히게 입시를 치러냈지만 대학에 들어와도 마찬가지로 '취업'이라는 관문을 뚫기 위한 레이스가 이어지는 현실. 도대체 언제까지 아파야 하고, 언제까지 준비를 해야 하는 걸까. 언제쯤 진짜 삶이 시작된다는 것일까. 진탑 씨의 이야기를 들으며 투명가방끈이 대학과 동시에 '입시'도 거부하는 것은 당연한 귀결임을 새삼 떠올렸다. 단지 대학이라는 공간 혹은 대학 교육, 대학의 서열화를 비판한다고 이 사회의 강력한 굴레에서 벗어날 수는 없을 것이다. 나는 대학거부가 '특정 나이대에는 이런 것을 해야 한다'라는 굴레, 틀에 대한 총체적 비판일 수 있다고 생각한다. 10대는 입시 공부, 20대는 취업, 30대는 결혼과 같이 사회가 규정한 단단한 틀에 대한 거부. 내가 무엇을 선택하든 불이익을 받지 않고 자유롭게 살아가고자 하는 것이 투명가방끈이 지향하는 바가 아닐까.

캔디양 씨와 혜영 씨는 대학이 취업 준비를 위한 기관이라고 말한다. 학생들은 기업이 원하는 모습의 노동자로 만들어지는 교육을 받고 사회로 내보내진다는 것이 그들의 통찰이다. 그들은 그런 구조 속에서 대학 교육은 이미 학문이 아니라 경쟁을 위한 장신구, 스펙 쌓기의 일부로 전락해버렸다고 말한다. 캔디양 씨는 더 나아가서, 그렇다면 학생이 돈을 낼 것이 아니라 기업이 돈을 내야 하는 게 아니냐고 따져 묻는다.

혹자는 20대가 스펙 쌓기에만 열중하고 정치에는 무관심한 싹수 노란 인간들이라고 말한다. 사실 많은 20대들이 스펙 쌓는 게 좋아서 쌓지는 않는다. 그리고 사회는 스펙과 취업의 굴레를 벗어나려는 20대에게도 역시 냉혹하다. 서열화의 바깥으로 나온 대학거부자의 경우, 경쟁 체제에서 자유로운 측면도 있지만 동시에 계측되지 않는 존재, 말하자면 잊히는 존재, 목소리가 잘 들리지 않는 존재가 된다. 그래서 투명가방끈은 계속 자신의 이야기를 꺼낸다. 꺼낼 수밖에 없다.

투명가방끈에서 대학입시거부선언을 했던 다영은 각자의 자리에서 지금의 대학, 사회의 모습에 의문을 가지고 고민 지점이 생겨나면 '나의 대학거부가 당신의 대학거부가 될 수 있다'고 말한다. 설령 대학에 갔더라도, 대학을 졸업했더라도 같은 사회 현실을 공유하기에 대학생과 투명가방끈은 손을 맞잡을 여지가 많다고 생각한다. 혹자는 투명가방끈이 사회 부적응자, 불만분자라고 할지도 모르겠다. 하지만 대학과 교육에 대한 고민이 몇몇 사회 부적응자나 불만분자에게서만 싹트는 것일까? 사실 많은 사람들이 공감하고 품고 있는 고민이지 않을까? 투명가방끈이 설령 '사회에 부적응'한 부류라고 하더라도 나는 이 고민을 더 많은 사람들이 나눌 수 있었으면 좋겠다. 캔디양 씨의 말마따나 대학大學이라는 말은 지금의 대학이 독점하고 있다. 대학을 위해서도 대학거부는 필요하다. 대학 밖을 열어두는 것은 지금의 대학에 더 많은 의문과 문제 제기를 만들어내고, 이 사회가 그것에 대해 성찰하고 바꾸어나갈 수 있게끔 만들 것이기 때문이다.

당신은 몇 등급입니까?

인터뷰이들에게 마지막으로 한국 사회 전체에서 자신의 등급을 매긴다면 몇 등급 정도일 것 같냐고 물어보았다.

진: 집안의 재산, 아버지의 지위, 내 학별 같은 것을 고려해본다면 1~9등급까지 중에 3~4등급은 될 것 같아요. …… 한국에는 재산의 세습적 성격이 있다고 생각해서 이것들이 완전히 제 자신의

것은 아니지만 고려했어요. 사실 인생은 모르는 것이라 이 등급은 떨어질 수 있는 것이라고 봐요. 완전히 안정적인 것은 1, 2등급이 아닐까 싶고.

투: 미래에 대한 불안감이 있으신 건가요?

진: 많이 불안해요. 전 교수가 목표인데, 대학원에서 박사까지 마쳐 시간강사가 되어도 불안할 거예요. 비정규직인 시간강사로 오랫동안 생활을 해야 교수로 신분 상승을 할 수 있기 때문에. 비정규직은 생계를 이어나가기 힘들다고 생각하거든요. 가정까지 있다면 더더욱. 게다가 시간강사는 여러 대학을 전전해야 하기 때문에 그런 데서 오는 피로감도 있고, 대학별로 원하는 교육 방침에 따라 교육 내용을 조정해야 한다는 점도 힘들 거예요. 가르치는 데에는 교수만큼이나 신경을 쓰는데 보상은 교수와 동등하지 않고. 결국 보상보다 책임감이 더 큰 '피곤한 직업'이 아닌가 생각해요. 교수로 임용되기까지 시간강사로 10년 정도 보내지 않을까 생각하고 있는데, 이런 것들에서 오는 불안감이 있어요.

캔: 부모님의 구속을 받지 않고 나와서 자유롭게 살고 있다는 점에서는 슈퍼 갑 S, 나와보니 생계 막막에 다른 친구들은 학교 다니는데 나는 좀 다른 삶을 살아가는 데에서 오는 비애감은 ABCDEF에서 F네요. SF 판타스틱 베이비……

혜: 1~5등급까지 있다고 할 때 3등급인 것 같아요. 집안의 소득과 교육 수준을 보면 3등급 정도. …… 사회가 정상적으로 작동하기 위해서는 복지가 잘 이루어져야 한다고 생각해요. 기본소득 등 복지 제도 확충을 통해 사회적 안정망을 만들고 교육제도를 바

꿔야 해요. 소득에 따라서 생활수준의 차이가 크게 나지 않도록. …… 사회적 안전망이 없기 때문에 지금의 교육이 문제인 것을 알면서도 그대로 따라갈 수밖에 없는, 그런 현실적인 문제가 줄어들 것 같아요.

진탑 씨는 비정규직으로 살게 될 미래에 대한 불안감을 털어놓았다. 점점 높아지는 비정규직 비율과 맞물린 불안정한 일자리의 증가는 20대의 불안감을 증폭시키는 원인 중 하나다. 캔디양 씨는 부모에게서 독립하여 생활하고 있다는 점에서 자신을 슈퍼 갑, S등급이라고 표현하는데, 이는 지금의 20대가 높은 집값, 불안정한 취업 등의 상황으로 점점 자립하기 힘들어지고 있는 현실을 반영하는 듯하다. 혜영 씨도 기본소득과 같은 복지 제도 이야기를 하며 사회적 안전망이 제대로 갖추어져야 삶의 선택지가 늘어날 것이라고 말한다. 이런 현실은 아마 20대 대다수가 공통적으로 마주하고 있는 것일 테다. 대학 진학 여부와 관계없이 20대의 삶을 불안하고 불행하게 만드는 이런 사회 현실에 대한 고민은 꾸준히 터져나오고 이어져야 할 것 같다.

나 자신에게도 이 질문을 던져보았다. 누군가 내 등급을 묻는다면 나는 '측정 불가'라고 답할 것 같다. 난 등급표 안에 위치지어질 수 없을 만큼 불안하면서 동시에 자유로운 존재가 아닐까 생각한다. 대학거부자라는 나의 위치가 내 불안감에 어느 정도나 영향을 미치고 있는지 정확히 분석할 수는 없다. 하지만 한 가지 확실한 것은 나에게는 미래에 대한 불안이 있고, 이런 나의 고민을 주변 사람들과 함께 나누며 덜 불안하게 살아가고 싶다는 것이다. 대학거부자로서 나의 삶과 맞닿는 고민들을 투명가방끈의 활동으로 만들어내고 싶다. 그리고 누군가에게 그 고민들이 '훅!' 하고 들어가는 경험을 만들어내고 싶다. 그런 경험을 함께 만들어나가고자 한다면 투명가방끈은 누구든, 언제나 환영할 것이다.

3부
투명가방끈이 그리는 새로운 삶과 사회

완전히
다른
교육은

가능하다

대학거부 그 이후

때: **2014년 5월 28일**
모인 사람들: **자유, 엠건, 찬우, 서린, 호야, 공현**

호야: 오늘 좌담회에서는 선언 이후에 어떻게 지냈는지, 그때와 지금 달라진 점 등에 관해서 이야기를 해보려고 합니다. 대학·입시거부선언을 하신 이후에 시간이 좀 흐른 분들을 모셨어요. 자기소개부터 할까요? 저는 2011년에 투명가방끈이 만들어졌을 때 참여해서 대학거부선언을 했던 호야입니다.

엠건: 저는 2008년 고3 때 수능 안 보고 대학거부를 한 뒤로 여태까지 계속 이러고 있는 엠건입니다.

찬우: 2011년에 대학거부선언을 한 이찬우입니다.

공현: 전 대학에 갔다가 2011년에 자퇴를 하면서 대학거부선언을 했던 공현입니다.

자유: 저도 2011년, 고3 때 대학입시거부선언을 했던 자유라고 합니다.

서린: 대학을 그만두면서 2011년에 대학거부선언을 했어요. 서린입니다.

이렇게 지낸다

호야: 먼저 어떻게 지냈는지 돌아가면서 이야기해보면 좋을 것 같아요.

엠건: 어색한 분위기를 풀어봅시다. 자유는 진짜 2011년에 고3이었어요? 저는 옛날부터 활동한 분인 줄 알았어요.

자유: 그런 얘기 많이 들어요. 저는 그전에는 한고학연(한국고등학교학생회연합회)에서 활동했어요. 제가 고3 때 마지막 해를 맞이하고 2012년 초 해산 총회를 하고 없어졌어요. 여러 이유로 점점 활동도 줄어들고 사람도 없어지면서 해산하게 되었죠.

한고학연이 없어진 뒤에 2011년 11월 대학입시거부선언을 하고 그해는 투명가방끈 활동으로 바빴고요. 그러다가 다음해 1월부터 한 교육운동 시민단체에서 상근을 하기 시작했어요. 거기서 작년 11월까지 2년 정도 일을 했습니다.

작년 5월부터 용산구 해방촌에 있는 주거 공동체 '빈집'이라는 곳에 살고 있어요. 시민단체에서 일할 동안에는 너무 바빠서 빈집에서는 그냥 살기만 하고 마을 활동에 거의 참여를 못했어요. 시민단체 일을 그만둔 뒤로 여유가 좀 생겨서 마을 활동을 쭉 하고 있어요. 요즘 서울시에서 마을 공동체 지원을 많이 해주잖아요? 우리도 예산 지원을 받고 있어요. 저는 주로 마을 활동에 필요한 웹사이트 제작이나 디자인 작업을 해왔고요. 최근에는 마을에서 큰 행사가 열려서 그 일에 몰입했고, 이제 막 끝난 상태예요.

엠건: 그 일로 생계가 유지되나요?

자유: 마을 활동으로 받는 돈은 정말 소액이에요. 그래서 마을 사람들이 같이 운영하는 '빈 가게'라는 카페에서도 주 3일 일하고 있어요. 딱 생계를 유지할 정도로만 지내요. 수입이 적은 만큼 적게 일할 수 있으니까 만족하는데, 다만 마을 일이 갈수록 많아져서 요즘 좀 지치는 건 있어요. 당분간은 계속 일을 적게 하면서 내년에 무얼 할지 고민하는 시간을 가지려고요.

서린: 저는 일을 하다 그만두기도 하고, 이사도 다니고 여러 가지 일들이 있었어요. 요즘에는 '○○은대학(땡땡은대학)'이라는 곳에서 일하고 있어요. '누구나 가르치고 어디서나 배운다'라는 매력적인 이야기를 하는 곳이라서 냉큼 들어갔죠. 쉽게 말해서 청년 놀이터, 마을 배움터 같은 것들을 만드는 곳이에요. 마을 장터도 열고요. 처음 들어갔을 땐, 대학거부자가 '대학'에 들어왔다는 농담을 들었던 기억이 나네요.

엠건: 전 2008년 고3 때 대학거부를 했는데요, 그때는 청소년운동을 하고 있어서 별다른 불안감 없이 해맑게 잘 지내고 있었어요. 그러다가 반년쯤 지나서 하던 활동을 그만두고, 돈을 벌러 다녔죠. 식당 일도 하고, 카페에서도 일해보고, 다양한 알바를 했어요. 나중에는 장애인 활동보조나 반성매매단체 사무 보조 일도 해봤어요. 그렇게 각종 알바를 전전하면서 돈 벌며 지낸 것 같아요. 아르바이트로 한 건데 본의 아니게 장애운동도 좀 봤고 성매매운

동도 봤고, 돈 벌면서 여러 가지 것들을 접해봐서 재밌었어요.

그렇게 지낼 때 제가 자주 만나며 지냈던 사람들은 '교육공동체 나다' 사람들이에요. 그러다가 같이 일하자는 이야기가 나와서 작년부터 나다에서 일하고 있어요. 제가 알바 같은 건 다 반년을 못 넘겼는데 여기는 1년 넘게 일하고 있어요. 청소년 인문학 교육하는 곳인데 저는 초등학생들을 맡고 있는 거예요. 아, 나다 공간에서 살고 있기도 하고요.

찬우: 저는 고등학교 2학년 4월쯤에 자퇴를 하고 학원을 다니면서 음악을 배우기 시작했어요. 처음에는 전주에서 몇 개월 학원을 다녔는데 원하는 분야에 대해 더 자세히 배우고 싶다는 생각에 서울에서 생활을 시작하게 되었어요. 생활비와 학원비가 너무 비싸서 아르바이트를 했는데 정말 힘들었던 것 같아요. 나이가 어려서 아르바이트를 구하기도 쉽지 않았고 막상 구해도 조건이 취약했어요. 시급이 적어서 제가 계획하던 시간보다 일하는 시간을 늘려야 했는데, 시간을 늘리다보니 체력적으로도 힘들고 학원을 갈 시간조차 없어지고…… 1년 정도 버티다가 결국 전주로 다시 내려오게 됐어요. 전주에서는 부모님과 같이 사니까 생활비 걱정도 크게 없고, 아르바이트를 더 적게 해도 괜찮았거든요. 아마 그런 생활을 2년 정도 했던 것 같아요. 그리고 작년 8월 다시 서울에 올라와 대학 입학을 하고 한 달 정도 다니다가 지금은 휴학을 한 상태예요.

공현: 어쩌다가 다시 대학을 가게 된 거예요?

찬우: 가장 큰 이유는 병역 문제와 부모님의 압박 때문이었어

요. 스물한 살 정도가 되니까 영장이 나왔는데 군대를 연기하기에는 대학을 가는 것이 가장 쉽고 연기할 수 있는 기간도 가장 길었거든요. 주변에서도 대학을 가라는 압박은 계속 있었는데 그전까지는 별 생각이 들지 않다가 영장을 보니까 생각이 달라졌어요. 사실 계속 학원을 다니기도 했고, 어차피 좋아하는 분야를 배우는 거니까 괜찮을 거 같다고 타협하고 합리화하기는 했죠. 그런데 결국 적응도 잘하지 못하고 한 달 만에 휴학을 결정하게 됐어요. 입학하고 처음에 OT나 MT 등으로 수업을 거의 받지 않았기 때문에 실질적으로는 2주 정도 다닌 거 같네요.

자유: 대학에 적응이 잘 안 됐다고 했는데, 어떤 게 적응이 안 됐어요?

찬우: 정해진 시간에 맞추어 살아야 하는 것이 힘들었어요. 배우기 싫은 과목들도 많았고 학교의 '선후배 문화'도 너무 심했어요. 선배를 만났을 때 몇 학번 무슨 전공 누구입니다, 라고 인사를 하지 않거나 100명 중에서 2명 정도가 명찰을 착용하지 않았다고 단체 기합을 받기도 했거든요. 중·고등학교 때도 비인권적인 대우를 많이 받았기 때문에 그 부분에 대해 더 민감하게 생각했던 것 같아요.

자유: 집이나 생활비는 어떻게 해결했어요?

찬우: 지금은 같은 과 동기이기도 하고, 같은 정당과 시민단체에서 활동 중인 친구와 같이 살고 있어요. 둘 다 음악 전공자라서 집과 작업실을 계약해서 월세를 같이 분담하고 있어요. 다만 친구가 유학을 간다고 해서 집과 룸메이트를 다시 구해야 할 것 같네

요. 생활비는 대학 입학 전에는 호텔 객실 청소, 서빙 등 아르바이트를 하면서 벌었고 대학 입학한 후에는 부모님과 친척들이 하는 일을 도와드리면서 생활비를 지원받고 있어요.

호야: 저도 2011년 말에는 투명가방끈 활동에 매진했던 것 같아요. 2012년에는 투명가방끈 활동이 뜸해지면서 그냥저냥 청소년운동에 다리를 걸치고 살았어요. 2012년 초부터는 알바를 많이 했고요. 저는 학교 문화에 익숙해져 있어서 그런 건지도 모르겠는데, 뭔가를 계속 배워야 한다는 강박이 있는 것 같아요. 대학에 가든 안 가든 공부는 해야 한다는. 그래서 인문학 공동체 같은 곳을 찾아가서 배우기도 했어요. 지금도 강좌에 참여하고 있고요.

저는 부모님 집에서 지내고 있는데, '언제 자립을 할 수 있을까?' 하는 고민이 커요. 대학에 안 갔으니 대학 등록금을 제게 달라고 말씀드려봤는데 거절당했어요. 고등학생 땐 대학 등록금까지는 대주겠다는 소리를 듣고 지냈는데, 대학에 안 갔더니 싹 없던 일이 되었어요. 그러다보니 저도 아무래도 눈치가 보여서 생활비 대부분은 제가 알바로 벌어놓은 걸로 쓰고요. 그래서 월세 보증금 모으기도 벅차네요. 모이지 않는 보증금, 불안정한 알바, 매달 꼬박꼬박 나갈 월세, 알바와 활동을 병행하는 데서 오는 어려움 같은 것을 생각하니 너무 벅차서 고민과 두려움을 안고 계속 자립을 미루고 있어요. 이런 문제를 대학거부자들이 어떤 식으로 마주하고 있는지에 대한 이야기를 오늘 들어보고 싶었어요.

공현: 저는 대학거부를 했더니 입영통지서가 나와서 바로 병역거부를 하고, 징역형을 선고받고 감옥에 갔다 왔네요. 지금 당장

은 부모님이 생활비를 주시고 부족한 건 벌어서 쓰고 있어요. 인권 교육이나 강연, 원고, 비정기적인 아르바이트 등으로 돈을 벌기는 하는데 아주 많지는 않아요. 지금 출판사랑 같이 쓰고 있는 책이 잘 팔려서 인세로 먹고살면 가장 좋겠지만 그런 일은 아마 일어나지 않을 것 같고. 단체 상근하는 걸 고민하고 있긴 한데, 제 마음속에서는 어느 단체를 가도 청소년운동이나 투명가방끈이 1순위일 것 같은 느낌이 있어서 고민이에요. 상근이라는 게 돈 때문에만 하는 게 아니라 그 단체의 운동을 하러 가는 거니까요. 올해 안에는 마음을 정리하고 결론을 내보려고 해요.

서린: 아무래도 직장이 생기거나 상근자로 활동을 하면 다른 활동들을 하기가 쉽지 않은 것 같아요. "네가 능력이 없어서 그래" "열정이 없어서 그래"라고 말할지도 모르겠지만 월급을 받고 일하면 솔직히 주말에 휴식도 겨우 하니까요. 사회에서 돈을 주는 일은 체제 유지에 도움이 되는 일들이지, 막상 세상을 바꾸려는 일에는 돈을 잘 안 주잖아요? 어려운 점이 있어요.

엠건: 그런데 우리는 왜 계속 서로의 돈벌이를 물어보죠?

호야: 대학거부에 대한 불안함이 아무래도 돈벌이랑 연관이 많이 되다보니 계속 물어보게 되는 게 아닐까요?

우리가 살아남고 살아가기 위해

호야: 이제부터는 각자 대학거부 이후의 삶에 대한 고민을 이야기해보면 좋을 것 같아요. 제 이야기를 먼저 하자면, 저는 앞서 말

했듯이 자립과 주거 문제에 관심이 가요. 사실 대학을 가거나 안 가거나 불안한 건 마찬가지라는 이야기를 많이 하잖아요. '대학거부는 어떤 면에서 불안한가?' 하면 저는 생계, 주거의 측면에서 좀 더 불안한 것 같거든요. 안정적인 직업은 아니더라도 일단 직업을 갖는 데 필수적인 요소로 굳어져가는 대학 졸업장이 없는 건데, 그게 없는 상황에서 어떤 식으로 생계를 유지하고 자립할 수 있을까 하는 고민이 있어요.

또 어떻게 지냈냐는 이야기를 할 때, '나는 이 활동도 하고 이 활동도 했어요' 하는 식으로 이야기하게 되는 게 어떤 불안함의 증거가 아닐까 하는 생각도 들어요. 삶이 퀘스트Quest(게임 진행에서 이용자가 수행해야 하는 임무)가 되는 느낌? 한 활동이 끝나면 또 다른 활동을 하고, 이런 식으로 할 일을 찾아가는 건 좋은데 그게 삶 안에서 연속성 없이 딱딱 끊어지는 느낌이 들었어요. 뭐랄까, '언제 끊어져도 이상할 것 없는 삶' 같은 느낌일까요. 미래의 청사진 없이 다만 하루하루 과업을 수행하면서 사는 게 불안한 것도 있고, 살아가는 느낌이 별로 안 든다는 생각도 들고요. 그 일을 하던 시점에만 의미가 있고 하나의 총체적 삶으로 봤을 때는 의미가 없는 것 같은 느낌. 그래서 많이 불안한 것 같아요, 저는. 너무 붕 뜬 이야기 같은가요?

자유: 푹 쉬면서 완전히 자기 시간을 가져본 적이 있어요? 방에 틀어박히는 '방콕'은 누구나 하지만 그냥 늘어지는 시간인 거고, 그게 띄엄띄엄 있게 되면 쉬는 시간이지 자기 시간이라고는 안 느껴졌던 것 같아요. 연속성 있게 자기 시간을 갖는다면 의미 있지

않을까요?

호야: 단지 자기 시간을 갖는다고 해서 불안이 없어지는 것 같진 않더라고요. 연속성 있는 자기 시간이라 하면 몇 달간의 여행 같은 걸 이야기하시는 건가요? 저는 여행에 대한 욕구가 없는 사람 중 하나인데, 여행을 통해 자기를 발견하고 성장하는 식의 일이 저한테 일어날 것 같단 생각이 잘 안 들어요. 경험이 없어서 그런지도 모르겠지만. 여하튼 불안함의 원인이 단순히 제가 대학거부자라는 데에 있는 것만은 아닌데, 그냥 계속 불안한 게 있는 것 같아요. 연속성이 없다는 것뿐만 아니라 삶의 욕구가 계속 떨어져가는 느낌도 있고요. 하고 싶은 게 없다든지.

공현: 저는 삶의 목표가 꼭 필요하다고 생각하는 주의는 아니지만, 연속성 있는 목표는 항상 있었던 것 같아요. 이런 일을 해서 이런 것을 이뤄보고 싶다는 정도의 것? '이게 정말 내 삶에 의미 있는 목표일까?' 하는 회의를 굳이 할 필요가 있을까요? 어차피 삶은 아무 의미 없으니까…… 염세주의가 아니라 '뭘 해도 뭐 어때'라는 느낌이에요. 저는 삶은 원래 그냥 게임 같다는 생각이 들어요. 본질적인 의미 같은 건 원래 없는 거죠. 그래서 그런 의미의 불안을 잘 느끼지 못한 것 같아요. 다만 제가 느끼는 불안은 '부모의 등골을 빼먹지 않고도 내 삶이 지속 가능한가?' 하는 고민, 생계, 경제적인 고민이 큰 것 같아요.

서린: 뭘 해도 뭐 어때. 이 말 마음에 드네요. (웃음)

엠건: 고등학교 졸업하고 대학이라는 소속을 갖지 않고 내던져졌을 때의 불안감이 있잖아요. 주변 친구들을 봐도 대학에 가서

일단 유예기간을 갖는다는 면은 좋은 것 같았어요. 전 고등학교 졸업한 뒤로도 청소년운동을 하고 있었는데, 점점 지치고 의욕을 잃게 되면서 하던 활동을 그만뒀어요. 이후에 여러 곳에서 알바를 했는데 그게 저에게는 나름대로 유예기간이 되었던 것 같아요. 그 일들을 하면서 좀 다른, 보통 사회의 모습을 접하게 된 거예요. 그 점은 지금 다시 생각해봐도 좋았던 것 같아요.

20대 후반이 되기 전까지는 안정적인 직장을 마련해야겠다는 생각을 했어요. 그러면서 사회복지사 시험도 생각해봤는데, 결국에는 다시 세상이나 사회에 대해 이야기하는 활동을 하자는 쪽으로 방향을 돌리게 됐어요. 세간에서 사회 경험이라 불리는 것들을 해보면서 배우는 것도 많았지만, 평생 이렇게 살라고 하면 진짜 못 살겠다 싶었던 것 같아요. 활동을 경제적 이유 때문에 진짜로 못 하게 되는 시기가 오기 전에 다시 한번 해보자, 그런 맘을 먹었을 때 교육공동체 나다에서 상근 제안이 들어왔고 일을 하게 됐죠.

예전부터 나다 사람들이 사는 방식에 많이 공감해서 같이할 수 있었어요. 전에 활동 그만둘 때, 저는 운동이란 게 다 이런 식이면 난 못하겠다는 판단을 했던 거였거든요. 근데 나다에서 하는 방식은 더 현실적이고 필요하다는 생각이 들었어요.

자유: 나다의 방식이란 건 어떤 건가요?

엠건: 나다에서 오래 지낸 청소년이 독립해서 살 수 있도록 나다 공간이 쉴 때 거기 보증금을 빌려주기로 했어요. 그런 식으로 사람들의 물질적 조건 등을 함께 고민해주는 편이에요. 관계 면에

서도 나 몰라라 하는 사람들이 아니라서 한참 불안했을 무렵에 안정감을 얻었어요. 그런 게 있어야 장기적으로 운동을 한다고 했을 때 전망도 만들어나갈 수 있고, 오래 버틸 수 있다고 생각해요.

찬우: 다들 불안에 대해서 이야기 중인 것 같은데, 저는 지금은 그런 부분이 조금 줄어든 것 같아요. 기존에는 계속 아르바이트를 하면서 생활비 걱정을 해야만 했는데 최근에는 지원을 받기 시작했어요. 집에서 요리를 하고, 꼭 필요한 물건이 아니면 사지 않는 등 소비를 줄이는 방식으로 살아가고 있어요. 지금의 삶이 불안하다고 생각하지는 않아요. 아마 불안하지 않다기보다는 그 부분에 대해 외면하고 있는 것 같아요. 일하면서 받은 스트레스나 트라우마가 많아서 일을 해야 한다고 생각만 해도…… 당장은 지원을 받고 있으니 괜찮아요.

호야: 어떻게 보면 제 고민은 관계에 연속성이 없는 것에서 오는 걸 수도 있다고 봐요. 제 활동 경로를 보면 어디에 오래 있으면서 누구를 만나고 하는 식으로 되질 않았거든요. 그래서 순전히 외로워서 그런 걸 수도 있어요. 내가 갖고 있는 고민, 화두, 활동 내용을 꾸준하게 얘기하면서 같이 가는 사람들이 내 옆에 없다는 데서 오는 불안감일까요?

저는 활동 이외에 딱히 하고 싶은 일을 생각해본 적이 없거든요. 요즘 계속 끌리는 건 인권 교육이에요. 시작한 지 얼마 안 돼서 더 그럴 수 있겠지만, 거기서 버는 돈으로 생활비를 충당하며 살 수 있을까 하는 고민이 있어요. '활동만으로 부모한테 손 안 벌리고 온전하게 내 삶을 꾸려갈 수 있을까?' 하는 고민. 알바하면서 활동을 하려고 노력해봤는데 일터에 소속감이 별로 없었는데도 신경과 체력이 그쪽으로 쏠리더라고요. 어떻게 생계와 활동을 동시에 할 수 있을까 하는 고민이 계속 있어요.

엠건: 그렇게 고민하는 기간을 됐다가 다들 선택을 하게 되는 거 같아요. 예를 들면 대학에 간다거나 중간에 '난 안 되겠다, 사회에서 살아남을 수 있는 방식으로 살아남아야지' 하게 되거나. 저도 그런 시간을 거쳤고 나름의 선택을 했던 거고.

공현: 대학거부를 한 청소년활동가 중에는 하루에 5~6시간 정도 아르바이트를 하면서 활동을 병행하는 경우도 있고, 다양한 경우가 있는 것 같아요.

호야: 공간, 지역의 문제도 있어요. 제가 안산에 사는데 수원, 서울 등지로 나가서 활동을 하거든요. 활동 지역과 사는 지역, 일하는 지역이 일치하지 않다보니 체력 소모가 커요. 만약 그 공간들이 일치된다면 그분들처럼 할 수 있을 것 같은데 말이죠. 자립하고 싶은 것도 사실 부모에게서 벗어남과 동시에 활동 지역을 일치시켰으면 해서예요.

자유: 저는 본가가 지방에 있는데요, 고등학교 졸업하고 시민단체 근무를 시작하면서 서울에서 자취를 해야 했어요. 일단 고시원에 들어갔죠. 영등포에 있는 월 26만 원짜리 고시원이었는데, 한두 평짜리 방만 있고 화장실과 부엌은 공용이었어요. 그래도 저는 꽤 만족했어요. 시설도 깔끔하고 식사 제공이나 위생도 괜찮았거든요. 하지만 그렇게 1년 정도 지나니까 문득 '이렇게 평생 고시원에서 사는 건가?' 하는 생각이 들었어요. 계산을 해봤죠. 그때 비로

소 깨달았어요. 돈을 정말 잘 버는 사람이 아니라면 서울에서 제대로 된 주거 공간을 가진다는 게 원천적으로 '불가능'하다는 것을요. 대개 대출을 받거나 부모님에게 보조를 받아서 해결하지만 저는 정말 그러고 싶지 않거든요. 그럼 이제 결론이 너무 명확한 거예요. 제3의 대안을 찾아야겠다는 생각이 들었고 주거 공동체를 찾게 된 거예요.

저는 주거 공동체를 적극 권장하고 싶어요. 물론 한집에 여럿이 살다보니 자기만의 공간을 확보하기 어렵고, 때로는 하고 싶지 않은 일을 해야 할 때도 있어요. 그래도 저는 장점이 주는 만족감이 훨씬 크다고 생각해요. 현실적으로 돈 문제만 보더라도 제가 사는 집이 월 20만 원 정도 내거든요. 20만 원에 월세, 공과금, 식비, 생활용품비 다 포함된 거예요. 극단적으로 얘기해서 한 달 동안 방에만 있으면 월 20만 원으로 살 수 있어요. 한 달 동안 마을 행사 준비 때문에 거의 집에서 컴퓨터만 붙잡고 있어봤는데, 정말 20만 원으로 살았더라고요.

엠건: 만족하신다는 부분이 20만 원으로 살아남을 수 있는 '저비용 고효율'과 같은 조건에 대한 만족인지, 공동체살이에서 오는 정서적 만족감이 있었던 건지 궁금하네요.

자유: 아, 너무 비용 이야기만 한 것 같네요. 무엇보다 큰 장점은 비슷한 생각을 공유하는 사람들끼리 함께 살아간다는 점이죠. 서로 가족처럼 조건 없이 도움을 주고받을 때가 많거든요. 가끔씩 참 신기하다는 생각을 해요. 아무 연고도 없는 사람들이 이렇게 만나서 살 수 있다는 게. 생각해보면 우리 사회에 그게 정말 필

요한 것 같아요. 이해관계로만 맺어지는 관계가 대부분인 세상 속에서 서로 신뢰와 가치로만 맺어진 관계니까 소중한 거죠. 그래서 여기저기서 공동체, 공동체 하는 것 같아요.

엠건: 저는 대학거부에 대한 문제의식이 과거와 비교해서 조금씩 달라진 게 느껴지거든요. 처음에는 내가 받는 교육과 입시에 대한 거부감이 확실했기 때문에 대학을 거부했다면, 지금은 내가 그 교육을 받고 있지는 않잖아요. 오히려 이제는 세상에서 대학 안 나온 사람을 어떻게 바라보는지에 대한 문제가 더 와 닿는다고 할까요.

저는 열아홉 살, 스무 살 땐 진짜 쉽게 생각했던 것 같아요. "대학 왜 안 갔어요?" "앞으로 괜찮겠어요?" 이런 질문을 받아도 '사람들이 아무리 뭐라 그래도 지금 나한테는 필요 없으니까'라는 생각이 있었죠. 대학이 공부, 학문 하는 곳이라고 아무리 말해봤자 누구나 지금의 대학이 그렇지 않다는 걸 알고 믿지 않으니 자신이 있었어요. 대학에서 얻을 것도 있으니 가봐야 한다는 이야기를 하는 사람도 있었지만, 그런 것들을 대학 밖의 다른 곳에서도 얻을 수 있고, 그것이 오히려 양질의 것일 것 같다고 생각했어요. 하지만 제가 돈을 벌어보니 씀씀이도 늘어나고, 청소년 때와 경제적 관념도 달라지고, 좋은 집에도 살고 싶고, 나름의 속물적 욕망들도 자라는 것 같아요. 이런 욕망이 생겼을 때부터 대학 안 나온 사람에 대한 시선이 의식되기 시작했던 것 같아요. 나는 그렇게 살 수 없다고 하니까.

사실 최근에 그런 시선에 대해서 좀 더 알게 됐어요. 지식인을 비롯하여 많은 사람들이 학벌이 문제라는 얘기를 하잖아요. 언젠가 제가 세미나 같은 데서 만난 사람들이 아무렇지 않게 학력 낮은 사람을 비하하는 이야기를 했어요. 그때 제 안에서 뭔가 와장창 부서졌어요. 세상에 대해 비판적인 목소리를 내는 사람들은 적어도 학력, 학벌 문제에 대해서 그렇게 바라보지 않을 거라고 생각했어요. 하지만 운동 사회 안에서도 그런 시선이 심심찮게 있는 것 같아요. 이게 단순히 그 사람들의 의식 문제로 치부되고 '그런 속물적인 생각을 하다니 나빠!'라고 얘기해서는 생각을 바꾸기 어렵단 말이죠. 나름 비슷한 편이라고 생각했던 사람들조차 아무렇지 않게 학력차별을 하는 상황을 어떻게 해야 할까, 학벌에 대한 편견을 직접 마주치고 나니까 뒤늦게 그런 고민이 많이 들더라고요.

찬우: 이야기를 들어보니 대학거부선언을 한 분들이 각자 여러 활동을 하고 있잖아요. 인권운동을 하시는 분도 많은 것 같은데 주로 어떤 부분에 대해 문제의식을 가지고 활동을 하게 되었는지 궁금하네요.

엠건: 교육공동체 나다의 정체성은 인권보다는 인문학에 가까워요. 청소년이 사회적으로 목소리를 가질 수 있으려면 인문학이 필요하다는 관점에서 수업을 하고 만나고 하는 거죠.

자유: 제가 하는 일이 큰 맥락에서 인권운동이라고 늘 여기고 살아요. 처음에는 교육운동에 관심이 많아서 교육운동단체에 들어간 거였어요. 그런데 시간이 지나면서 좀 재미가 없어졌어요. 무엇보다 한국의 교육운동에 제가 뛰어들어야 할 당위성을 찾지 못했거든요. 교육운동에 젊은 사람이 필요하다고 다들 말하는데 실제

로는 젊은 사람들이 낄 자리가 없는 것 같기도 하고요. 어쨌든 이 제부터는 시민운동을 돕는 소프트웨어 개발에 집중을 해보려고 해요. 제가 IT분야에 적성이 잘 맞거든요. 시민단체에 있을 때 실제로 온라인팀 근무를 하기도 했고요.

차별과 빈곤에 대한 두려움

공현: 자유님이 일하던 단체 사람들은 다 대학을 졸업한 사람이에요?

자유: 네. 그렇다고 특별히 불편한 건 없었고요. 하지만 아무리 시민단체라도 한계는 있는 것 같아요. 일단 제가 급여를 대졸자보다 약간 적게 받았거든요. 그렇지만 실질적인 업무는 대졸자 활동가들과 차이가 없었어요. 그러면 제가 대졸자 활동가들보다 업무능력이 떨어지느냐, 저는 한 번도 그렇게 생각해본 적이 없거든요. 그런데 단체에서는 대학 졸업 여부에 따라 급여에 차이를 두는 것을 타당하게 여기더라고요.

공현: 이건 다른 차원일 수 있지만, 강연 요청을 받을 때마다 나말고 다른 사람을 추천하려고 해요. 가서도 저는 끝까지 서울대 이야기를 안 하려고 하는데, 사회자가 먼저 폭로하곤 하더라고요. '결국 서울대 때려치운 걸 팔아먹고 장사하냐'라는 식의 욕도 먹었어요. 그래서 여러 고민이 들어요. 대학거부에도 결국 학력, 학벌이 작용하니까요.

활동을 하면서도 그래도 대학은 가야 한다는 이야기를 많이 들어요. 심지어 '그래도 대학을 가야지 운동에 대해서 배우고 식견이 넓어지지 않냐'는 이야기도 들어봤어요. 특히 대학에서 운동을 시작한 사람들에게서. 2011년에 투명가방끈에 연대를 요청할 때 이런 이야기를 많이 들었던 것 같아요. 부드러운 차별이라고 해야 할까요. 대학에 갔다가 자퇴한 사람들에 대해서는 출신 대학을 가지고 뒷담화를 하는 것 같기도 하고요.

자유: 우월감을 내세우며 차별하는 문제는 응대할 필요가 없을 뿐더러 언젠간 사라질 문제라고 생각해요. 어려운 것은 '대학을 가면 견문이 넓어지고 업무 능력이 향상될 것이다, 그래서 임금을 더 지급하는 게 맞다'라는 생각을 꽤 많은 사람들이 갖고 있다는 점이에요. 이게 언뜻 생각하면 맞는 말 같지만 사실 위험한 발상이거든요. 엄연한 차별이니까.

공현: 대학 문제는 이중적이죠. 한 축은 '수능 성적이 능력을 결정하는 것이다'라고 하는 것이죠. 전 사실 대학을 제대로 다니지도 않았지만 서울대를 들어갔다는 사실만으로 우대받는 게 있잖아요. 다른 한 축은 '대학을 다니면서 배운 무언가로 능력이 향상될 것이다'라는 생각이죠. 두 가지가 참 다른 이야기인데, 이상하게 혼재되어 있는 것 같아요.

엠건: 내가 신경 끄고 살면 되는데 요새 갑자기 신경 쓰이게 된 주관적인 감정의 문제는 아닌 것 같아요. 대학을 그만두는 것과 활동을 하겠다는 선택도 결국에는 학벌 사회라는 질서 속에서 굴러가고 있고, 학력과 학벌 차별도 똑같이 작동하고 있고, 그 안에서 내쳐지는 것 같다는 생각이 들었어요. 선거 공보물만 봐도 다

들 학력이 서울대더라고요.

대학에 가면 조금이라도 뭘 더 배울 거라고 생각하는 '견문' '지적인 능력의 유무'라는 시각으로 접근하는 데 어떻게 대응해야 할까요?

찬우: 제가 대학을 한 달밖에 안 다니긴 했지만 저는 학교를 다닐수록 이상하게 견문이 좁아진다고 할까? 그런 느낌을 많이 받았어요. 고등학교 1년, 대학 1개월을 다니면서 학교를 다니는 것이 저 자신에게 좋지 않은 영향을 끼친다고 느꼈어요. 학교를 다니면 그 안에서 겪게 되는 차별과 비하, 비인권적 대우에 익숙해져가는 거 같아요. 학교 내 교육이나 구조의 문제들이 서로를 탓하고 싸우게 만들기도 했고. 대학에서 팀 프로젝트를 할 때도 "너 때문에 내가 점수를 잘 못 받았다"라는 등 서로를 탓하며 싸우는 모습을 자주 봤어요. 서로 이해하기보다는 미워하게 될 수밖에 없는 환경인 거 같아요. 저 또한 기존에 계속 인권운동을 해왔는데도 불구하고 대학에 있던 한 달 동안 어느새 누군가를 차별하고 있었어요. 그런 자신을 보고 놀라기도 하고 자괴감도 많이 들었어요. 이 부분이 휴학을 하게 된 결정적 이유이기도 해요.

대학에 가면 전공과목에 대해 더 전문적으로 배울 수 있는 환경들이 주어지기는 하지만 그것이 꼭 대학에서만 가능한 것일까 의문이 드네요. 요즘에는 책도 쉽게 구할 수 있고 정보를 접할 수 있는 다양한 방법들이 많잖아요. '배우는 것'이 특정 공간과 교사에게서만 가능한 것은 아니라 생각해요. 대학이라는 공간이 유독 교육이라는 상징성을 많이 독점하고 있는 것 같아요.

호야: '대학을 나왔느냐 안 나왔느냐에 따라서 견문의 차이가 생기는가?' 혹은 '지적 능력의 유무로 임금 차등을 둘 수 없지 않을까?' 하는 생각에 동의하는데, 그걸 어떤 식으로 사람들에게 이야기할 수 있을지 모르겠어요. 대학 밖에서도 공부할 수 있고, 대학 밖에서 사람들을 만나 이야기하면서 더 넓은 견문을 가질 수 있는 게 맞지만, 그게 증명되지 않는다는 게 좀 난관이죠. 대학 밖에서 한 경험, 견문이 확장된 사례를 이력서에 쓸 수 있느냐 없느냐 하는 것과 연관 지을 수 있으려나요. 내가 대학 밖에서 이런 것들을 경험하고 느꼈다는 것들이 증명되는 게 아니라 단순히 내 안에 축적되어 있는 상태인 거잖아요. 그건 사실 들어보지 않으면 증명이 안 되는 거고요. 증명해야 한다는 요구도 웃기긴 한데, 취업을 염두에 두고 있다면 관리자들은 증명을 요구할 거란 말이죠. 그걸 할 방법이 사실 거의 없어서 문제가 아닌가 하는 생각도 들어요.

대학거부했을 당시의 생각이 지금에 와서 변한 걸 요즘에 느끼는데요, 이전에는 제 자신이 특별하다는 느낌이 있었어요. '난 너희들과는 달라' 하면서 오히려 자신감을 얻었던 거죠. '대학이 제 구실을 못하는데 가서 뭐 하겠냐?'라는 생각이랑 '오히려 밖에서 더 많은 걸 할 수 있고 배울 수 있다'는 믿음에서 오는 자신감. 그런 것들이 있었기에 당당하게 지냈던 것 같아요. 하지만 시간이 지나면서 '나도 불안하고 너도 불안하다'는 게 확 와 닿았어요. 대학 졸업장이 있고 없고의 차이일 뿐, 불안이라는 키워드는 비슷해요. 내년이면 대학에 간 제 친구들이 졸업을 할 텐데, 그때 나와 친구들의 삶이 크게 다를까요?

엠건: 제가 투명가방끈으로서 '나의 대학거부'를 설명하는 원고를 결국 못 썼는데요. 써보려고 고민하다가 못 썼던 내용 중에 이런 게 있어요. 몇 년 전에 살던 곳이 재개발 동네였는데 근처에 중국집 하나가 있었어요. 거기서 배달 일 하시는 분이 아마 고등학교 자퇴를 했다던 것 같아요. 제게 사촌오빠뻘이었는데, 보면서 결국 저 사람이랑 나랑은 다를 게 없구나, 내가 활동한답시고 이렇게 떠들고 잘난 척하지만 결국에 별 자원이 없는 상태로 30~40대가 된다면 저 사람과 크게 다를까 생각했어요.

저는 원고에 이런 이야기를 쓰기가 어려웠어요. 하지만 이런 이야기가 좀 나왔으면 좋겠다고 생각해요. 대학에 가고 싶은데 못 가는 사람들이 분명 있을 텐데 그 사람들을 만나지 못하고, 그런 사람들의 이야기가 나오지 않는 것에 대한 문제의식이 있어요. 너무 고상하게 접근하는 것 같다고 할까요. 우리도 그렇고 여러 학력, 학벌 논의가 너무 이론적으로만 이루어지는 것 같아요.

전 나중에 40대 돼서 식당 아줌마로 살아야 하는 건 무서우니까 사회복지사 자격증이라도 따야겠다, 그런 생각도 했거든요. 청소년활동가들을 운동판에서 인정을 해주는 것도 아니고, 제가 아는 청소년활동가들만 해도 열 손가락이 넘어가는데 이 사람들 어떻게 하죠, 앞으로? 그런 게 제일 답답해요. 큰돈 기부해줄 자선사업가라도 나오지 않는 이상, 삶과 활동을 병행하는 문제는 해결이 안 될 텐데. 결국 운동 사회로 가든 다른 시장에서 노동자가 되어서 살든 다들 먹고살아야 하는데 도대체 어디로 가냐는 거죠.

호야: 속물적 욕망이라고 해야 할까요. 내가 그런 욕망을 갖고 있다는 것에 대한 불편함도 있지만 결국 제 안에 '식당 아줌마가 되고 싶지는 않아'라고 하는 욕망이 있다는 건 인정해야 할 것 같아요. 고상하게 운동하고 싶다는 식의.

엠건: 식당 아줌마를 비하하면 안 되는데…… 빈곤에 대한 두려움인 거죠, 정확히 말하면.

호야: 맞아요. 차별적 표현을 써서 죄송합니다. 빈곤에 대한 두려움이 저는 여성으로서 제 위치를 이용하는 것을 염두에 두는 쪽으로 발현되는 것 같아요. 정 살길이 막막하면 결혼이라도 '제대로' 해야 하나 하는 생각이 드는 거죠. 틀 안으로 진입할 수 있는 구멍 정도는 만들어놔야겠다는 욕망일까요. 제가 대학거부를 했다는 불안함에서 오는 것도 좀 있다고 생각해요.

서린: 제 생각엔, 그런 불안은 대학을 나왔어도 비슷할 것 같아요. 물론 어떤 사람들 말처럼 '대학도 못 나왔으니까' 더 불안할 수도 있겠지만요. 빈곤에 대한 두려움은 굉장히 당연한 것 아닐까요? 속물적 욕망이라는 생각은 안 들어요. 아까 호야가 '고상하게 운동하고 싶다'고 했는데, 사실 이 사회에는 분명 고상한 일과 고상하지 않은 일이 있으니까요. 결국 그 구분이 학벌이나 학력 차별, 사회보장과도 연관이 있고요.

저는 아까 엠건 얘기가 정말 와 닿네요. 대학에 가고 싶은데 못 가는 사람들이 분명 있을 텐데 그 사람들을 우리가 만나지 못한다는 거요. 이 운동이 너무 우리들만의 리그가 되면 안 되는데, 하는 걱정이 있어요. 우리 주장은 결코 호화로운 게 아닌데, 자칫 그렇게 보일 수 있잖아요. 얼마 전에 동네 미용실을 갔는데, 그 미용실 사장님은 대학에서 미용하는 걸 공부해보는 게 꿈이라는 거예요. 본인은 그냥 눈으로 배워서 지금까지 써먹는데, 제대로 배워보고 싶다고요. 그런데 젊을 때부터 생계 때문에 돈 벌기 바빴고, 결혼해서 애들 학교 보내고 이제는 시집도 보내야 하는데, 그러다보니 본인이 대학 갈 틈은 없는 것 같다고요. 그 얘기 듣는데 어쩐지 부끄러운 거예요. 내가 어느새 오만한 사람이 되어 있는 건 아닌가 반성이 들더라고요. 이런 부분을 극복하고 싶은데 아직까진 어떻게 가능할지 잘 모르겠어요. 어쩌면 엠건 말처럼 사람을 만나야 하는 것 같기도 하고요.

대학거부, 별로 큰일나지 않아요

호야: 마지막으로, 대학거부의 장점에는 뭐가 있을까요?

공현: 빚이 없다는 안도감?

서린: 전 아직 학자금 대출이 남아 있어서 슬프네요.

호야: 내가 학자금 대출을 받을 필요가 없다는 데서 오는 기쁨?

엠건: 전 대학을 가야 한다고 진지하게 고민해본 적이 한 번도 없는 거 같아요. 그래서 오히려 면역력이 없다는 느낌. 나중에 이런 고민이 딱 닥쳤을 때 걷잡을 수 없이 커질 것 같아서 걱정되는 것도 있어요. 학력으로 사람을 무시하는 걸 보면 자존심이 상하는데, 저도 이제 적당히 속물이 된 것 같기도 하고요. 상승 욕구랄까. 중산층이 되고 싶고, 잘나가고 싶고, 올라가고 싶은 마음들. 저

는 오히려 지금 제 상황이 이렇기 때문에 정신 차리고 사는 것 같기도 해요. 대학에 갔으면 저 멀리 이상하고 불행한 세계로 갔을지도 모르겠다는 생각? 내가 사는 공간, 속한 집단에서 내 삶의 방향이나 감수성이 달라지고 깊어지고 할 텐데, 저는 어쨌든 건강한 집단에서 지내면서 이렇게 됐다고 생각해요.

자유: 후회해본 적은 없고요, 4년을 벌었다고 생각해요. 오히려 대학 안 간 게 다행인 것 같아요. 저뿐만 아니라 대학 진학을 포기한 다른 사람들 역시 많이들 그렇게 느끼지 않을까 싶어요. 대학에 안 가거나 대학을 그만두더라도 별로 큰일이 생기지 않는다는 사실을 꼭 알려주고 싶어요.

서린: 자유랑 비슷해요. 생각이 자유로워진달까요? 남들이 시키는 대로 안 산다는 자부심!

찬우: 장점이라면 시간을 주체적으로 쓸 수 있다는 점인 것 같아요. 학교에 다니다보면 꼭 배울 필요도 없는 과목이나 배우기 싫은 과목도 억지로 배워야 하는 경우가 많았어요. 짜여진 스케줄에 따라서 항상 바쁘게 생활해야만 했는데, 학교에서 벗어난 이후로 내 시간에 대한 주체성을 어느 정도 회복하게 된 것 같아요.

엠건: 적어도 대학에 가지 않은 것을 미친 듯이 후회하는 사람은 못 봤어요, 아직까지.

공현: 저도 대학거부 자체는 제가 더 행복하게 살 수 있게 해줬다고 생각해요. 그런 선택을 만나게 해준 운동에 고마워하고 있습니다.

시험과 학교가
없어지면 안 되나?

공현

중·고등학교 때, 나는 이른바 '우등생'이었다. 아마 다른 사람들에게 모범이 되는 '모범생'은 아니었을 것이다. 친구의 컨닝을 돕다가 걸리기도 하고, 친구 관계가 원만하지도 않았으며, 결석도 꽤 잦았으니까 말이다. 어쨌건 행동거지와는 별개로, 학교 성적이 상위권에 속한다는 의미에서 나는 분명 '우등생'에 속했다. 내신 성적의 기복은 좀 있었으나 통계적으로 보나 주변의 인식으로 보나 나는 '공부 잘하는 애'였다.

공부는 꽤 재미있었다고 기억한다. 지식을 습득하는 일이나 책 읽기를 즐기기도 했고, 무엇보다도 공부가 하나의 게임처럼 느껴졌다. 왜 해야 하는지 딱히 이해할 만한 이유는 없지만 주어진 조건과 한계 안에서 문제를 해결하고 보상을 얻는 과정이라는 점에서, 학교 공부와 시험 등의 과정은 그 성격이 게임과 비슷한 면이 많다고 생각한다. 그렇다고 누구나 공부를 잘하고 재미있어할 수는 없을 것이다. 게임에도 여러 종류가 있고, 전략 시뮬레이션 게임을 잘하는 사람이 퍼즐 게임이나 어드벤처 게임도 잘하지는 않듯이 말이다. 내가 공부라는 게임에 적성이 좀 맞는 사람이었던 것뿐이다.

그렇지만 공부가 마냥 좋았던 것은 아니다. 공부를 하고 시험을 보는 활동이 그 자체로 재미있었던 것과는 별개로 공부는 '끔찍'했다. 기본적으로 입시 경쟁 시스템이 공부를 잘하는 사람이 이익을 얻고 공부를 못하는 사람이 손해를 보는 구조인 것은 맞다. 그러나 입시 경쟁이 공부를 잘하는 사람을 위해 존재하는 것이거나, 그들을 행복하게 하는 것은 아니다. 회사에서 일을 잘하고 승진을 잘하는 노동자라고 해서 착취를 당하지 않거나 행복한 것은 아닌 것처럼. 성적이 상위권인 학생들이 학업으로 인한 스트레스는 더 많이 받는다는 연구 결과도 있다. 실제로 성적 때문에 자살을 하는 학생들 대부분이 성적으로는 중위권 이상이다.

내 경우에 교육제도에 대해 회의를 느끼게 된 것은 '불안감'을 느끼면서부터였던 것 같다. 나름대로 성적에 초연하게 살고 있다고 스스로 믿었지만, 실제로는 실수를 해서 성적이 60점, 50점이 나올 때면 가슴이 쿵쾅거리고 때로는 울기까지 했다. 그런다고 해서 특별히 크게 혼나거나 하는 것도 아니었는데. 그러면서 내가 높은 성적을 유지하는 데에서 안정감이나 혜택을 얻고 있었다는 것을 자각했다. 더군다나 그것이 그저 '게임'이 아니라 내 존재와 삶 자체를 불안하게 만들 정도로 큰 비중을 차지하고 있었다는 것을 말이다.

그 뒤로 입시 경쟁 교육에 대한 거부감은 점점 커졌다. 내가 무엇을 좋아하는지, 어떤 취미가 있고 어떻게 살고 있는지 별 관심도 없는 사람들이 성적만으로 나를 좋게 평가하는 일이 많았다. 성적이 좋았기 때문에 교사들이 '봐주는' 일도 적지 않았다. 그 모든 것들이 결국 그들이 나라는 사람을 보지 않고 내 성적만을 보고 있다는 것을 의미했다.

학교 성적 때문에 스트레스를 받고, 성적이 좋지 않다는 이유로 불이익을 당하는 다른 학생들을 보는 것도 부담스러웠다. 나는 학교 시험 성적이 낮게 나오는 사람들에 비해 인간적으로 더 나을 것도, 더 가치 있을 것도 없는 사람인데, 왜 우리가 서로 다르게 대우받아야 하는가. 그리고 뒤집어 말하면 그건 내 가치를 성적으로만 평가한다는 것이고, 그것도 일종의 인간으로서의 평가절하이고 비인간화인 것은 아닌가.

학생으로서 학교 교육을 경험하면서 했던 여러 가지 생각들은, 교육이나 철학, 사회학을 공부하면서 조금 더 정리가 되고 명확한 언어로 다듬어졌다. 공정한 경쟁을 만든다고 하더라도, 입시 경쟁은 애초에 평등할 수 없다는 것. 그리고 입시를 위한 공부를 과연 교육이라고 부를 수 있는지 의심스럽다는 것. 교육이 반드시 학교와 동의어는 아니라는 것…… 나는 교육에 대한 우리의 이미지와 전제, 원칙들을 다시 한번 생각해보고 바꿔야 한다고 생각한다.

'소비자'와 '상품'을 넘어서

현재 중·고등학교 교육의 목표는 더 높은 상급 과정(대학교나 직장)으로 진출하는 것이 됐다. 더 높게 평가되는 학교나 직장에 들어가기 위한 준비 과정이 교육이라는 이름을 달고 이루어지고 있는 것이다. 사람들은 여기에 대해 별다른 의구심을 가지지 않고, 오히려 '공교육 강화'를 해야 한다면서 수능 성적과 입시, 진학에 관해 더 나은 서비스를 제공해주는 학교를 만들려고 하고 있다.

표면적으로는 이러한 입시 경쟁 교육 역시 학생을 위한 것이라고 말한다. 학생들이 더 높은 성적을 얻고 더 좋은 대학에 들어갈수록 학생들에게도 이득이지 않느냐는 것이다. 개별 학교 입장에서는 그리 틀린 말은 아닐지도 모르겠다. 하지만 개별 학교를 넘어서 교육 전체의 구조를 보면 사정이 다르다. 학생들은 사회에 의해서, 친권자나 학교에 의해서, 더 높은 성적을 얻고 더 좋은 대학에 가기 위해 노력할 것을 요구받는다. 각종 평가 장치와 차별들이 이 요구를 구체화시켜서 전달하고 받아들이게 만든다.

따라서 이 과정은 학생들이 스스로 선택한 진로에 관해 안내를 해주고 지원을 해주는 것과는 질적으로 다르다. 학생들은 선택을 한다기보다는, 선택받는 입장에 서 있다. 경쟁에 이겨서 서열 체제의 더 나은 위치에 자리하고 더 좋은 대학에 선택받기 위한 과정인 것이다. 학교는 학생들의 삶의 가치를 존중하고 이를 더 잘 실현하기 위해 교육 활동을 하는 곳이 아니라, 시험 성적으로 학생들을 평가하고 줄 세우는 곳이다.

교육을 시장주의적으로 보는 입장에서는 학부모와 학생이 '소비자'이고 학교나 학원은 교육 서비스라는 상품을 제공하는 곳이다. 그런데 소비자가 서비스 제공 기관에게서 과업 수행(공부)을 요구받고, 그 결과를 평가받는다는 것은 이상한 모습이지 않은가? 학생은 입시 경쟁 교육 속에서 '임노동자' 또는 '상품'에 가깝다. 장시간의 노동과 일정한 결과를 낼 것을 요구받는다는 점에서, 학생은 교사와는 다른 차원에서 임금을 받지 않는 일종의 임노동자이다. 학생의 성적, 진로 자체가 전시하고 판매하는 결과물이 된다는 점에서 학생은 일종의 상품이다. 입시철이면 내걸리는 "○○대학 합격 3명" 하는 식의 현수막들은 상품 광고라고밖에는 설명할 수 없다. 특성화고 역시 정부 기준에 맞추기 위해서 학생들에게 대학에 진학하지 않고 취업할 것을 요구하고 '취업률 100퍼센트'를 달성하고자 한다는 점에서, 학생들을 일종의 상품으로 취급하는 것이다. 학생들의 삶을 위한 과정이 아니라, 획일적인 기준에 맞춰 진로·진학 결과를 내기 위한 과정이 되어버린 교육의 풍경이다.

학생들이 '소비자'가 된다고 해서 이런 상황이 해결되는 것은 아니다. 사회의 차별 구조와 교육 방식이 바뀌지 않는 이상, 선택지는 제한될 수밖에 없다. 학생들의 수요 역시 사회구조에 의해서 어느 정도 강제될 가능성이 크다. 애초에 기업 앞에서 소비자들이 가지는 선택권이라는 것이 아주 제한적일 수밖에 없다는 점을 떠올려보자. 본질적으로 교육은 학생들이 스스로 참여해서 만들어가는 과정이라는 점에서 보통의 '상품'이나 '서비스'처럼 취급하기 어렵기도 하다.

교육을 바꾸는 방향의 대원칙은 학생이 교육에 대해 '소비자'

나 '노동자'나 '상품'이 아니라 교육의 주체이자 교육권의 주인이 되는 것이다. 교육이 사람들의 인권, 좁게는 교육권을 보장하고 실현하기 위한 과정이고 제도라는 것을 명확히 하자는 것이다. 한국의 교육제도는 일단 너무 많은 교과와 내용을 학생들에게 공부시키고 있으며, 더 많이 공부를 시킬수록 그것이 학생들의 권리('학습권')을 보장하는 길이라는 그릇된 믿음을 가지고 있다. 인권으로서의 교육은 단지 학생들을 학교에 다니게 하거나 공부를 많이 시킴으로써 실현되지 않는다. 학생들이 더 행복하게 살 수 있도록 자신의 능력을 발달시키고 성장시키기 위한 교육이 학생들의 인권을 보장할 수 있다. 그렇지 않은 현재의 교육은 그 자체로 교육권을 침해하는 모순된 존재이다.

유엔 아동권리협약은 인권적인 교육의 목표를 명시하고 있다. 성적 향상과 입시 경쟁 승리, '명문대' 진학이나 고소득 전문직 진출이 이 교육의 목표에 포함되지 않는 것은 물론이다. 지금의 경쟁교육은 오히려 교육권 실현을 저해하고 있다고 할 수 있다.

〈유엔 아동권리협약 제29조〉
당사국은 아동 교육이 다음의 목표를 지향하여야 한다는 데 동의한다.

가. 아동의 인격, 재능 및 정신적·신체적 능력의 최대한의 계발

나. 인권과 기본적 자유 및 국제연합헌장에 규정된 원칙에 대한 존중의 진전

다. 자신의 부모, 문화적 주체성, 언어 및 가치 그리고 현 거주국

과 출신국의 국가적 가치 및 다른 문화에 대한 존중의 진전

라. 아동이 인종적·민족적·종교적 집단 및 원주민 등 모든 사람과의 관계에 있어서 이해, 평화, 관용, 성평등 및 우정의 정신에 입각하여 자유사회에서 책임 있는 삶을 영위하도록 하는 준비

마. 자연환경에 대한 존중의 진전

줄 세우기 시험을 없애자

이러한 변화를 위해 필요한 것들은 아주 많을 것이다. 무엇보다 먼저 해야 할 일은 교육과정에서 서열화를 중단하는 것이다. 교육이 학생의 권리이며 학생의 재능과 능력을 계발하기 위한 과정이라면, 다른 학생들과 비교하고 줄을 세울 이유가 전혀 없다. 줄 세우기는 학생들을 경쟁시키고 선발하기 위해서 필요할 뿐이다. 등수를 매기고 등급을 내는 방식은 사라져야 하고, 특히나 '상대평가'는 완전히 없애야 한다. 내 공부의 결과물이 다른 사람들과의 비교와 서열을 통해서 좌우된다니 얼마나 이상한 발상인가.

'시험'은 본래 교육학에서는 학생이 교육 내용을 얼마나 잘 이해하고 받아들이고 있는지 알기 위해 필요한 것이라고 한다. 즉 일종의 검사 장치이고 진단 도구라는 것이다. 그러나 현실에서 시험은 학생을 알기 위한 과정이 아니라, 학생들을 분류하고 서열화하는 과정이다. 많은 교사들은 어느 학생의 수학 점수가 몇 점인지를 볼 뿐, 그 학생이 어느 개념의 어느 부분을 어려워하고 이해하지 못했는지를 들여다보지 않는다. 교사들에게 시험은 학생들이

공부를 하게 만드는 강제성을 부여하는 도구이기도 하다. "이 부분은 시험에 나오니까 잘 들어"라는 그 지겨운 멘트. 시험을 보기 위해 공부를 하고, 공부를 시키기 위해 시험을 보는 이 기묘한 구조. 그 결과로 남는 것은 점수와 등수, 그리고 자발적이 아니라 강제로 교육에 참여하고 경쟁을 위해 시험 공부를 해야 하는 학생들의 스트레스뿐이다.

사람들은 학교에서 시험이 없어지는 것을 잘 상상하지 못한다. 공부를 했으면 시험을 쳐서 결과를 확인해야 한다고 생각하거나, 시험이 없어지면 공부를 하지 않을 거라고 믿는다. 그러나 우리가 무언가를 왜 공부하는지 충분히 알고, 또 흥미를 느낄 만하게 교육을 구성한다면, 시험 같은 수단으로 공부를 하도록 강제할 이유가 없다. 또한 우리가 공부하는 이유가 우리 재능을 발달시키기 위한 것이라면 시험은 별 필요가 없을 것이다. 교육과정에서 점수 매기고 등수 매기는 시험을 아예 모두 폐지해버리는 것은 어떨까? 그리고 교사들에게 필요하다면 정말 '진단 도구'로 쓸 수 있는 다양한 프로그램만 있으면 될 것이다. 그것이 대화가 되었든 토론이 되었든 시연이나 설명해보기가 되었든 말이다. 시험은 교육의 과정이 아니라 운전면허처럼 어떤 자격을 인정할지 말지 확인하고 인증해주는 때만 보면 충분하다.

대학 입시에도 같은 원칙이 적용된다. 수능 시험 역시 지금과 같은 형태는 없애고 대학에서 해당 공부를 하기에 필요한 능력을 가지고 있는지 절대평가 식으로 확인하는 과정이면 충분하다. 애초에 대학에 가서 고등교육과정에 참여하는 것도 교육권의 일종이다. 대학에서 배우는 것을 학생의 권리가 아닌 경쟁의 성과이자 보상처럼 생각하는 지금의 모습이 비정상적이다. 오직 그 분야에 필요한 전문적인 공부를 하기 위한 사전 준비 외에 다른 무언가 때문에 자신이 원하는 고등교육과정에 참여할 수 없다는 것은 부당하다. 물론 현실에서는 그 학과에서 한 번에 받을 수 있는 사람 수와 그 학과에 참여하고 싶어하는 사람 수가 안 맞을 수도 있다. 그런 상황에서 정부나 교육기관이 해야 할 것은 현실에 맞는 교육 기관과 시설, 커리큘럼을 확보하고 운영하기 위해 노력하는 일이다. 성적으로 기회를 제한하는 것이 아니다.

학생을 줄 세우는 것만이 아니라, 학교를 줄 세우는 것 역시 마찬가지로 문제이다. 학교는 학생의 교육권을 보장하기 위해 만들어진 교육기관일 뿐, 그곳에 다니거나 그곳 출신인 사람을 평가하는 기준이 될 수는 없다. 학교를 줄 세우는 것은 그 학교에 다니는 학생들까지 줄 세우는 결과로 이어지며, 또 서열화된 학교들 중에서 상위의 학교에 가기 위한 경쟁을 만들어낸다. 서열화된 학교 체제에서 학교들은 학생들을 선택하고 선발할 권력을 가짐으로써 '배치표'와 '서연고서성한……'(명문대들의 이름 첫 자) 등으로 상징되는 경쟁 체제와 학교 서열을 스스로 재생산한다.

정책적으로 학교의 서열화를 부정하고 다양한 학교들을 평등하게 대하고 학교를 차별대우하는 문화와 관행을 억제하는 것만으로도 많은 효과를 낼 수 있을 것이다. 학력이나 출신 학교에 따른 차별을 없애나가고, 교육이 '성공'을 위한 수단이나 경쟁 과정이 아니라 교육에 대한 학생들의 다양한 욕망을 충족시키고 권리를 보장하는 제도로 자리매김한다면, 학교를 하나의 기준으로 평가하고 줄 세울 이유도 사라진다. 대학 서열 체제에서 상위권 대학에 가기 위한 입시 경쟁이 중·고등학교 교육을 지배하고 있으며, 학력과 학벌에 따른 사회적인 차별이 교육을 압박하고 있는 현실이다. 따라서 대학교 서열을 없애는 대학 평준화 조치는 가장 시급한 것 중 하나이다.

대학 평준화를 위한 많은 정책 제안들이 이미 나와 있다. 먼저 국·공립대학들을 하나의 시스템으로 묶어서 평준화하고, 점진적으로 사립대학들을 평준화 시스템 안에 편입시키는 것이 가장 널리 알려진 방안이다. 그것과 다른 방법이더라도 정부와 국회, 그리고 우리 사회가 의지를 가지고 추진한다면 몇 년에 걸쳐서 이룰 수 있을 것이다. 서열화된 대학 자체가 사회적 제도의 산물이므로, 제도를 바꿔서 평준화하는 것도 충분히 가능한 일이다. 현재 대학 서열 체제는 첫째로 입시 경쟁과 학생 선발의 차원, 둘째로 대학들 간의 시설과 대우 등 자원의 차원에서 나타나고 있다. 시설과 사회적 대우 등의 문제는 재정 지원과 차별 금지를 통해서 보완해나가되, 입시와 학생 선발 문제는 근본적으로 방식을 바꿔야 할 것이다. 지금과 같은 상대평가와 학교별 전형을 통한 선발이 아니라 절대평가(자격시험)와 추첨, 선착순 등 줄 세우지 않는 선발 방식을 강제해야 한다.

대학 평준화를 위한 정책 제안 중에 대학교 1학년을 공통 교양과정으로 운영한다는 것이 있다. 공통 교양과정을 둬서 선발을 평준화하고, 이후에 전공을 선택하고 대학 간에 교차 지원 등을 가능하게 하여 대학 서열을 약화시키며, 대학 교육의 공공성을 확보한다는 주장이다. 입시 선발 과정을 개혁한다는 차원에서는 그 취지를 이해할 만하다. 그러나 이는 대학 진학을 한층 더 필수적이고 일반적인 코스로 만들 위험이 있다. 대학이 전문적인 학문 교육과 연구를 위한 기관이 아니라 시민을 위한 필수 교양 기관, 일종의 의무교육처럼 되는 것이 과연 공공성 확보일까? 대학 교육의 비중과 위상을 더 강화하고 보편화하는 것은 학력과 학벌에 따른 차별을 없애려는 문제의식과는 일부 부딪히는 측면이 있는 것이다. 애초에 대학을 반드시 가야만 하는 곳, 진학하면 더 좋은 곳이 아니라, 특정한 학문을 전문적으로 공부하고 연구하고자 하는 사람만이 가는 하나의 선택지로 만들어야 한다. 출신 학교만이 아니라 어느 수준의 학교를 이수했는지, 어디까지 졸업장을 땄는지 역시 차별의 이유가 되어선 안 된다. 스스로 더 발전하고자 하는 교육적 욕망이 아니라, 사회적 차별 때문에 학교에 더 다니는 것은 그 자체로 교육적이지 못한 일일 것이다.

대학을 평준화하면 취업 등에서 다시 같은 경쟁이 반복될 뿐 아니냐고 반문할지도 모른다. 그러나 거의 모든 사람들이 다니는 초·중등교육기관에서 이루어지는 일반적이고 보편적인 입시 경쟁과, 다변화되고 변수가 많은 취업 내지 창업 등 경제 영역의 경쟁은 그 모양새도 의미도 효과도 많이 다르다. 교육권을 보장하기 위해서라도 교육 영역 전체를 서열화와 경쟁에서 해방시킬 필요가 있다. 물론 노동을 비롯하여 경제 영역의 경쟁 문제도, 생존권과 의료권, 주거권 등을 보장하는 복지 제도를 통해서 억제하고 조정해야 할 것이다.

시험을 폐지해야 하고 학생과 학교를 줄 세우지 말자는 주장은 굉장히 낯설게 들린다. 시험이 없는 학교는 상상하기 어렵고, 어딘지 모르게 순진하고 낙관적인 환상처럼 느껴지기도 한다. 그러나 교육의 목표나 존재 이유, 학교의 의미 등을 생각해보면 이는 아주 당연한 이야기다. 오히려 우리 사회가 그동안 교육이 아닌 교육을 너무 오랜 시간 해왔기 때문에 낯설게 들리는 것은 아닐까? 모두가 오순도순 사이좋게 살자는 허황된 소리를 하는 것도 아니고, 더 나은 길을 찾자는 말일 뿐이다. 혹자는 "세계는 무한 경쟁의 시대이고 사회는 가혹하고……" 같은 소리를 할지도 모르겠다. 세상이 무한 경쟁이고 가혹하다고 하더라도 그것이 교육을 교육답게 만들자는 주장을 무의미하게 만들지는 않는다. 경쟁이 필요하고 바람직한 부분에서는 경쟁을 하면 된다(현실에서 경쟁은 더 힘이 강한 자, 돈을 많이 버는 일만 살아남는 식으로 무분별하게 이루어지곤 하지만). 일단 교육은 경쟁과 줄 세우기로 굴러갈 영역이 아니라는 것이다.

'공정한 경쟁'이라는 환상

교육 개혁을 주장하는 사람들도 흔히 하는 생각 중에 교육이 공정한 경쟁의 과정이어야 한다는 것이 있다. 돈이 많은 사람에게 유리한 경쟁이 문제이지, 공정하고 출발선이 같은 경쟁은 좋다는 것이다. 부자인 학생이 명문대를 가고 또 부자가 되고, 가난한 학생은 명문대를 못 가고 또 가난하게 되는 것이 문제이며, 가난한 학생이 명문대를 가고 부자가 될 수 있는 교육은 바람직하다는 주장이다. 그런 주장을 하는 사람들은 교육이 출세의 과정이고 계층 상승의 적절한 통로가 될 수 있으며, 되어야 한다고 믿는다. 교육이 학생이나 학교를 서열화하고 경쟁시키는 것 자체는 잘못이 아니고, 단지 그 방식이 문제라는 생각이기도 하다. 이런 생각은 특히 '사교육'(또는 '사교육비')이 문제라고 하는 사람들의 생각과도 일맥상통한다.

과거에 비해서 교육이 계층 변화의 기회를 제공하는 과정인 것은 맞다. 하지만 그것은 가난한 학생도 평등하게 교육과정에 참여함으로써 자신의 능력을 발달시킬 수 있다는 의미에서 그런 것이다. 과거에는 신분이 낮고 돈이 없으면 자기 능력을 발달시킬 기회도 가지지 못했고 그 때문에 사회적으로 필요한 능력을 키울 수 없었다. 평등한 교육권이 보장되면 누구든 사회적으로 필요한 의사소통 능력이나 교양을 갖출 수 있다. 하지만 이는 교육과정에서 서열화와 경쟁을 통해서 학생들을 평가하고 차별하는 것과는 아주 다른 차원의 이야기다. 줄 세우기와 경쟁이 교육을 지배하는 순간, 그것은 평등한 교육권 실현을 방해한다. 획일적인 기준으로 학생들을 평가하고 서열화하는 과정 자체가 학생들의 능력 발달을 가로막기 때문이다. 교육의 결과는 학생이 변화하는 것 그 자체이지, 성적과 등수로 보이는 것이 아니다.

애초에 사람의 삶에서 '공정한 경쟁'이란 있을 수 없다. '공정하다'는 말은 단지 경쟁 안에서 '룰rule'이 잘 지켜진다는 뜻은 아니다. 먼저, 사람은 누구나 다르다. 토끼와 거북이가 육상 달리기로 시합을 하는 것은 공정한가? 아니면 수영으로 시합을 하는 것이 공정한가? 단거리를 더 잘 달리는 육상 선수를 가릴 때는 100미터 달리기가 공정하겠지만, 지구력과 체력을 가릴 때는 장거리 달리기가 공정할 수도 있다. 특정한 영역과 목적에 한정한다면 '공정한 경쟁'은 가능하다. 하지만 사람의 삶 전반에 관여하는 교육과정 전체를 생각한다면, 이런 다원적인 가치 기준을 다 반영하지 않는 이상 누구에게나 공정하고 평등한 경쟁은 만들 수 없다. 특히 경쟁이 심해질수록 '변별력'이라는 이름으로 점수와 등수는 촘촘해지고, 점점 획일적으로 정해진 정답을 맞히는 과정이 되어갈 수밖에 없다. 우리가 사람의 다양성을 인정한다면, 교육에서 공정한 경쟁을 통해 보상을 주고 성공과 실패를 가른다는 발상은 불가능하다. 파스칼은 《팡세》에서 이렇게 말했다. "서로 다른 집단들이 존재한다. 강한 자들, 선남선녀들, 똑똑한 사람들, 독실한 신자들. 이들 각자는 다른 곳이 아니라 자신들의 고유한 영역에서 군림한다. 그러나 그들은 종종 서로 만나며, 또 상대를 굴복시키기 위해 싸운다. 그러나 어리석지 않은가? 왜? 그들 각자가 지닌 우월함은 서로 그 종류가 다른 것들이지 않은가!"

꼭 돈이 많은지 적은지와 상관없이, 자라온 환경에 따라서 사람의 지적 능력이나 어휘 능력, 성격 등이 달라진다는 연구 결과는 널려 있다. 전문직 양육자와 함께 생활하며 자란 사람은 어릴 때부터 많은 단어를 접하게 되고 어휘 능력이 발달한다. 안정적인 생활환경에서 자란 사람은 약속을 지키고 기다렸을 때 더 좋은 보상이 주어져왔기 때문에 인내심이 강한 경우가 많다. 더 많은 것을 알고 더 지혜롭더라도 '제한된 시간의 지필 시험'이라는 형식에는 유독 취약해서 성적이 낮은 사람도 적지 않다. 이것은 과연 '공정'한가?

따져보면 평가하고 줄 세우는 과정은 그 자체로 불공정하다. 공부를 못한다는 평판이나 머리가 안 좋다는 주변의 인식, 열등감 등은 그것만으로도 학생들의 능력 계발과 발휘를 저해한다. '피그말리온 효과'나 차별에 관련된 연구들은 인종이나 계급, 성적 등에 대한 인식, 주변 사람들의 기대나 비난이 학생들을 변화시키는 요인이 된다는 점을 보여준다. 가령 학벌 서열이 낮은 대학에 진학한 대학생들은 그만큼 정보와 기회에서 손해를 보게 되고, 열등감을 느끼게 되며, 대학 문화와 담론 면에서도 열악한 상황에 놓이게 된다. 평가와 경쟁 그 자체가 학생들에게 영향을 미치기 때문에, 교육 과정에서 지속적으로 이루어지는 경쟁은 흔히 생각하는 '출발선이 같은 공정한 시합'의 모습과는 거리가 멀다.

교육이 공정한 경쟁 과정이 되어야 한다는 착각은 획일적인 입시 경쟁이나 불평등한 교육의 모습을 당연한 것으로 생각한 결과이다. '공정한 경쟁'이라는 환상은 경쟁과 차별을 정당화하는 역할을 할뿐더러, 사교육이 아닌 공교육에서 학생들에게 더 많은 공부를 시키고 '경쟁력'을 길러줘야 한다는 이상한 결론으로 귀결되기도 한다. 학생들의 행복을 위해 교육을 하는 것이 아니라 교육의 공정성 확보를 위해서 학생들의 삶을 희생시키는, 완벽한 주객전도이다. 교육에서 어째서 시험이나 등수가 필요한지, 경쟁이 교육에 왜 필요한지, 그것부터 따져 물어야 한다. 근본적으로 교육다운 교육의 조건, 그리고 교육의 목표를 다시 생각해봐야 한다.

학교의 폐지 또는 재구성

교육에 관해 생각할 때 우리는 '학교'의 존재를 당연하게 여긴다. 일정한 연령대의 사람들을 연령에 따라 구별해서 모아놓고 정해진 교과 프로그램에 따라 교육을 진행하는, 국가가 학력을 공인해주는 기관. 근대 이후 학교의 설립은 우리 사회가 사람들의 교육권을 보장하고 있다는 것을 보여주는 척도처럼 생각되었고, '학교'는 곧 '교육'의 동의어가 되었다. 학교를 다니고 학교에서 공부를 하는 것 자체가 교육권의 보장인 것처럼 생각되고 있는 것이다.

그런데 다른 한편에서는 학교를 없애야 한다는 목소리도 많다. 국가가 독점한 교육과정과 학교의 '학력 인증'이 많은 부작용을 낳고 있으며, 학교는 교육을 가둬놓는 비교육적인 공간이라는 것이다. 과연 초등학교, 중학교, 고등학교, 대학교 하는 식의 구별이 필요한가? 서로 성격도 방식도 분야도 다른 여러 영역과 활동들이 왜 학교라는 틀에 묶여서 운영되어야 하는가? 나는 몇 가지 점에서 학교의 폐지에 동의하며, 우리 사회가 어느 시점에서는 학교 폐지를 추진해야 한다고 생각한다.

먼저 일정 연령대의 사람들을 주된 대상으로 하는 학교 제도는 '교육'은 곧 청소년들이 받는 것이라는 편견을 강화시킨다. 그래서 '교육'의 문제가 청소년들, 그리고 그 부모들의 문제라는 식으로 생각하게 하며, 동시에 청소년들은 아직 교육을 받고 있으므로 온전한 사회의 구성원이 아니라고 여기도록 부추긴다. 청소년이 아니라고 해서 여러 교육에 대한 욕구가 없는 것도 아니며, 청소년이라고 해서 교육에만 묶여 사는 것이 아니다. 교육이 보편적인 모두의 권리가 되고 청소년들이 온전한 사회 구성원으로 인정받기위해서, 일정 연령대를 대상으로 하는 교육기관으로서의 학교 제도는 사라져야 하지 않을까?

또한 학교는 다른 다양한 교육의 가능성을 억압한다. 국가가 공인하는 학력 인증 기관으로서 독점적 지위에 있기 때문이다. 이미 '교육정책'이라는 말은 곧 '학교에 대한 정책'인 것처럼 생각되고 있다. 서로 다르면서 다양한 교육 과정들이 모두 학교라는 틀 안으로 들어와야만 가치를 인정받게 되고, 원리도 방식도 다른 기능 훈련이나 학문 연구가 학교의 틀 안에 함께 구겨 넣어진다. 현재 대학이나 대학원 등은 서로 성격이 매우 다르고 교육 방식도 다른 각종 학문과 기술들을 모두 고등교육기관이라는 이름으로 포괄하고 있는 이상한 모습인 것이다. 생활 속에서 이루어지는 교육, 경험함으로써 이루어지는 다양한 교육과정이 교육으로 인정받지 못하게 되고, 국가가 자격증을 준 교사가 국가가 인정한 교육과정에 의해 학교라는 시스템 속에서 운영한 프로그램만이 가치있는 교육으로 인정받게 되는 것이다. 국가가 공인했다는 점에서 '학력'이 곧 사람의 능력과 가치를 재는 척도처럼 생각되고 이는 차별이 자라는 뿌리가 된다. 독점적인 학력 인증 기관으로서의 위상을 가진 학교 제도를 없애야 하지 않을까?

마지막으로 학교는 교육에 대한 인식과 사람들의 삶의 방식을 왜곡시킨다. 일단 지금의 학교는 너무 많은 '지식'들을 교과의 형태로 정해진 커리큘럼에 따라 공부하게 만들고 있다. 이는 공부를 하고 시험을 치고 상급 학년, 상급 학교에 진학하는 것을 절대적인 과정으로 만든다. 학교는 교육을 곧 전문성을 가진 교사에 의해 만들어진 프로그램에 따라 이루어지는 과정이라고 생각하게 한다. 그리고 이는 '교육' 영역을 벗어나서도 적용된다. 이반 일리치는 이런 경향을 '학교화Schoolization'라고 불렀고, 학교를 없애자는 주장은 단지 학교라는 건물이나 기관을 없애는 것이 아니라 이런 사회 전체의 학교화를 벗어나자는 것이라고 했다.

사고가 일어나자 학교에서 '안전 교육'을 도입하겠다고 하고, 집단 괴롭힘 사건이 일어나자 학교에서 '인성 교육'을 하겠다고 하는 모습은 '학교화'의 대표적인 예가 아닐까? 어떤 프로그램을 만들어서 '인성'을 교육할 수 있다는 믿음, 안전을 교육해서 안전의식을 향상시키는 것이 안전을 보장할 수 있다는 믿음. 거기에는 사람의 삶을 변화시키려는 노력은 없고 계속 늘어나는 프로그램과 관료 사회만 있다. 프로그램과 커리큘럼이 나오면 뭐든 된 것 같고 전문가들이 만들어 제공하는 프로그램이 모든 것을 해결해 줄 수 있다는 이 위험한 사고방식을 벗어나는 것이 곧 '탈학교화'이다. 교육이 우리의 보편적인 능력을 발달시키고 활용하며 우리를 해방시키는 과정이 되기 위해서는 학교와 교사와 커리큘럼으로 이루어진 교육의 틀을 깨야 하지 않을까?

학교의 '폐지'는 공교육 과정이나 공공성 있는 교육을 보장하기 위한 제도를 부정하는 것이 아니다. 일정한 연령대의, 국가가 학력을 인증하는, 학년제와 정해진 교사와 커리큘럼으로 이루어진 학교라는 제도를 없애고 다른 교육 제도를 만들자는 것이다. 그러므로 이를 꼭 폐지가 아니라 재구성이라고 부를 수도 있을 것이다. 새로운 교육 제도는 더 다양한 삶의 공간 속에서, 더 다양한 사람들과 환경과 소재로 이루어질 것이다. 우리 사회가 초졸, 중졸하는 식으로 '학력'을 인증하지 않으면서 더 다양한 교육과정들이 운영될 수 있도록 지원하는 제도가 될 것이다. 이는 국가가 전문가라고 인정해 자격증을 준 교사에 의해서만 이루어지는 과정이 아닐 것이고, 다양한 학생들이 스스로의 힘을 사용하고 스스로 훈련하도록 촉진하고 돕는 과정이 될 것이다.

나는 우리가 교육을 바꾸려고 한다면 '학교 폐지'를 상상하고 염두에 두어야 할 것이라고 생각한다. '학교의 폐지'는 교육을 없애자는 것이 아니라 다른 형태의 교육을 만들자는 제안이다. 그리고 점차 이런 목표를 이루기 위해서는 학교를 개방하고 지역 사회와 학교 교육과정을 함께 만들고 운영해나가는 실험부터 시작해 볼 수 있을 것이다. 시험과 학교 등 당연하게 존재하는 것을 다시한 번 비판적으로 질문하고 바라볼 때, 우리가 변화를 만들 가능성을 얻게 될 것이다.

대학을 평준화하고
학벌을 해체하자

박유리 (민주노총 교육선전부장, 2011년 대학거부선언자)

학교 안에 존재하는 서열을 주제로, 서울에 있는 한 대학의 학생 자치 언론과 인터뷰를 한 적이 있다. 그 학교는 서울 캠퍼스와 지역 캠퍼스의 학번 표기를 1과 2로 나누어 신분(?)을 표시했고, 같은 인터넷 커뮤니티도 사용하지 못하게 했으며, 정시로 당당하게(?) 입학하지 못한 특별전형과 편입학한 학생들은 자신의 출신이 다름을 부끄러워하며 살고 있었다. 이렇게 입학 형태나 캠퍼스에 따라 서로를 나누고 취업률에 따른 학과 간 서열 경쟁이 존재한다는 내용을 다룬 기사였다. 사실 어찌 보면 이 기사에 특별한 점이라고는 없었다. 초·중·등 교육 12년간 함께 공부하던 친구는 대학의 문 앞에서 서로 경쟁자일 뿐이고, '일반고' '자사고' '특목고'라는 이름에 따라 등급이 매겨지는 교육을 받으며, 취업의 문 앞에서 줄 세우고 연봉으로 능력을 평가하는 시스템 속에서 이런 대학의 모습은 가슴 아프더라도 너무나 당연한 결과이기 때문이다.

그러나 이 기사는 학교 안팎으로 큰 반향을 일으켰다. 학교 안 '동문'이라는 이들은 '나는 차별하지 않았다'고 주장했고, 기자가 학교의 이름에 먹칠을 했다며 사과를 요구했다. 결국 학생회 주최로 기사 논란에 대한 토론회까지 열리게 되었다. 학교 밖에서는 어떻게 대학 안에서 이런 일이 있을 수 있냐며 학생들을 비난했다. 애초에 기자가 비판하려고 했던 '학내 경쟁과 서열을 조장하는 시스템'을 보려는 이들은 소수일 뿐이었다. 소위 'SKY'로 불리는 학교들 중 한곳에서 일어난 일이어서 더욱 이런 반응들이 나왔던 건 아닐까라는 생각이 들자 씁쓸함이 밀려왔다.

학교 안에서 학생들은 옆에 있는 이들을 함께 학문을 공부하고 탐구하는 '동문'이라고 느낀 적이 있을까? 수업에서 팀별 과제를 진행할 때조차 팀원의 성적을 서로 매겨서 교수에게 제출해야 하는 이들에게, 취업문 앞에서 학점 1~2점에 울고 웃어야 하는 이들에게, 서열과 경쟁의 구조에서 의연하게 행동하라고 쉽게 요구할 수 있을까?

소통하지 못하는 이기적인 세대라는 말

자신이 원하는 삶을 사는 사람이 얼마나 되겠냐만, 소위 '88만 원' 세대와 '이태백'(20대 태반이 백수) 세대에게 꿈을 위해 사는 것은 애당초 불가능한 일이었다. 불안과 패배가 내면화된 이들에게 '꿈'이란 얼마나 허망한 단어인가.

배우기 위한 공부가 아니었다. 입시를 위한 공부였다. 시험에서 점수를 잘 받기 위해 공부했다. 그 성적에 맞춰 대학과 전공을 선택했다. 전공은 취업이 잘되는 것으로 충분했고, 자신의 적성과는 무관했다.

한때 벤처 붐이 일었을 때 청년 창업을 앞 다투어 지원했고 창업 사례 홍보에 열을 올렸다. 청춘은 도전이라고 떠들던 사람들…… 거품이 꺼지고 빚을 안고 사는 이들은 그 누구도 돌아보지 않고 그 누구도 책임지지 않았다. 안정된 일자리는 사라지거나 줄어들고 있으며 새로운 일자리는 만들어지지 않고 있다. 그나마 남은 일자리는 불안정한 비정규직 노동이다. 언제 그만둬야 할지 모르는 불안함의 연속이다. 자기 삶을 스스로 계획하고 미래를 준비하는 안정적이고 지속 가능한 삶이 가능할 리 없다. 자본은 더 이상 노동력을 재생산하는 데 아무런 책임을 지지 않고 있다. 끊임없이 계층을 분리하여 불안감을 조성하고, 살아남기 위한 안간힘 외에 다른 생각을 할 여유를 박탈한다.

이 속에서 살아남기 위해서는 각자 알아서 자신에게 투자해야 한다. 직업을 구하기 위해 적극적으로 사회를 만나고 경험을 쌓아가는 것이 아니라 소통을 단절하고 고립을 자처한다. 세상과 소통하며 자신의 위치를 찾는 것이 아니라, 사회로 나아가기 위해 욕망을 억제하며 세상과 단절해나간다.

이러한 이들에게 세상은 말한다. 소통할 줄 모르고, 배려할 줄 모르며, 점점 이기적으로 변해간다고. 그러면서도 한편으로 '스펙'이 중요한 사회라고 이야기한다. 스펙 경쟁에 휘말려서 30대에도 여전히 취업준비생 즉 백수를 면치 못하는 현실에서, 살아남기 위한 단절을 원해서 하는 이가 얼마나 있겠는가. 이렇게 사는 방법 외에 다른 길이 있다면 알려주시길 바란다. 다른 길이 보인다면 한국의 청년들은 스펙 쌓기를 멈추고 세상을 경험하며 연애도 하고 친구들과 어울려 살아가는 것을 마다하지 않을 것이다.

차별과 계층을 만들어내는 생산 기지

흔들리는 불안한 삶을 벗어나고자 하지만 탈출구는 보이지 않는다. 그 어느 나라보다도 높은 자살률, 가파르게 상승하는 청소년 자살률, 자신의 일자리를 빼앗긴 정리해고 노동자들의 잇단 자살 같은 암울한 현실을 우리는 목도하고 있다. 경쟁으로 점철된 냉혹한 현실 속에서 이들의 죽음은 반향과 공감을 얻지 못한 채 외면당하고 있다.

불안한 사회에서 살아남기 위해 경쟁하라고 이야기한다. 이윤을 극대화하기 위한 경쟁은 인간의 본성이라고 한다. 모든 삶의 영역에서 경쟁을 강조하는 사회가 되었다. 그러나 사회의 여러 경쟁들은 사실 철저하게 사회제도에 의해 만들어진 것이다. 그리고 안타깝게도 경쟁을 가장 일상적으로 강요하는 공간은 학교이다. 현재의 학교는 철저하게 경쟁 시스템으로 돌아가는 공간이다.

공공을 위한 사회적인 일자리가 기업에 의한 일자리로 대체되고, 일자리를 가진 자가 사회를 지배하고 있다고 해도 과언이 아니다. 학교와 교육은 일자리를 가진 자의 요구에만 부응하고 있다.

고용당하는 것이 교육의 결과가 아니라 교육의 목표가 되었다. 학생들을 노동시장에 얼마나 어떻게 진입시켰는지가 대학의 평가 기준이 되고 있다. 중등교육에서도 대학 진학률, 그것도 명문대에 얼마나 보내느냐가 교육의 목표가 되었다. 고등교육에서는 고시 합격자 수나 기업 취업자 수가 평가 기준이자 교육 목표이다. 대학이 학생들의 각종 자격시험을 위한 공부나 지원을 하는 기관으로 변해버린 지 오래이다.

한국 사회의 대학은 더 이상 학문을 위한 기관이 아니다. 학력이라는 상품을 팔아 부를 축적하는 기업이 되었다. 대학 교육은 초·중등교육보다 더 많은 문제를 안고 있다. 학생들은 더 처절한 학점 경쟁의 노예로 전락했으며, 배움과 학문은 실종되었고, 고용당하기 위한 준비 기관으로만 작동하고 있다.

한국의 교육을 지배하는 것은 평가에 의한 서열 체제이다. 대학 서열이 중심인 학벌 사회에서 초·중등교육은 대학 입시를 위한 과정으로 왜곡되어버렸다. 본래 평가란 교육 목표에 얼마나 도달했는지 알아보기 위한 수단이다. 그러나 지금의 평가는 오로지 차별을 위한, 줄 세우기를 위한 도구일 뿐이다. 그리고 대학에 대한 평가 역시 그 대학에 입학한 학생들의 성적이 좌우한다. '좋은' 학생들이 '좋은' 학교에 들어갈 것이고 '좋은' 학교니까 '좋은' 학생들이 다닌다는 식으로 돌고 도는 논리이며, 이는 입시와 교육제도가 만들어내는 구조이기도 하다. 입학한 대학의 학벌은 자신의 능력과 노력에 따라 얻은 정당한 보상인 것처럼 여겨진다. 대학 서열과 학벌주의는 이렇게 학생 서열화, '능력주의'와 함께 재생산되고 있다.

한국 사회에서 학벌은 신분제와 같은 역할을 한다. 학벌 사회에서 학벌을 취득한다는 것은 쉽게 기득권에 편입될 수 있다는 것이다. 사회 권력과 연계하여 부와 권력을 독점하고 있는 이들에게 쉽게 닿을 수 있다는 것이다. 2011년 한국여성정책연구원이 발표한 설문조사 결과에 따르면, 29.6퍼센트는 '우리 사회에서 가장 심각하다고 생각하는 차별'로 '학력이나 학벌'을 꼽았다. 응답자 중 80퍼센트 이상이 학력이나 학벌 차별이 매우 또는 약간 심각하다고 답했다. 학벌이나 학력으로 인한 차별은 그것이 노력이나 능력에 따른 정당한 것이라는 생각을 가지기 쉽기 때문에 더욱 없애기가 어렵다. 또한 교육 과정이나 사회 경험 속에서 학력이나 학벌로 차별받은 이들은 더 위축되고 기회를 가지지 못하게 되기 때문에 양극화가 되는 경향도 있다. 꼭 경제적인 면이 아니더라도 사회적인 평가나 인격적 대우, 학문적 성취에 대한 평가에까지 학력과 학벌이 작용한다. 한국 교육과 대학 서열 체계가 차별과 계층을 만들어내는 생산 기지인 셈이다.

일자리를 구하는 과정과 일터에서 이루어지는 차별은 수치상으로도 뚜렷하게 드러난다. 2013년 취업 포털사이트 사람인이 소위 '지방대' 출신 구직자를 대상으로 한 조사에서는 10명 중 8명이 학벌 때문에 불이익을 받는다고 느낀 경험이 있다고 했다. 실제 취업률도 학벌 체계 '상위'에 드는 대학 학생들이 더 높은 편이며, 임금과 소득에서도 격차가 생긴다. 대졸자 간의 임금 격차를 조사한 논문 〈1999~2008년 한국의 대졸자 간 임금 격차 변화〉(한국

노동경제학회, 《노동경제논집》)에 따르면, 학벌 '최상위' 13개 대학 출신의 취업자들은 14~50위 대학 졸업자보다 14.2퍼센트, 51위 이하 대학 졸업자보다는 23.2퍼센트, 전문대학 졸업자보다는 42퍼센트 더 많은 임금을 받고 있었다. 한국고용정보원의 조사에 따르면 소위 'SKY' 졸업자의 평균임금은 281만 원이었으나 전문대 졸업자의 평균임금은 174만 원으로 큰 차이가 났다. 학벌에 따른 차별이 줄어들고 있다는 통념과 달리, 이런 소득 격차는 과거보다 오히려 더 커졌다.

여기에 중졸, 고졸, 대졸 등 학력에 따른 차별을 살펴보면 그 격차는 더 커진다. 2012년 한국직업능력개발원이 발표한 자료를 보면, 고졸은 월 평균임금이 145.5만 원으로 대졸 이상보다 평균 42.7만 원, 전문대 졸업자보다 12.7만 원 적었다. 고등학교를 졸업하고 노동자가 된 사람들은 비정규직 임시 일자리를 얻는 경우가 많고 이 때문에 일자리를 자주 옮겨 다니는 불안정한 상태에 있다. 출신 대학에 따른 학벌 차별과 졸업한 학교의 급에 따른 학력 차별은 다른 것으로 생각되지만, 사실 그 밑바탕에는 하나의 서열-차별 시스템이 존재한다. 소위 명문대를 정점으로 해서 고졸 미만까지를 줄 세우는, 학교 성적이 사람의 가치와 능력을 보여준다는 시스템이다. 경제 상황이 안 좋아지고 취업문이 좁아지면서 명문대를 나와도 취업을 하기 쉽지 않다는 사례들이 쏟아지고 있기는 하다. 그러나 이는 모두 똑같이 힘들다는 뜻은 아니다. 그 외의 사람들에게는 더욱 가혹해지고 있고, 기회의 격차는 한층 더 벌어지고 있다는 뜻이다.

학벌 체제로 인해 교육은 공공성을 상실한 채 부와 권력을 획득하기 위한 수단으로 기능하고 있다. 어쩔 수 없이 학생과 학부모는 학벌을 획득하기 위해 모든 수단과 방법을 동원한다. 대학 서열과 학벌주의의 한쪽에 사회적 차별과 소득 격차 등이 있다면, 다른 한쪽에서는 이런 서열에서 승리하기 위해 교육이 입시를 위한 것으로 왜곡되고 입시 사교육이 번창하는 현상이 일어난다. 사교육은 공교육이 채우지 못하는 분야를 보완해주거나 공교육에 적합하지 않은 청소년을 위한 것이 아니라, 조금이라도 더 많이 공부시키고 입시에서 성공 확률을 높이기 위한 수단이 되었다. 사교육비를 위해서라면 빚을 지는 것이 하나도 이상할 것 없는 사회이다.

입시 제도를 바꿀수록 심해지는 불평등

초·중등교육 12년의 배움에서 그가 무엇을 배우고 어떻게 성장해왔는지는 중요하지 않다. 점수가 모든 걸 말해주기 때문이다. 대학 입시 자체가 그 이전까지의 교육의 결과를 평가하는 힘을 가지고 있기에 초·중등교육은 대학 입시에 종속되어 있다. 대학 역시 교수와 학문의 질에 따라서가 아니라 선발 과정을 통해 결정되기에 대학 입시에 종속된다. 이렇듯 학생과 부모 입장에서는 대학 입시 성패가 이후의 삶에서 부와 권력의 획득과 빈곤의 대물림 여부를 결정하기에, 그들이 가지고 있는 모든 수단을 동원하여 이 엄청난 전쟁을 치르고 있다.

정부는 사교육비를 줄이는 것을 큰 목표로 잡고 있지만 이는 성공하지 못하고 있으며 오히려 늘고 있는 추세이다. 왜냐하면 입시 경쟁이나 학벌로 인한 차별 등에는 손대지 않으면서 EBS 강화 등 사교육을 다른 것으로 대체하는 땜질 처방으로 일관하고 있기 때문이다. 심지어 학교에서 사교육 없는 학교를 만들겠다며 밤까지 학생을 붙잡아두고 학원 강사를 불러 고액 보충수업을 시키는 사례까지 나타나고 있다. 서민 경제가 어려워지고 가계 부채가 늘고 있는데도 총사교육비는 줄어들지 않는 아이러니한 상황이다. 중산층 이하는 사교육비를 줄이고 고소득층은 늘리는 '사교육 양극화' 현상이 나타나고 있으며, 이는 경제력에 따라 성적과 학벌이 결정되는 불평등이 심해지고 있다는 뜻이기도 하다.

　　해방 이후 우리나라의 입시 제도는 무려 16회 바뀌었다. 단 한 번도 가혹한 입시 지옥을 없애는 데 성공하지 못했다. 지금까지 대입 제도가 바뀌어온 과정을 보면, 표면적으로는 언제나 과열된 입시 경쟁 완화, 사교육비 경감, 학교 교육 정상화 등의 이유를 내세워왔다. 그러나 대입 제도 변경은 한 번도 그 목표에 도달하지 못했다. 한국 교육정책의 역사는 입시 제도 변경사라고 할 수 있지만, 이는 언제나 실패한 역사일 뿐이다. 대입 제도 변경으로 대학의 서열 체제는 더욱 공고해지고, 학벌 사회는 강화되고, 사교육 불평등은 심화되고, 학교 교육은 대학 입시에 더욱 종속되었다. 실패는 항상 예정된 것이었다. 입시 제도 변경의 목표가 단순히 바꿔보는 것, 바꾸는 것을 보여주는 것, 그 자체에 있었기 때문이다.

　　지금까지 입시 제도가 바뀌면 오히려 불평등이 심화된다는 사실을 우리는 보았다. 제도가 바뀌면 바뀐 제도에 관한 정보와 변화에 적응이 필요하다. 정보력과 자원의 차이에 따라 빠르게 적응하는 계층과 그렇지 못한 계층이 생겨난다. 이런 차이가 계층 간의 차별을 만들어낸다. 입시 제도 변경의 표면적인 목적이 입시 경쟁 완화와 사교육비 경감에 있음에도 늘 실패하는 이유가 여기에 있다.

또 하나, 입시 제도가 복잡할수록 불평등이 심화되었다. 시험을 보지 않고 추첨을 통해 상급학교에 진학한다면 기회의 불평등은 없을 수 있다. 조건을 하나 붙이게 되면 그 조건을 충족시키기 위한 경쟁이 시작된다. 조건이 붙으면 붙을수록 각자 가지고 있는 자원의 차이가 승부를 가르는 큰 힘이 될 수밖에 없다. 현행 대입 제도는 내신, 수능, 입학 사정 관제, 대학별 전형이라는 여러 단계를 거쳐야 한다. 각 단계마다 요구하는 내용과 수준이 다르다. 이로 인한 학습 부담은 사교육의 힘을 얼마나 가질 수 있었는지에 따라 달라진다. 결국 한국의 대학 입시 제도가 자주 변화하고 복잡해짐에 따라 불평등이 강화된 것이다.

대학 서열 체제와 학벌을 해체하자

공고한 대학 서열의 구조와 복잡하게 변화해온 대학 입시 제도는 공교육을 왜곡시키고 불평등을 심화시켰다. 대학 서열 체제와 학벌 해체만이 불평등한 경쟁의 늪에서 탈출하기 위한 유일한 해결책이다. 부와 권력을 획득하기 위한 수단으로 전락해버린 교육의 공공성을 되찾아 교육의 불평등을 극복해야 한다. 대학 서열과 학벌주의는 우리 사회 전체의 건강성을 해치고, 사교육비 등 많은 낭비를 유발하고 있을 뿐이다. 학벌과 대학 때문에 불행해진 사람들은 많은 반면, 이런 것들이 우리 사회에 주는 바람직한 효과는 없다시피 하다.

대학의 서열을 없애고 평준화하자. 대학을 평준화한다는 것은 모든 대학이 균등한 교육 여건을 갖추고, 입시의 문턱을 없애는 것이다. 일정한 자격을 갖춘 학생이라면 누구나 가까운 대학에 갈 수 있도록 하고, 누구나 원하는 학과에 입학하도록 하는 것이다. 그렇게 된다면 어느 대학, 어느 학과를 나왔느냐에 따른 사회적 차별이 없어지지 않을까. 초·중등교육이 입시로 왜곡되지 않고 대학이 학문의 전당이 되기 위해서는 변화를 꿈꿔야 한다. 초등학생 입시 지옥을 없애기 위해 1969년도에 중학교 입시를 없앴고, 중학생 입시 지옥을 없애기 위해 1974년 고교 평준화 정책이 도입되었듯이, 대학 입시를 없애고 대학을 평준화해야 한다.

지금의 상황이 불합리하고 불평등하다고 느끼지만 경쟁이 완화되면 교육의 질이 떨어질까 걱정하는 이들이 있다. 대학 평준화는 대학 연구와 교육의 질을 높이는 데 한계가 있다고도 한다. 이런 주장은 특별한 이론적 근거가 없을 뿐 아니라 현실과도 일치하지 않는다. 한국은 지금까지 세계에서 유례를 찾기 힘든 대학 서열 체계를 유지해왔는데 대학 경쟁력은 어떠한가. 경제협력개발기구(OECD) 국가 중에서 하위권에 속한다. 대학이 서열화되어 경쟁해온 시스템으로 60년이 지났음에도 그들이 주장하는 경쟁력을 갖추지 못했다는 것은, 오히려 현재의 시스템이 잘못되었음을 보여주는 것은 아닐까. 대학 평준화를 채택한 나라들의 대학 경쟁력이 결코 낮지 않음은 쉽게 확인할 수 있다. 독일, 프랑스, 핀란드의 대학은 비평준화 체제로 운영되는 국가의 대학보다 높게 평가되고 있다. 미국의 대학도 소위 아이비리그를 제외한 대부분의 국공립대학은 평준화 체제에 가깝다.

불안하고 불행한 이들에게 살아가기 위해 경쟁하라고, 옆에 있는 이들을 밟고 나가라고 무섭게 채찍질할 것인가. 아니면 고통을 극복하기 위해 세상과 단절하지 않고 함께 손잡고 살아나가자 할 것인가. 고통의 늪에서 벗어나는 길은 그리 멀리 있지 않다.

주인 길들이기

김성일(청년좌파 대표, 2011 대학거부선언자)

내가 초등학교를 다니던 1980년대에는 학교에서 괴이한 일들 (어디까지나 지금 시각으로 보면)을 많이 시켰다. 흔히 알려진 '평화의 댐' 모금이야 그렇다 치더라도, 학교에 폐품을 (만들어서라도) 가져 가야 한다거나, 쌀을 가져가야 한다거나, 똥(!)을 가져가야 한다거 나…… 다 나름대로의 이유들이 있었지만, 정말이지 괴이한 것은 자기 가족들을 조사해서 발표하는(!) 일이었다. 그 당시에는 주기 적으로(아마도 학년이 바뀔 때마다였던 것 같다) 수업 시간에 자기 부모의 학력을 발표해야 했다.

어렴풋한 기억이지만 그 당시에 대졸, 대학원졸은 한 반에 다 섯 손가락으로 꼽을 만큼 적었던 것 같다. 대부분이 초졸, 중졸의 학력이었고 고졸만 되어도 고학력 취급이었다. 그나마도 자기 자 식이 친구들 앞에서 기죽을까봐 학력을 속이는 부모도 있었으니,

실제 대학 진학률은 상당히 낮았을 것이다. 내가 졸업하던 1990년까지만 해도 대학 진학률은 30퍼센트대에 불과했다.

'장래희망 조사'를 하면 과학자 다음으로 많이 나오는 것이 '회사원'이었다. 정규직이니 비정규직이니 하는 신분 구분이 없던 시절, 당시 사람들에게 '일'이란 '노동일'과 '회사일' 이 두 가지로 나뉘어져 있었다. 여기서 '회사일'이란 사무직을 이야기하는 것이다. 그리고 그것은 대학을 나오지 않아도 할 수 있는 일이었다. 물론 어떤 부모도 그런 '평범한' 삶을 사는 자녀를 원하지 않았지만. 그런 부모들에게 자식이 대학을 나온다는 건 '특권'을 획득하는 것이었다. 부모의 계급을 극복하고 신분상승을 하는 자식에 대한 열망이 광적인 교육열을 만들어내고 있었다.

1997년 2월, 고등학교 졸업식에서는 저마다의 수험 결과가 입에서 입으로 떠돌았다. 지망 대학에 합격한 녀석은 그리 많지 않았다. 나는 지망은 둘째 치고 아예 대학을 가지 못한 쪽에 속했다. 대학에 붙은 놈은 잘된 놈이었고, 붙지 못한 놈은 그냥 '못나가는' 놈이었다. 어떤 녀석은 재수를 선택했고, 어떤 녀석은 취직을 했다. 내 선택은 위장 재수였다. 한 1년 더 어영부영 놀아볼까 싶어서, 재수를 한다는 명목하에 오후 알바를 하며 나머지 시간은 빈둥거렸다. 그해 말, IMF를 만났다. 이 시기에는 군대 가는 게 답이라는 세간의 풍문과, 친구들이 다 군대에 가서 심심해진 일상 때문에 나도 군대에 지원했다. 그즈음 아버지는 동네 술집을 시작했다. 1년 후, 나는 입대했다.

그냥 '못나가는' 놈에서 '비정상'으로

2001년 1월, 밀레니엄의 시작과 함께 사회로 나왔다. 어떻게든 '대충 취직해서 대충 먹고살 수 있겠지'라고 막연하게 생각하던 그 무렵, 대학 진학률은 70퍼센트를 넘어서 있었다. 그리고 80퍼센트를 넘어서던 2004년, 급기야 대학생은 '특권'을 완전히 잃어버리고 대신 '정상성'을 획득했다. 나의 위치는 '못나가는' 놈에서 '비정상'으로 변경되었다. 그것은 혁명적인 변화였다.

어느새 세계는 완벽하게 지상과 지하로 분리되어 있었다. 나의 일터는 지하였고, 그 외의 세계는 지상이었다. 지하에서는 여전히 30퍼센트 수준의 대학 진학률이 지켜지고 있었고, 지상에서는 모두가 대학에 다니고 있거나 대학을 졸업한 상태였다. 지상에서 처음 만난 사람들은 "전공이 뭐예요? 학번이 어떻게 되세요?"라고 묻곤 했지만, 지하에서 학번 따위를 들먹였다간 흠씬 두들겨 맞고 "됐고 민증 까"라는 소리나 듣기 십상이었다.

영화에서도 드라마에서도, 대학생이 아닌 20대는 점점 사라져갔다. 내가 대학생이 아니라는 사실은 어느새 설명해야 할 일이 되었고, 전공이나 학번을 묻는 질문에 대답하는 요령도 생기기 시작했다.

서른이 되어갈 즈음, '청년 실업'이라는 말이 나오기 시작했다. 4년제 대학을 나와도 취직이 녹록지 않은 시대가 개막된 것이다. 미래를 위한 충분조건이었던 대학은, 10년 사이에 최소 조건으로 추락했다.

숙련된 강아지의 길

청년 실업이라는 문제에 대해 이 나라는 청년들의 눈이 높아서 생긴 문제라고 간단히 치부했지만, 실제로는 오히려 눈이 낮아져 가고 있었다. 청년층 임금노동자 중 임시·일용직 비중은 2000년대 들어 점점 높아졌고, 취업에 실패한 대학·대학원 출신의 소위 고급 인력들도 하향 취업을 하는 추세였다. 정부가 대책이라고 내놓는 것들은 별 볼일 없었다. 직업 훈련 등을 통해 숙련 노동자를 만들겠다는 것 외에는 거의 빈말에 불과했다.

숙련 노동자를 만들겠다는 것은 사실 청년 실업의 대책이라기에는 뭣한 이야기다. 일자리가 한정되어 있고 그 한정된 일자리에 모두가 들어갈 수 없다는 문제와 무관하기 때문이다. 고용 없는 성장과 저임금 장시간 노동, 생산성 향상으로 인한 필요 노동력의 감소 안에서 "고숙련 노동자가 되어라"라는 요구는 오히려 실업률을 늘리는 길일 수밖에 없다.

어쨌거나 그런 '대책'을 굳이 내놓지 않아도 사람들은 이미 고숙련 노동자가 되기 위해 열심히 달리고 있다. 등록금 1,000만 원 시대에 사람들은 대출을 해서라도 대학에 다니고 각종 자격증을 따러 다닌다. '스펙'이라는 말은 아예 일상어가 되었다. 얼핏 쓸모도 없어 보이는 수많은 자격증을 따기 위해 공부하고 공부하고 공부한다. 그리고 평생 쓸 일이 없는 그 자격증들은 분명 취업에 도움이 된다. 도대체 어디에 써먹을지 알 수 없는, 직무와도 별 관계 없는 능력을 열심히 쌓은 대가로 '직장'은 상금처럼 주어진다. 마치 애완견이 생존을 위해 '차렷' '발' 훈련에 적극 임해야 하는 것처럼. 우리는 아마 괴롭힘을 당하고 있다고 해도 과언이 아닐 것이다.

'발'을 내미는 데 성공한 강아지는 과자를 얻는 대신에 '차렷' 훈련을 시작한다. '차렷' 훈련에 성공하면 다음에는 '빵야'를 익히고, 그렇게 '숙련 노동자'가 된 강아지는 언젠가는 불타는 링을 뛰어넘어야 할지도 모른다. 때때로 한 번의 홈런으로 성공하는 강아지가 나올지도 모르지만("컴퓨터 백신을 잘 만들었더니 대권 주자가 되었습니다" 같은 식으로), 그런 우연한 시대의 우연한 경우는 소수만이 우연히 만날 수 있을 뿐이다.

나는 대학에 가지 못한 사람이고, 여전히 대학에 가서 공부해 보고 싶다고 생각하는 사람이다. 그러나 그런 욕구와 관계없이, 이제는 '이런 짓 좀 그만해야 하는 것 아닌가' 하는 생각도 든다. 이 끝없는 숙련 강아지의 길을, 다음 시대에 등장할 어린 강아지들을 위해서라도 그만둬야 하는 것 아닐까. '발'을 요구하는 주인의 손바닥을 물어뜯어버리지는 못하더라도, 적어도 못 들은 척 외면해버리기라도 해야 하는 것 아닐까. 전국의 강아지들이 어느 날 주인에게 앞발을 내밀지 않기로 결의했다는 소문이 퍼진다면 많은 주인들이 강아지 훈련을 포기하게 되지 않을까. 그렇게 주인을 길들일 수 있지 않을까. 더 이상 숙련되기 위해 혼을 팔지 않아도, 더 이상 "빵야!" 소리에 바닥을 데구르르 구르지 않아도, 우리가 배가 고프다는 이유만으로 사료를 내놓도록 주인을 길들일 수 있지 않을까.

이것은 자유와 사회적 평등에 대한 이야기

대학을 거부하는 맥락은 쉽게 이해될 수 있지만, 대학을 거부한 이후의 길은 무엇인가에 대해 이야기하는 데는 결국 대안의 제시가 필요하다. 개인의 용기는 개인이 사회와 맺는 관계의 맥락을 떼어놓고 발휘될 수 없으며, 마찬가지로 개인의 선택(혹은 거부) 이후는 그가 관계 맺은 사회 조건을 떼어놓고 이야기하기 어렵다.

앞발을 내밀어야 사료를 먹을 수 있다는 것은 우리의 착각일지도 모른다. 혹은 그렇게 생각하도록 훈련되었기 때문이거나. 반대로, 앞발을 내밀지 않아도 사료를 주어야 한다고 믿도록 주인을 훈련시키기 위해서 우리는 앞발 내밀기를 중단하는 것부터 시작해야 한다. 단지 대학뿐만 아니라 주인이 원하는 과정들을 밟기를 거부하는 것부터 말이다. 그러나 거부가 그 과정들을 대가로 받아왔던 것들을 포기하는 결과로 이어진다면, 그것은 거부도 무엇도 아닌 그저 살아가는 방식에 머무르게 될 것이다.

벨기에 루뱅 대학의 교수이자 기본소득지구네트워크의 창립 멤버인 반 빠레이스는 현대사회에서 실업은 당연하게 발생한다고 말한다. 예컨대 자동차 100대를 생산하기 위해 예전에는 100명의 노동자가 필요했지만, 지금은 20명 정도로 자동차를 만들 수 있다는 것이다. 오로지 성장을, 숙련 노동자가 될 것을 주장하는 사람들은 그러면 고용을 유지하기 위해서 생산을 늘리면 된다고 말한다. 그러나 생산은 끊임없이 늘어나도 실업은 줄지 않고 있는 것이 현실이다.

반 빠레이스는 "현명하고 정의로운 방법"은 "모든 사람에게 무조건적인 소득을 제공하는 것"이라고 말한다. 너무 많이 일해 직업병을 얻는 사람은 더 적게 일하고, 줄어든 노동시간만큼 일자리를 창출해 실업자를 줄이며, 교육을 받고자 하는 사람들은 그 시간을 보장받을 수 있다는 것이다. 이를 '기본소득'이라고 한다.

기본소득은 한 예일 뿐이고, 이것은 궁극적으로 자유에 대한 이야기이기도 하다. 자유의 확장은 선택권의 확장을 수반한다. 선택권의 변동은 관계의 변동을 가져온다. 사회가 제시한 역할을 따르지 않은 개인이 빈곤을 떠안지 않고, 적절히 제시하지 못한 사회가 그 책임을 떠안는 것. 넓게 보자면 각 개인의 조건과 욕구에 맞는 사회를 만드는 데 실패한 사회가, 손해 보는 개인들에게 보상하는 것. 이는 대학거부의 정당성을 떠받치는 가치들 중에서 가장 중심에 있다고 보아도 무방할, 사회적 평등의 문제이기도 하다.

기본소득이 아니어도 좋다. "우리는 앞발을 내밀지 않겠지만, 그래도 사료를 내놓아라" 정도면 충분하다. 거창하고 단순한 대안이지만 말이다.

대학·입시거부는
어떻게 운동이 되었나

공현

대학·입시거부가 '운동'으로 본격적으로 시작된 것은 2011년, 투명가방끈부터였다고 할 수 있다. 그보다 더 과거의 대학·입시거부운동에 대해 이야기하겠다는 것은 결국 시작되기 이전의 역사, '전사前史'를 이야기하는 일이다. 이때 어려운 점은 바로 대학·입시에 대해서 어떤 경우가 '거부'이고, 어떤 경우가 '포기'나 개인적인 '선택'인지 구별해내는 것이 쉽지 않다는 것이다. 엄격한 잣대를 들이댄다면, 공개적으로 거부의 뜻을 선언하지 않은 경우는 '거부'라고 해선 안 될 것이다. 하지만 그렇게 표면에 드러난 것만을 대학·입시거부운동의 역사로 말해야 한다면, 나는 아쉬운 마음이 남을 것 같다. 우리 교육 체제의 문제는 오랜 옛날부터 있어온 것이고, 많은 청소년·청년들이 이에 대해 나름의 고민을 해왔다. 그중에는 비판적인 문제의식을 가지고 사실상 '거부'를 했으나

운동의 기반이 없어서 그것을 공개적으로 알릴 기회를 가지지 못한 사람도 틀림없이 있었을 것이다.

그래서 이 글에서는, 1980년대에 '고등학생운동'을 하면서 사회에 비판적인 의식을 가지고 대학 진학을 하지 않았던 사람들의 이야기부터 시작해보려 한다. 그다음에는 2002년에 공개적으로 수능거부를 선언한 사건부터 이어진 수능거부와 대학거부선언을 소개하도록 하겠다. 그러면서 그 사이에 어떤 변화가 있었기에 '수능거부선언'이나 '대학거부선언'이란 것이 가능해졌는지, 그리고 투명가방끈이 나타나게 되었는지 간단하게 살펴볼 것이다.

'세상을 바꾸기 위해'-고등학생운동

민주화운동의 열기가 뜨겁던 1980년대, 중·고등학생들도 그 열기에서 예외는 아니었다. 시민단체, 동아리, 교사나 대학생을 통해 다양한 경로로 조직된 중·고등학생들이 사회운동에 참여했다. 이들의 운동을 대학생들의 '학생운동'과 대비시켜 '고등학생운동'이라고 부른다. 고등학생운동은 두발 자유, 보충수업 철폐, 비리·폭력 사학 퇴진, 학생회 직선제 등 학생들의 권리와 교육 문제에 관한 투쟁을 전개하기도 했고, 통일운동이나 노동운동, 민주화운동 등 여러 사회운동에 참여하기도 했다. 고등학생운동의 규모나 수를 정확히 파악하는 것은 어렵지만, 고등학생운동을 경험한 사람들이 그리 드물지는 않았다. 1989년과 1990년, 전교조 출범과 정부의 전교조 탄압을 계기로 고등학생들이 대중적인 투쟁을 벌였던 것을 연구한 자료 중에는, 한 해 동안에만 학교 안팎에서 투쟁에 참여했던 인원수가 연인원으로 50만 명에 이른다고 집계한 것도 있다. 그런 자료들에 비춰볼 때, 적어도 수백 명 이상이 적극적으로 활동을 했을 것이라고 추정된다.[*]

그런데 잘 알려지지 않은 사실이지만, 당시의 고등학생운동 활동가들 중 많은 사람들이 의식적으로 대학에 가지 않았다. 대학에 가지 않고 노동 현장으로 가는 것을 택했던 것이다. 비록 거부선언 같은 것은 없었지만, 운동을 했던 활동가들이 집단적으로 대학 진학을 하지 않은 것은 분명 지금의 대학·입시거부운동과 비슷한 점이 있어 보인다. 생각해보면 좀 이상한 일이다. 그때 사회운동의 주력 중 하나는 대학생운동이었고, 고등학생운동 역시 대학생운동의 영향을 많이 받았다. 그러니 고등학생운동 활동가들도 대학생이 되고 싶어했을 법한데, 그들은 왜 대학에 가지 않는 것을 선택했던 것일까?

고등학생운동 활동가들은 분명 입시 경쟁 교육에 대한 문제의식을 가지고 있었다. 학력, 학벌 차별에 대한 문제의식, 투쟁을 통해 그러한 문제들을 해결하려는 의지도 있었다. 추측건대, 그들 중에는 입시 경쟁에 순응하는 것 또는 대학을 통해 높은 학력·학벌을 얻어 계급 상승과 출세를 꾀하는 것을 거부하려 한 사람도 있었을 것이다. 그리고 무엇보다도 그들이 대학 진학을 하지 않은 가장 주된 이유는 '세상을 바꾸기 위해서' '운동을 하기 위해서'였

● 양돌규, 〈민주주의 이행기 고등학생운동의 전개 과정과 성격에 관한 연구〉, 2006.

다. 고등학생운동 활동가들도 계급의식과 운동의 결의를 가지고 대학에 가지 않고 노동자가 됨으로써 '현장'에 뛰어들었던 것이다. 대학에 가지 않고 바로 노동자가 된 고등학생운동 활동가들은 대학생들과 달리 취업할 때 학력을 위조할 필요가 없었다. 또 그들은 어차피 노동자가 되어 노동 현장에서 운동을 할 생각이었기 때문에 굳이 대학을 나올 필요성도 느끼지 않았을 것이다. '운동을 위해' 대학에 가지 않는다는 것은 그들로서는 어쩌면 고민의 결과가 아닌 당연한 선택이었을 수도 있겠다. 고등학생운동의 활동가였던 사람이 다른 활동가들을 인터뷰해서 쓴 기사에서는 이를 이렇게 표현하고 있다. "고등학교 졸업 후 그는 현장의 삶을 택한다. 노동자로 민중 속의 삶을 실천한 것은 당시 고등학생운동을 했던 사람들 대다수가 선택한 길이었다."**

나 자신이 대학거부선언에 참여한 여러 이유 중 하나가 '활동가로서 더 잘 활동하기 위해서'였기 때문에 나는 고등학생운동 활동가들의 이런 선택에 공감하는 면이 있다. 교육과 사회의 구조에 대해 문제의식을 가지고 자신이 원하는 삶을 살기 위해 대학·입시를 거부한다는 면에서 결국 투명가방끈의 거부자들이나 고등학생운동 활동가들이나 그리 다르지 않은 것 아닐까?

그렇지만 역시 고등학생운동 활동가들은 대학·입시를 '거부'한다는 의식을 가지진 않았다. 그들은 교육과 사회에 대해 충분히 문제의식을 가지고 있었고 대학을 진학하지 않는 선택을 했지만

** 성하훈, 〈거리로 나섰던 '고딩'들 "나이 먹어도 우린 운동가" [청소년운동 20년] 87년 고등학생운동 1세대의 현재 모습〉, 오마이뉴스 2007. 12. 4.

그것을 공론화시키진 않았다. 따라서 그들의 선택을 운동으로서의 대학·입시거부였다고 말할 수는 없을 것이다.

고등학생운동 활동가들의 대학 비진학이 대학·입시거부로 나타나진 않았던 이유는 여러 가지를 꼽을 수 있다. 우선, 그 무렵에는 대학 진학률이 35퍼센트 안팎밖에 되지 않았다. 학력·학벌차별이나 학벌주의는 그때도 마찬가지였고 학교 교육도 입시 경쟁 위주였지만, 학생들 중 반 이상은 대학에 못 가던 시기였다. 따라서 대학에 안 가거나 못 가는 것이 그렇게 새삼스러운 일이 아니었고, 굳이 그것을 '거부'라고 생각하지는 않았으리라.

또한 그 당시에는 교육운동이나 청소년운동의 독자적 주장이나 교육 체제에 대한 분석 등이 아직 만들어지지 못한 상태였다. 교육의 문제도 주로 군부독재, 분단, 자본주의 등 거대 체제의 문제 속에서 이해했고, 독재 타도와 조국 통일이 교육 문제 해결을 위해서도 우선 이루어야 할 과제가 되었다. 그런 현실 인식 때문에 학생들은 사학 재단과 싸울 때도 '폭력 교사와 비리 사학을 비호하는 군부독재는 물러나라'고 외쳤다. 집회에서는 입시 교육과 살인 경쟁을 '직선제'(대통령 직선제 또는 학생회장 직선제를 가리키는 것으로 보인다)로 끝장내자는 피켓을 들기도 했다. 그러므로 고등학생운동 활동가들에게는 세상을 바꾸기 위해 대학·입시를 거부하는 운동을 한다는 생각 자체가 해본 적 없는 발상이었을 가능성이 높다. 지금 듣기에는 낯선 이야기이지만, 교육의 문제를 해결하기 위해 노동운동이나 통일운동에 투신하여 변혁과 혁명을 위해 헌신한다는 것이 그들에게는 자연스러웠을 수도 있다.

물론 민주화운동, 통일운동, 노동운동 등과 긴밀하게 연결되어 있던 고등학생운동의 성격은 그 시대에 맞는 의미 있는 운동의 형태였을 것이다. 그 뒤 '수능거부'라는 형태의 실천이 등장한 것은 2002년이 되어서였다.

이어진 '수능거부' 선언들, 그리고 김예슬의 '대학거부선언'

2002년 11월 6일 수능시험일, 고3 학생이었던 박고형준은 수능시험을 보러 가지 않았다. 박고형준은 대신 광주광역시교육청 앞에 가서 피켓을 들고 1인시위를 했다. 공개적인 '수능거부' 선언이었다. 박고형준은 광주에서 고등학생 때부터 '학생 인권과 교육 개혁을 위한 전국 중·고등학생연합' 활동을 해온 청소년활동가였다. 그는 입시 경쟁과 학벌주의에 대한 문제의식으로, 경쟁에서 승리한 강자가 되지 않겠다는 마음으로 수능을 거부하고 대학을 가지 않는 길을 택했다. 1994년부터 시행되었던 수능시험은 2002년 당시 대학입시의 상징으로 자리잡았고, 대학 진학률도 70퍼센트를 넘는 등 대학 진학이 일반적 풍경이 되어 있었다. 이때 등장한 '수능거부'라는 슬로건은 학생들을 점수 매기고 경쟁시키는 교육, 대학입시, 학벌주의 그 자체에 대한 거부의 의미를 담고 있었다.

이후 '수능거부'라는 실천 형태는 2007년에 다시 등장한다. 2007년 11월 수능시험일, 대안학교 고3 학생으로 청소년 사회주의 단체에서 활동을 하던 허그루는 교육부 앞에서 수능거부를 선

언했다. 허그루는 수능만이
아니라 논술, 내신 등 '입시
지옥' 전부를 비판하며, "대
학 가는 것 외엔 어떤 꿈도
쓸모없게 되는 입시 경쟁
교육이 너무도 싫습니다. 경
쟁 교육에서 벗어나 원하는
것을 배우고 꿈꾸는 누구

2008년 수능시험일 김남미 수능거부 퍼포먼스.

나 누릴 수 있는 자유를 청소년에게 돌려주세요"라는 피켓을 들고
1인시위를 했다. 허그루의 선언은 2007년 결성되었던 '입시폐지
대학평준화 국민운동본부'의 대학 평준화 요구 기자회견과 함께
이루어졌다.

수능거부선언은 이듬해에도 있었다. 2008년 11월 수능시험일
에도 고3 학생인 엠건(김남미)과 또또(박상훈)가 교육부 앞에서 수능
거부를 선언했다. 엠건은 수능거부의 이유를 "친구들이 사는 걸
보면 태엽을 감으면 자동으로 움직이는 인형 같다. 태엽을 감으면
공부하고 풀리면 잠드는 그런 인형이 아닌 사람답게 살고 싶기 때
문"이라고 밝혔다. 기자회견 뒤에 엠건은 "우리는 살고 싶습니다"
라고 적힌 피켓을 들고 다른 청소년들과 같이 퍼포먼스를 했다.
이때의 수능거부선언 역시 '입시폐지 대학평준화 국민운동본부'의
활동과 발을 맞춰 진행되었다.

2009년의 수능거부 1인시위에는 대안학교 고3 학생 총 4명이
참가했다. 그중 2명은 대학 진학을 거부한 '거부자'였고, 나머지

우리는 대학을 거부한다

2009년 수능거부 선언과 '입시폐지 대학평준화' 공동행동 기자회견 현장.

2명은 대학에 갈 생각이었지만 다른 2명의 거부선언을 지지하며 함께한 사람들이었다. 그들은 '입시폐지 대학평준화 국민운동본부'의 기자회견에 참여한 뒤, 교육부 정문과 후문에서 번갈아가며 릴레이로 1인시위를 했다. 학생들은 피켓에 "제 친구가 죽었습니다. SKY 못 가면 하늘 볼 권리도 없나요? 공부를 하지만 배우는 것은 아니다. 피 묻은 펜은 싫어요!" "네가 너의 길을 선택하는 거라 생각하니? 아니, 넌 선택받으려 발버둥치는 게 아닐까? 수능폐지" 등의 문구를 써서 자신들의 거부 이유와 비판적 의식을 표현했다. 수능거부선언은 이렇게 매년 이어졌고, 청소년운동이나 대안교육을 기반으로 더 확대될 조짐도 있었다. 그러나 한편으로는 선언이 3년째 반복되면서 언론과 세상의 주목도가 낮아진 것을 체감할 수 있었다.

이듬해인 2010년에 한국 사회를 떠들썩하게 만든 것은 바로 '대학거부선언'이었다. 김예슬이라는 고려대학교 학생이 학교를 자퇴하면서 〈오늘 나는 대학을 그만둔다. 아니, 거부한다〉라는 대자보를 붙이고 1인시위를 했던 것이다. "쓸모 있는 상품으로 간택되지 않고 쓸모없는 인간의 길을 선택하기 위해" 대학을 그만둔다는 김예슬의 대학거부선언은 취업과 스펙 쌓기에 내몰린 대학 교육의 문제점과 20대의 불안한 현실을 지적하는 내용이었다. 이 선언은 책《88만 원 세대》등 20대 청년 담론이 쏟아지던 와중에 등장하여 많은 관심을 받았다. 20대 한국 사회 학벌 서열에서 상위에 속하는 고려대학교의 학생이 대학 교육을 비판한 것도 이 대학거부선언의 파급력을 키웠다. 소위 '명문대'에 다니는 대학생조차 대학 교육과 20대의 현실에 문제가 있다고 고발하고 거부를 외친 사건은, 20대의 불안정한 처지 등이 그만큼 심각하고 일반적인 현상임을 보여준 것이었다. 또한 사람들은 고려대라는 학벌을 버릴 정도로 '용기 있는' 김예슬 개인에 대해 주목했다. 이는 '학벌 권력을 포기했기에 더 진정성 있는 선언'이라는 상찬과 '대학거부도 명문대생이 하니까 먹히는 것'이라는 지적을 동시에 불러일으켰다. 김예슬은 이후에 자신의 이야기를 담은 책《김예슬 선언—오늘 나는 대학을 그만둔다, 아니 거부한다》를 출판하여 자신의 생각과 문제의식을 더 자세히 알렸다. 김예슬의 대학거부선언은 그 전까지 청소년들의 수능거부선언과는 결을 달리하는 것이었지만, 많은 부분이 연결된 것이기도 했다. 결국 그것은 교육의 문제였고, 대학의 문제였고, 학벌의 문제였으며, 경쟁의 문제이자, 우리 사회의 청소년·청년들의 삶의 문제였다. 김예슬의 대학거부선언 이후 '대학거부'라는 말이 우리 사회에 각인되었다. 수능거부선언 역시 대학거부의 문제로 문제의식을 넓힐 수 있었다.

그런 와중에, 2010년에도 수능거부선언은 끊이지 않았다. 고3 학생이었던 고다현은 2010년 수능시험일에 교육부 정문에서 "친구를 적으로 만들고 인생을 점수로 매기는 수능을 거부합니다. 12년의 성적 경쟁을 끝내며"라는 피켓을 들고 1인시위를 함으로써 수능거부를 선언했다. '입시폐지 대학평준화 국민운동본부'가 활동을 중단했기에, 교육운동과 함께 기자회견을 가지거나 지원받지 못했던 수능거부선언이었다. 그리고 그랬기에 더욱 용기와 결단이 필요했던 선언이었다.

그리고 2011년 투명가방끈은 대학거부선언과 대학입시거부선언을 집단적으로 발표하며 대학·입시거부운동의 시작을 알렸다.

1980년대 고등학생운동과 2000년대 수능거부선언, 대학거부선언 사이에는 어떤 차이가 있는가? 2011년 투명가방끈이라는 집단적인 대학·입시거부운동이 등장하는 데는 어떤 것들이 영향을 미쳤는가? 이것을 살피는 것은 대학·입시거부운동의 역사에서는 물론이고, 앞으로 대학·입시거부운동의 전망을 생각할 때에도 필요한 일이다.

가장 먼저 들어야 하는 것은 사회 상황의 변화이다. 한국 사회는 1990년대 중반을 넘으며 형식·절차적 대의제 민주주의가 진전되었다. 그리고 역설적으로 교육 등 사회 각 영역의 문제점과 폐해들이 선명하게 드러났다. 이것이 단순히 민주화나 분단 체제만의 문제가 아니라 한국 사회의 구조적 문제이고 자본주의의 문제이며 각 영역과 제도와 문화의 문제임이 분명해진 것이다. 이에 따라 교육 영역에서는 입시 경쟁 교육과 대학 서열화, 학벌주의 등을 타파하기 위한 독자적인 해법과 운동이 제시되었다. 또한 교육, 노동, 경제, 사회 모든 영역에 신자유주의가 뿌리내리면서 비정규직 등 불안정 노동은 늘어갔고 삶의 불안정성은 더 커졌다. 그 영향으로 대학 진학률이 70~80퍼센트대에 이르게 되는 등 대

운동	시기	비판적·변혁적 의식	거부의 운동성	거부의 다수성·집단성
고등학생운동	80년대 중반~90년대 초반	○	X	○
수능·대학거부선언	2002~2010년	○	○	X
투명가방끈	2011년~	○	○	○

학 진학이 일반화되었고 높은 대학 등록금 등이 사회문제가 되었다. 20대와 청년의 불안정해진 교육과 노동과 삶의 조건을 다루는 이론들 역시 다양하게 등장했다.

현재 상황을 살펴보면 한편에서는 학벌주의 등이 여전히 존재하는 상태에서 생존 경쟁은 더 치열해지고 개개인이 받는 압력은 더 강해졌는데, 또 다른 한편에서는 이와 상반되는 경향도 나타나고 있음을 알 수 있다. 즉, 어차피 좋은 학벌을 얻는다고 해도 그것이 안정적이고 질 좋은 직장에 취업하는 것을 보장해주지는 못하는 시대가 됐다는 것이다. 대학을 나오는 것이 삶을 어느 정도 보장해주지 않는다면, 과연 그렇게 고생을 해서 입시 경쟁에 참여하고 몇 천만 원에 이르는 교육비를 감당해야 하는지, 대학이 쓸모가 없는 것은 아닌지 하는 회의론이 힘을 얻는 것은 자연스러운 일이다. 물론 대학·입시거부운동이 대학이 어차피 취업에 도움이 되지 않으므로 쓸모없다는 식의 주장을 하는 것은 아니다. 그러나 이처럼 한편에서는 대학이 필수로 요구되고 학력과 학벌이 차별의 기준이 되면서도 다른 한편에서는 대학 교육의 유용성이 의심

받고 있는 현실이, 대학·입시거부운동이 대중에게 공감을 얻을 수 있는 경제·심리적 근거가 된다는 점은 직시해야 할 것이다. 이러한 사회 상황은 대학·입시거부운동이 수능거부선언과 대학거부선언을 거치며 나타나게 된 배경이 되었다.

더 직접적인 영향을 끼친 것은 운동의 상황이었다. 대학·입시거부운동에 직접적인 기반을 제공한 것은 청소년운동, 교육운동, 대안교육운동, 청년운동 등이었다. 2002년 박고형준을 비롯해 많은 수능거부자들이 청소년운동 출신이었음을 주목할 필요가 있다. 청소년 당사자들이 교육과 학교의 문제에 대해 목소리를 내고 투쟁을 하는 청소년운동이 있었기에 대학·입시거부라는 운동이 가능해진 것이다. 청소년들은 대학입시 문제의 당사자였기에 거부라는 방법으로 정치적 의사 표현을 할 수 있었다. 또한 청소년운동에서 입시 경쟁과 학벌주의에 대해 비판하는 의견을 접하며 자신의 진로를 생각하던 청소년들은 자연스레 대학·입시거부를 고민할 수밖에 없었다. 특히 2011년 투명가방끈 운동을 처음 제안한 것도 청소년운동을 하던 활동가들이었다. 청소년운동을 하던 사람들이 늘어난 것이 대학·입시거부운동이 자라나는 토양이 된 것이다.

교육운동의 영향도 빼놓을 수 없다. 교육운동은 입시 경쟁 교육, 대학 서열화, 대학 개혁 등에 대해 여러 활동을 펼쳐 대학·입시거부운동을 가능케 한 조건을 마련해주었다. 특히 2003년부터 교육운동 단체들이 수능 때마다 열었던 '수능반대(안티수능) 페스티벌'은 직접적으로 수능거부선언 등에 영향을 미쳤다고 봐야 할 것이다. 입시의 상징이 된 수능시험을 반대한다는 것은 간접적으로 청소년활동가들이 수능거부를 고민하게 했다. 또한 2007년 만들어진 '입시폐지 대학평준화 국민운동본부'는 입시 폐지와 대학평준화, 학벌주의 타파를 요구하는 운동 단체로서 2009년까지 수능거부자들의 곁을 지켜왔다. 이 단체와 여러 교육운동단체들이 만들고 소개하고 보급한 이론, 정책, 외국 사례, 주장이 없었

제3회 수능반대 페스티벌 포스터

다면 대학·입시거부운동은 그처럼 정리된 주장을 그토록 당당하게 펴지 못했을 것이다.

많은 경우 간과되고 있지만 대안교육운동도 대학·입시거부운동에 기반을 제공했다. 1990년대 초중반부터 세워지기 시작한 대안학교들, 그리고 대안교육운동은 국가가 주도하는 공교육, 기존의 학교 체제를 비판했다. 대안교육에는 다양한 갈래가 있는데, 대체로 전인적인 교육, 자연·생태 친화적인 교육, 직업·예술·생활에 밀착된 교육 등을 지향하고 있다. 당연히 대안교육 공동체나 기관들은 입시 위주의 교육과는 거리가 있을 수밖에 없었고, 대안교육에 참여했던 청소년들은 입시의 레이스에서 벗어나 대학에 진학하지 않는 길을 택하곤 했다. 실제로 수능거부자들 중 상당수도 대안학교 출신의 청소년들이었던 것을 볼 수 있다. 특히 대안교육운동은 탈학교론, 학교 중심성 탈피 등의 문제를 생각할 수

있게 해주었고, 교육 이외에도 대안적인 삶의 방식을 상상할 수 있게 해주었다. 대학·입시거부가 필연적으로 거부 그 이후의 삶의 방식도 함께 고민해야 할 실천이라는 점에서, 대안교육운동이 쌓아온 대안적인 교육과 삶의 방식에 대한 경험과 이야기들은 대학·입시거부운동의 주춧돌 중 하나라고 할 수 있다. 나는 과거에 대안교육에 참여하면서 대학 진학을 선택하지 않은 수많은 청소년들의 이야기 역시 대학·입시거부의 관점을 가지고 연구하고 이야기해볼 기회가 있기를 바란다.

대학거부에는 청년운동, 대학생운동 등도 영향을 미쳤다. 직접적으로는 김예슬이 대학생 나눔문화에서 활동하며 대학과 삶에 대한 고민을 키워갔던 예를 들 수 있다. 그리고 김예슬의 대학거부선언이나 투명가방끈이 발표한 대학거부선언 〈우리는 낙오자가 아닌 거부자입니다〉에서도 청년운동이나 대학생운동에서 지적해왔던 대학 교육의 문제, 청년 삶의 조건의 문제 등이 드러나고 있으며 20대 청년 담론의 영향도 엿볼 수 있다. 그동안 대학 교육의 시장화 등을 비판했던 대학생운동이나 20대의 문제를 고발했던 청년운동의 주장과 활동이 직간접적으로 영향을 미쳤다고 할 수 있을 것이다. 그 밖에도 협동조합운동, 공동체운동, 문화운동, 평화운동 등 크고 작은 영향을 미친 운동들을 여럿 꼽아볼 수 있다.

사회 상황의 변화는 사람들이 대학·입시거부운동의 필요성을 느끼게 만들었다. 그리고 여러 사회운동들의 성장과 성과들은 대학·입시거부운동이 가능하도록 밑바탕을 만들어주었다. 대학·입시거부운동은 이런 사회적 요청에 따라 나타난 것이며, 동시에 여러 운동들에 빚을 지고 있는 운동이다. 앞으로 운동이 전개되면서 과거의 조각들을 더 많이 모아 대학·입시거부운동의 역사를 다시 써볼 수도 있을 것이다. 그리고 대학·입시거부운동은 청소년운동, 교육운동, 대안교육운동, 청년운동, 협동조합운동, 공동체운동 등 여러 운동들과의 연대 속에서 나아가야 한다.

보이지 않던 것을 보이게 하는 역사

그런 상상을 해본다. 만약 1980년대에 투명가방끈이 있었다면 어땠을까. 대학 진학을 하지 않기로 선택한 고등학생운동 활동가들 중 많은 사람들이 거부선언에 동참하지 않았을까? 만약 대안학교를 나와서 대학에 가지 않기로 한 청소년들이 대학·입시거부선언을 알았다면 어땠을까? 역시 많은 사람들이 함께하지 않았을까? 입시 교육에 염증이 나서 학교를 도중에 자퇴한 많은 사람들이 투명가방끈에 대해 알았다면 어땠을까? 학교 교육을 비판하고 거부선언을 하는 일에 적극적으로 지지를 보내고 자신도 같은 생각을 가진 거부자라고 하지 않았을까? 거부자가 있기에 대학·입시거부운동이 만들어질 수 있는 것이지만, 대학·입시거부운동이 있기에 거부자가 만들어진다고도 할 수 있는 것이다.

투명가방끈에서 대학·입시거부선언에 참여했던 사람들의 이유와 처지는 다양했다. 그들 중에도 이런 이야기를 하는 사람들이 있었다. "우리는 어차피 입시에서 승자가 되기도 어렵고 명문대나 대기업, 좋은 직장에 선택받을 수도 없는 사람들이다. 그러니까 우리가 먼저 입시를, 그리고 대학을 거부하는 것이다." 어쩌면 '거부'와 '거부 아닌 것' 사이의 경계는 사람들의 생각처럼 그리 뚜렷하지 않은지도 모른다. 2011년 투명가방끈을 시작으로 운동이 더 크게 만들어진다면, 운동이 없었다면 거부자가 될 수 없었을 사람들이 거부자가 될 수도 있을 것이다. 과거에는 낙오자나 별종이라고 불렸을 사람들, 이름이 없던 사람들이 스스로 거부자라고 이름 붙일 수도 있을 것이다. 우리들 개개인에게 잘못이 있는 게 아니다, 지금의 교육과 사회 체제에 잘못이 있는 것이다, 라고 외칠 때 우리의 선택은 정치적 사건이 되고 운동이 되고 거부가 된다.

그렇게 지금까지 당연하게 차별받고 억압받던 사람들이 불복종하기 시작하면, 차별과 억압의 문제가 드러나고 평등과 자유를 향해 가는 힘이 생기기 시작할 것이다. 그렇게 지금까지 보이지 않던 사람들이 정치적 목소리를 내고 모습을 드러내기 시작하면, 그것이 우리 사회를 바꾸는 힘이 될 것이다. 과거와 현재와 미래의, 보이지 않던 것들을 보이게 하는 것. 그것이 대학·입시거부운동이 앞으로 새로운 역사를 만들어가는 방식이 될 것이다. 투명가방끈과 대학·입시거부운동이 앞으로 만들어갈 역사를, 과거의 많은 거부자들에게 바치고 싶다.

부록

잘못된 교육과 사회에 대한
불복종 선언

우리는 대학·입시거부를 선언하고 실천하며, 투명가방끈이라는 이름으로 모였습니다. "불안하고 불행한 우리의 오늘과 내일을 바꾸자!" 2011년, 우리가 처음 모여서 선언했을 때 외친 것이었습니다. 우리는 지금 한국 사회와 한국의 교육이 사람들을 불안하고 불행한 삶으로 내몰고 있다고 생각합니다. 대학입시와 취업만을 중심으로 돌아가는 경쟁적인 학교 교육, 서열화되고 상품화되어 차별을 조장하고 정당화하는 대학-학교들, 성적과 학력 그리고 학벌주의 등 '가방끈'으로 사람의 가치를 재고 차등하는 사회, 부당한 사회구조의 문제는 외면한 채 생존을 개개인의 탓으로 돌리며 비인간적인 노동과 굴종을 강요하는 세상, 이런 것들을 바꾸자는 것이 우리의 문제의식입니다.

투명가방끈은 다음과 같은 목표를 위해 활동합니다.

• 교육은 협소한 입시와 취업을 준비하는 것에 갇혀서는 안 됩니다. 진정한 교육의 목표는 다양한 사람들이 자신의 능력을 발달시킴으로써, 더 인간답고 풍요롭고 자유로운 삶을 살 수 있도록 하는 것이기 때문입니다. 교육에 참여하는 이들은 자신의 흥미와 적성에 맞고 바람직한 삶을 사는 데 필요한 다양한 지식, 체험과 만날 수 있어야 합니다. 그리고 이를 위해서는, 모든 사람들이 대학을 가야 한다는 압박과 대학을 못 가는 것이 더 못한 길이라는 우열의식은 사라져야 합니다. 대학은 더 공부하고 싶은 사람, 더 전문적인 연구를 하고 싶은 사람들을 위한 하나의 선택지가 되어야 합니다.

• 교육은 차별을 정당화하는 과정이 되어서는 안 되며, 민주적이고 평등하고 인권적인 방식으로 이루어져야 합니다. 서열화하는 교육, 대화 없이 억압하는 교육, 학생을 존중하지 않고 폭력과 차별로 대하는 교육은 전혀 '교육적'이지 않습니다. 그러므로 사람들을 줄 세우는 무한 경쟁 교육, 교사·교수가 학생을 열등한 존재로 간주하고 자신의 정답만을 강요하는 권위적인 주입식 교육은 사라져야 합니다. 또한 우리는 국가가 획일적으로 운영하는 현재의 학교 교육을 넘어선, 더 보편적이고 삶과 사회에 결합된 교육을 지향합니다.

• 현재의 서열화된 대학은 대학 교육의 교육적 의미와 질을 훼손시키고 차별을 공공연하게 내면화·정당화하고 있습니다. 대학 소재지, 출신 대학, 대학 입학자들의 입시 성적은 교육의 가치를 논하는 기준이 될 수 없고, 그 대학의 재학생과 졸업자들을 평가하는 기준은 더더욱 될 수 없습니다. 대학을 평준화하고 입시 경쟁을 폐지해야 합니다.

• 대학이라는 기관의 본질은 더 깊이 있는 학문을 교육하고 연구하는 것입니다. 대학은 학생들을 노동 상품으로 포장하여 취업을 준비시키는 기관도, 대학 간판이나 취업 가능성을 파는 상품도, 경쟁에 따른 보상도 아니어야 합니다. 대학을 오직 교육과 연구를 위한 기관으로 바꿔야 합니다. 모든 교육은 이를 배우고자 하는 준비가 된 모든 이들에게 열려 있어야 하며, 완전 무상화하여 보편적인 권리로 보장되어야 합니다. 또한 누구나 대학과 학교 외의 방법으로도 더 많은 교육과 연구의 기회를 다양하게 이용할 수 있어야 합니다.

• 학력과 학벌에 따라, 출신 학교나 입시 성적으로 사람에게 값어치를 매기는 학력차별, 학벌주의를 없애야 합니다. 입시와 경쟁 교육은 특정한 틀에 맞춰 차별을 만들어내는 과정일 뿐입니다. 차별이 사라져야 평등하고 제대로 된 교육과 평등한 만남이 가능합니다. 학력과 학벌을 따지는 우리 사회의 문화와 제도를 바꾸고 차별을 금지할 것을 요구합니다. 우리는 더 나아가서 그 뿌리에

있는 '능력주의'의 논리를 반대하며, 생존을 위해 사회적 인증을 받은 능력과 자격을 갖추라는 세상을 바꿀 것을 주장합니다.

• 교육의 문제는 곧 우리 사회 전체의 문제이기도 합니다. 우리는 학력·학벌에 무관하게 어느 대학을 나와도, 대학을 나오지 않아도 생존에 대한 불안에 시달리지 않는 사회를 요구합니다. 비인간적이고 착취적인 노동을 강요받지 않도록 의식주, 의료, 문화생활, 교통 및 통신 등 인간다운 삶을 위해 필요한 사회권을 보장받는 사회가 되어야 합니다. 우리는 차별과 무한 경쟁에 찬성하는 세상이 아니라, 존중과 자유와 평등에 근거를 둔 세상을 만들기 위해 노력합니다.

• 사회를 바꾸기 위해서는 우리의 삶을 바꾸고 새로운 삶의 모습을 만들어가야 할 필요가 있습니다. 우리는 입시 경쟁과 학력·학벌주의 등의 논리를 벗어난 교육과 삶의 방식을 함께 만들어가고, 공동체와 사회적 관계 속에서 삶이 지속 가능해지도록 대안을 모색합니다. 생존을 단지 개인의 문제로만 돌리지 않고 이 사회와 공동체가 함께 책임지는 것이 우리의 불안하고 불행한 삶을 바꾸는 길입니다. 우리는 이런 목표를 이루기 위한 하나의 방법으로 우리 자신의 삶과 함께하는 정치를 통해, 우리의 활동을 건강하게 하며 변화를 만들 것입니다. 우리는 경쟁과 굴종에서 자유로운 우리의 삶과 운동이, 세상을 바꿀 출발점이 되기를 원합니다.

우리의 대학·입시거부는 잘못된 교육과 사회에 대한 불복종 선언이자, 우리의 위와 같은 목표를 이루기 위한 정치적인 외침입니다. 우리는 대학·입시거부선언 이후에도 교육과 대학의 문제점을 바꾸기 위해 애쓸 것이고, 우리의 삶이 더 나아지도록 보살필 것입니다. 대학·입시거부자들, 그리고 우리의 문제의식에 동감하며 함께하는 이들은 모두 투명가방끈이 될 수 있습니다. 투명가방끈들은 연대와 협력, 그리고 경쟁 교육, 학벌주의, 대학 중심의 차별 사회 등에 대한 비판과 행동을 통해 우리의 삶을, 세상을 바꿀 것입니다.

2015년 3월 1일
대학입시거부로 삶을 바꾸는 투명가방끈들의 모임

대학입시거부선언

남을 짓밟는 경쟁과
불행한 삶을 강요하는
대학입시를 거부한다

    우리는 대학입시를 거부한다. 오늘 우리와 같은 청소년들 수십만 명이 대학수학능력평가, 수능시험을 보고 있을 것이다. 하지만 모두가 안다. 그 시험은 대학에서 배울 준비가 되었는지 알아보는 시험이 아니라 수십만 명을 점수로 등급으로 줄 세우기 위한 것이라는 걸. 대학입시 경쟁은 남의 꿈을 밟고 올라가는 전쟁이라는 걸. 우리의 삶에 가격을 매기는 상품화의 과정이라는 걸. 이 경쟁에 미친 입시 위주 교육과 불안정한 모두의 삶을 무시한 채 폭주하는 사회에 제동을 걸기 위해 우리는 대학입시라는 단단한 제도에 시비를 건다. 조용히 경쟁에서 지쳐 떨어지는 대신, 경쟁에 뛰어들어 남을 짓밟고 뜀박질하는 대신, 사회가 붙여준 루저라는 딱지를 버리고 스스로 거부자의 길을 택한다.

    우리에게 따가운 시선을 보낼 이들에게, 미래에 대한 두려움과 불안을 부추기는 사회에게 묻는다. 어째서 모두가 자신이 원하는 배움이 아니라 시험을 위한 공부만을 해야 하고 주어지는 정답만을 외워야 하는지. 서로를 도우며 즐겁게 공부하고 성장하지 못하고, 무한 경쟁을 견뎌내야만 하는지. 대학은 왜 선택이 아닌 의무처럼 강요되고, 다양한 삶의 길이 아닌 "명문대"에 가는 것만이 성공이라 하는지. 왜 대학만이 독점적으로 '학력' '자격' '지식'을 판매하고, 대학 밖에서는 다른 배움의 길을 찾기 어려운지. 정부와 사회는 왜 교육을 책임지지 않고 우리 개개인에게 무거운 책임을 떠넘기는지. 점점 가혹하게 자신을 채찍질해도 우리의 삶의 조건은 나아지지 않는다. 오늘의 불행을 저축해도 내일의 행복이 오진 않을 것 같고, 불안과 경쟁만이 이어진다. 도대체 누가 우리에게 이런 불안하고 불행한 삶을 강요하는가.

우리는 대학입시를 거부한다. 우리의 거부는 그저 대학을 안 가겠다는 선택이 아니다. 지금의 입시가, 대학이, 교육이, 그리고 사회가 잘못되었음을, 온몸으로 외치는 것이다. 일단 그래도 대학은 가고 보라는 유예의 주문에 맞서, 지금 여기서 바꾸자고 말하는 것이다. 더 이상 교육에 사회에 문제가 있다고 혀만 차지 말고, 지금부터 같이 바꿔나가야 한다고 손을 내미는 몸짓이다. 우리는 낙오자라 손가락질받을 수도 있다. 하지만 우리의 이러한 거부가 낙오가 아니라 온전한 선택이 될 수 있는 사회를 꿈꾸기에, 우리는 거부라는 길을 택한다. 잘못된 쪽은 우리가 아니다. 획일적인 경쟁에서 밀려난 누군가는 불행해져야만 하고, 그래서 모두가 불안과 불행을 안고 살아야만 하는 이 사회이다.

모두가 자유롭게 배우고 행복하게 살기 위해, 이제는 이 교육과 사회가 바뀌어야 한다. 우리는 교육이 우리의 보편적 권리로서 존재하고, 누구나 자유롭게 누릴 수 있기를 원한다. 대학 밖에서도 다양한 배움의 길, 삶의 길을 찾을 수 있기를 원한다. 무한 경쟁 교육이 아니라 우리를 위한 교육을 원한다. 학력이 학벌이 차별의 이유가 되지 않으며 학교가 서열화되지 않은 사회, 우리를 상품이 아닌 인간으로, 우리의 모습 그대로 보는 사회를 원한다. 불안과 두려움에 쫓겨 달리지 않아도 되는 세상을 원한다. 우리 사회가 모든 이들의 최소한의 생존, 사람다운 삶, 행복추구권을 보장하기를 요구한다.

우리에게 수능만을, 순응만을 요구하는 교육, 남을 밟는 것 외에 살 길은 없다고 말하는 이 사회. 이것들을 위해 희생하기에는 우리의 오늘이 너무 아깝기에. 학력과 학벌로 인한 차별과 불평등에 갇혀 있기에는 우리들의 배움이 너무 소중하기에. 그렇기에 우리는 선언한다. 여기 대학입시를 거부하는 이들이 있노라고. 자유로운 배움을 위해, 존엄하고 안정된 인간적인 삶을 위해, 유예되지 않는 행복을 누리기 위해, 행동하겠다. 살아가겠다.

2011년 11월 10일
대학입시거부선언자들
고예솔 김민성 김재홍 김해솔 문동혁 민다영 박제헌
양현아 이찬우 이현지 임준혁 장주성 전경현 정열음
조만성 최경수 최난희 한소영 (18명)

우리는 낙오자가 아닌
거부자입니다

여기, 대학을 다니지 않는 사람들이 있습니다. 이 '대학 중심주의' 사회에서 대학을 다니지 않으면 인생이 무너질 거라고들 하고, 지금 대체 뭘 하고 있는 거냐고 재촉을 받습니다. 그래도 대학에 가지 않고 살아가는 사람들이 있습니다. 잘 보이지 않고 있는지 없는지 헷갈려도, 분명히 있습니다.

우리는 대학을 그만둔 사람들입니다. 입시에 찌들어 살던 10대를 보내던 시절에 듣곤 했던 "오늘만 견디면 내일은 행복해질 거야"라는 이야기는 그저 말뿐. 대학에 진학한 후에도 나아지는 것은 없었고, 오히려 끝없는 레이스에 진입했다는 느낌만 강해졌습니다. 미쳐버릴 것만 같은 수백만 원의 등록금 고지서에 숨이 막혔습니다. 대학 안에도 선후배 사이의, 교수 학생 사이의 권위주의와 수직적 문화가 우리를 괴롭게 했습니다. 학생들은 입시 경쟁의 틈바구니에서 성적에 따라 대학에 왔고, 수강신청을 하지만 나의 진정한 자유는 점점 줄어들었습니다. 학문의 다양성과 자유는 줄어들어갔습니다. 대학은 학문의 전당이 아니라 졸업장을 얻기 위해 학점을 관리하고 경쟁하는 곳이 되어버렸습니다.

우리는 대학에 가지 않은 사람들입니다. 오로지 '명문대'라는 한 길만을 강요하는 교육, 수능과 입시라는 거대한 서열화의 장, 대학으로 인간의 가치가 결정되는 대학 중심 사회, 학벌 사회의 폭력을 거부하기로 마음먹은 사람들입니다. 돈 때문에 성적 때문에 대학을 포기할 수밖에 없었던 사람들입니다. 대학에 가는 이유를 찾지 못해 가지 않은 사람들입니다. 그러나 남들 다 간다는 대학에 가지 않고 스무 살이 되는 순간, 그래도 괜찮다는 우리들의 마음과는 상관없이 이 사회는 우리를 '괜찮지 않은 사람'으로 규정해버렸습니다.

대학에 다니지 않는 우리는 많은 것을 겪을 것입니다. 대학 진학률이 80퍼센트가 훌쩍 넘는 이 사회에서 우리가 겪는 차별은 너무나 많습니다. 아르바이트 하나를 구하려고 해도 학력을 묻고, 주변의 사람들은 출신 대학을 학번을 따져 묻습니다. 남자라면 대학을 이유로 군대를 좀 미뤄보거나 고민해볼 새도 없이 열아홉, 스무 살에 바로 군대에 끌려가야 하는 처지에 놓이기도 합니다. 한편, 사람들은 자꾸 재촉하기만 합니다. 너희가 대학을 가지 않았으니, 그만큼 뭔가 남다른 성과를 내놓아보라고. 하지만 우리가 무언가를 배우거나 해보려 할 때 사회는 그것을 도와주지 않습니다. 도와주기는커녕 따져 묻고 재촉하기만 합니다.

우리가 대학을 그만두거나 대학에 가지 않은 것은 더 좋은 삶, 나중이 아닌 지금 행복한 삶을 살고자 하는 것입니다. 대학이 아닌 다른 삶의 길을 찾아보려는 것입니다. 우리는 대학을 거부한 것이지 배움을 포기한 것은 아닙니다. 대학거부가 우리의 삶을 포기하는 것이어서도 안 됩니다. 하지만 대학 밖에서의 배움은 너무나 어렵습니다. 대학만이 유일한 배움의 길로 주어져 있습니다. 자신이 배우고 싶은 것을 애써 찾아서 배우는 그 과정뿐 아니라, 우리를 바라보는 사람들의 시선도 견디기 힘듭니다. 앞으로 우리가 감수해야 할 차별과 불이익은 우리를 더욱 막막하게 합니다. 대학에서 벗어난 우리에게 사회는 차별과 배제의 이빨을 들이댑니다.

　　이렇게 끈질기게 따라오는 '대학 중심주의'에 치를 떨면서도, 그렇기에 더더욱, 우리는 대학을 거부하고자 합니다. 이 사회에서는 이렇게들 말합니다. 대학에 가지 않으면 먹고살 수 없다고. 그러니 너희 모두 지금의 삶은 잠시 유예해야 한다고. 결국 우리는 대학생이 되는 것이 아니라 대학생이 되도록 떠밀리고 있습니다. 지금도 많은 이들이 고등학교를 졸업하면 당연히 대학을 가야 하는 줄 알고, 대학을 못 가면 사람답게 살 수 없는 줄 알고 반강제적으로 의무적으로 대학에 갑니다. 그러나 우리는 압니다. 결국 대학에 들어간 뒤에도 우리는 끊임없이 현재를 유예해야 하고, 불안과 좌절감에 자신을 더욱 '스펙 좋은' 상품으로 만들어야 한다는 것을. 그래도 결국 우리 중 다수의 앞에 기다리고 있는 것은 취업을 위한 또 다른 유예나 '88만 원 세대'의 삶이라는 것을. 또 우리는 압니다. 그 레이스에 서지 못했다는 이유만으로 낙오자, 패배자, 루저 취급을 받는다는 것을. 그리고 그것이 얼마나 비인간적이고 부당한지를. 그런 현실은 자살률 세계 1위의 대한민국, 20대 사망 원인 중 절반 정도가 자살이라는, 끔찍한 통계로 나타나고 있습니다.

우리는 바랍니다. 대학을 강요받지 않는 사회, 우리가 대학을 진정으로 선택할 수 있는 사회를. 입시만을 위한 교육이 아닌, 하루하루 피 마르는 경쟁 교육이 아닌, 다양한 가능성을 꽃피울 수 있는 교육을. 학력과 학벌이 행복의 척도가 되는 지금의 잘못된 기준이 사라진 사회를. 스펙을 위한 곳이 아니라 진리를 탐구하고 배우고 연구하는 학문의 전당이 된 대학을. 대학이 아닌 곳에서도 더 많은 교양과 지식을 얻을 수 있는 교육을. 학벌·학력이 어떻든 차별받지 않고 정당하고 충분한 노동의 대가를 받는 사회를. 모든 사람이 사람답게 살 수 있는 사회를. 모든 사람들이 행복이 유예된 삶이 아니라 지금, 여기, 오늘이 즐거운 삶을 살아갈 수 있는 세상을. 그리하여 대학에 가는 것이 필수가 아닌 선택이 될 수 있는 세상을.

그런 세상을 위해, 우리는 열아홉 청소년들의 〈대학입시거부선언〉과 함께 '20대의 대학거부'를 선언합니다. 우리는 〈대학입시거부선언〉의 요구와 목소리를 함께할 것입니다. 지금의 사회와 대학, 교육을 바꾸지 않으면 우리 모두는 행복해질 수 없습니다. 우리는 지금 우리의 이 거부와 선언과 행동이 지금의 대학과 사회를, 더 나아가 우리의 삶을 바꾸는 계기가 되기를 바랍니다.

2011년 11월 1일

강현, 경성수, 고다현, 공현, 그링, 김서린, 김슷캇, 김지훈, 김희영, 난다, 박고형준, 박유리, 박주희, 시원한 형, 아즈, 어쓰, 엠건, 윤티, 은총, 이나래, 이승환, 이정은, 이해인, 임준혁, 정도(김자니), 정한얼. 지혜, 채유리, 형우, 호야 (가나다순, 총 30명)

대학입시거부 제안

잘못된 교육을 거부하고
잘못된 사회를 바꾸는
열아홉 살·고3들의
대학입시거부선언과 행동을
제안합니다

더 좋은 성적, 더 좋은 학교, 더 좋은 직장, 더 안정적인 삶, 더 행복한 삶을 얻기 위해 달리고 달리는 경쟁 속에서 허덕이며 언제 벗어날지 모를 쳇바퀴를 돌리고 있는 우리들. 그 안에 우리의 행복, 다양성, 상상력 그리고 오늘은 존재하지 않는다. 교육은 자신이 배우고 싶은 것을 배우는 것이 아니라 오직 진학과 취업을 위한 것으로 전락한 지 오래고, 입시 정보를 쑤셔 넣는 와중에 '비효율적인' 토론과 소통은 존재하지 않는다. 의지와 열정이 아무리 크다 한들, 능력이 아무리 뛰어나다 한들, 인서울 SKY 이른바 '명문대' 간판이 없으면 기회 한 번 제대로 주어지지 않는다. 그렇게 거대한 학벌의 벽에 좌절하고 자신의 무능력과 의지 부족을 탓하며 또다시 무한 경쟁의 쳇바퀴를 돌린다.

우리는 너무나 불안하고 불행하다. 88만 원 비정규직 쓰나미와 학벌의 벽이 가로막은 미래에 어른들이 약속한 더 나은 삶과 행복이 존재하는지, 우리는 너무나 불안하다. 그래도 더 좋은 미래를 위해서는 오늘의 행복 '따위'는 포기해야 한다는 압박에 쫓겨 살아갈 수밖에 없는 현실. 오늘도 쳇바퀴를 돌린다. "내가 무엇을 위해 이렇게 살아야 하는 거지?" 질문할 시간도 이유도 없이 우리는 달린다. 모두가 달리는데 나만 혼자 멈춰 서면 나의 삶도 멈춰버릴 것만 같은 두려움에 쫓겨……

하지만 우리는 용기를 내본다. 입시에 학벌에 쫓겨 교육의 목표도 인간관계의 기준도 점수가 되어버린, 무한 경쟁의 쳇바퀴에서 벗어나 대학입시를 거부한다. 우리는 어른들과 이 사회 기득권층이 말하는 '미래 성공'의 환상을 버리고 불행하고 불안한 우리의 오늘과 내일을 바꾸고자 한다. 그리고 이 글을 읽고 있는 전국의 열아홉 살·고3들이 함께 용기를 내주길 감히 제안해본다. 이 사회가 이 교육이 그리고 우리들이 더 이상 경쟁과 학벌에 미쳐버린 괴물이 되기 전에 이 쳇바퀴를 벗어던지자!

이 견고한 학벌 사회에서 대학을 거부한다는 것은 말도 안 되는 무모한 행동일 수도 있다. 가방끈 짧은 우리들을 향할 차별적 시선과 편견을 감당해야 할 수도 있다. 그럼에도 우리는 용기 내어 이 불편한 길을 걸어가려 한다. 이 길이 어른과 사회 기득권층이 말하는 거짓된 장밋빛 성공 스토리보다, 우리의 오늘과 내일을, 나아가 우리가 함께 살아가는 이 사회와 교육을 좀 더 행복하고 의미 있는 것으로 만들 수 있으리라 믿기 때문이다.

입시와 취직을 위한 교육이 아니라 학생을 위한 교육, 돈이 없어도, '명문' 학교가 아니어도 누구나 자유롭게 배우고 싶은 것을 배울 수 있는 교육, 주입과 강요가 아닌 토론과 소통이 꽃피는 교육, 학력·학벌로 사람을 단정 짓고 차별하지 않는 사회를 만들기 위해 우리는 목소리를 낼 것이다. 잘못된 교육과 사회에 침묵하지 않는 우리의 작은 용기와 실천은 우리 사회를 지금보다는 조금 더 사람이 사람답게 사는 곳으로 바꿔낼 혁명이다. 주저하지 말자, 침묵하지 말자, 잘못된 교육을 거부하고, 잘못된 사회를 바꿔보자!

2011년 8월 27일

제안자: 공기, 다영, 둠코, 따이루, 쩡열

우리는 대학을 거부한다

대학·입시거부로 삶을 바꾸는 투명가방끈의 요구

줄 세우기 무한 경쟁 교육에 반대한다

교육의 목적은 우리가 좀 더 사람답게, 잘 살 수 있도록 하는 것입니다. 하지만 지금 우리 교육은 과연 어떤가요? 사람을 점수 매기는 것, 줄 세우는 것 자체가 목적이 되어 있는 모습이지 않습니까? 경쟁시키는 것 자체가 교육의 목적이 되어 있지 않습니까? 수능과 대입은 우리의 수학능력을 검정해보겠다고 하지만, 실제로는 상대평가로 우리를 등급으로 나누고 줄 세우는 것일 뿐입니다. 시험은 우리를 숫자로 점수 매기기 위한 것일 뿐입니다. 점점 더 치열해지는 경쟁 속에서 어떤 이는 숨 막히는 압박감을 견뎌내야 하고, 어떤 이는 아예 경쟁에서 밀려난 낙오자 취급을 받아야만 합니다. 우리들의 가치는 점수로 성적으로 등수로 백분위로 매겨지고 있습니다. 이건 인간을 위한 교육이 아니라 상품을 위한 품

평이고 경쟁일 뿐입니다. 무한 경쟁은 교육이 아닙니다. 줄 세우기 무한 경쟁 교육에 반대합니다.

획일적인 정답만을 강요하는 권위적인 주입식 교육에 반대한다

시험을 위한, 경쟁을 위한 교육은 우리들에게 정답을 외울 것을 강요합니다. 주어진 정답을 얼마나 잘 외웠는지, 시험을 내고 점수를 매기는 사람의 말을 얼마나 잘 듣는지가 우리를 평가하는 기준이 됩니다. 교육은 학생들이 함께하는 과정이 아니라 교사가 강사가 조용히 있는 학생들을 대상으로 정답을 가르치고 주입하는 일방적인 과정이 됩니다. 이런 교육이 학생들이 자유롭고 주체적인 사람으로 살아가는 데 도움이 될까요? 학생들은 교육의 주체입니다. 학생들에게 이미 정해진 정답을 일방적으로 외우게 하는 교육이 아니라 자신의 답을 찾아가고 체험하는 교육이 더 좋은 교육입니다. 다양한 답을 인정하는 교육, 체험하고 생각하고 연구하고 토론하는 교육, 참여하고 대화하고 소통하는 교육을 원합니다.

교육과정에서 학생의 인권은 보장되어야 한다

학생들은 학교에서 인간으로서의 여러 기본적 권리를 보장받지 못하는 일이 많습니다. 두발·복장 단속, 숱한 차별들, 폭력들이 당연한 일상처럼 일어납니다. 학생들이 목소리를 냈다가는 처벌이나 불이익을 받기도 합니다. 학생이 감당할 수 없는 과도한 경쟁의 압박이나 공부 부담 그 자체가 인권침해가 됩니다. 많은 스트레스를 받고 수직적인 권력관계를 내면화한 학생들 사이에서도

2011년 10월 31일, 투명가방끈 활동가들과 지지자들이 홍대 거리에서
'입시좀비 스펙좀비 할로윈 행진'을 벌이고 있다. ⓒ홍이

차별과 폭력이 일어나곤 합니다. 몇몇 지역에서 학생인권조례가
만들어졌지만 아직도 부족한 게 많습니다. 학교가 더 효율적으로
값싸게 학생들을 관리하고 통제하려는 것은 학생인권침해의 원인
입니다. 이는 인간보다 학생보다 성적이, 입시가, 성과가 더 중요
시되는 비정상적인 교육의 모습입니다. 교육에 참여하는 것은 인
간이기를 포기한다는 뜻이 아닙니다. 오히려 교육과정에서 우리의
인권은 더욱 잘 보장되어야 합니다.

교육의 목표가 입시와 취업이 되어서는 안 된다

교육은 우리가 사람으로서 잘 살아가는 법을 배우고, 우리의
소질을 계발하고, 사람답게 더 잘 살기 위한 것입니다. 하지만 지
금 학교는 입시 준비 학원, 취업 준비 학원 같은 모습입니다. 우리

길바닥에 쓰러져버린
'입시좀비'들의 모습.
입시 경쟁은 무수한
낙오자를 만들어낸다.
ⓒ홍이

가 배우는 내용들은 많은 부분이 입시나 취업에 필요한 것들로 채워져 있습니다. 교육이 시험을 보기 위한 도구, 생존을 위한 스펙 쌓기로 변질되어버린 것입니다. 이런 입시, 취업 위주의 교육은 그 내용도 우리들의 삶에 실제로 필요한 것보다는 '시험 봐서 점수 매기기 좋은 것'들로 채워집니다. 그럴수록 지식은 삶에서 동떨어지게 되고, 학생들이 진짜로 필요한 것들을 배울 수 있는 기회가 사라집니다. 우리는 교육의 목표가 입시와 취업이 되어서는 안 된다고 생각합니다. 학생들이 자신의 흥미와 적성에 맞고 바람직한 삶을 사는 데 필요한 다양한 지식, 체험과 만날 수 있는 교육을 요구합니다.

누구나 질 좋은 교육을 받을 수 있도록 교육예산이 확보되어야 한다

대학 등록금은 1년에 수백만 원, 학교에 따라서는 천만 원을 넘어서고 있습니다. 대학 교육은 돈 많은 사람들만이 별 부담 없이 누릴 수 있습니다. 대학뿐 아니라 고등학교 학비도 부담스러울 정도로 치솟고 있는 상황입니다. "교육열"은 단지 정부가 사회가 교육을 함께 책임지지 않고 개인의 부담으로 떠넘기고 있다는 뜻일 뿐입니다. 어느 학교든 전반적인 교육예산은 부족하기만 합니다. 학교 시설은 열악하고, 교사의 종류와 수는 부족하고 학급당 학생수는 너무 많습니다. 교육예산 부족은 학생들의 인권을 침해하고 좋은 교육을 누리지 못하는 원인입니다. 교육은 상품이 아니라 모두가 누리는 권리입니다. 사회에서 정부에서 교육에 많은 예산을 배정해야 합니다. 유치원부터 대학교까지의 완전한 무상교육, 보편적인 교육 환경 개선을 요구합니다.

모든 사람들이 대학을 가야 한다는 편견과 강요에 반대한다

한국에서 대부분의 중·고등학생들은 고등학교를 졸업하면 대학에 꼭 가야 한다는 압박을 받게 됩니다. 대학 진학률이 80퍼센트를 넘어서는 현실에서, 일단 대학에 가는 것을 당연한 것으로 생각하고 대학을 가지 않거나 못하는 사람들은 낙오자나 못난 사람 취급을 받게 됩니다. '좋은 대학'을 나오고 '좋은 직장'에 취직하여 가정을 꾸리는 것이 '성공한 삶'인 것처럼 생각되고 있습니다. 여기에는 일단 대학이라는 공인된 기관을 졸업해야만 솜 먹고 살 만하다는 경제적인 이유부터, 다른 방식의 삶에 대한 편견이나

2013년 대학거부선언 〈오늘부터 우리는 투명가방끈이다〉의 가방끈 자르기 퍼포먼스.
©김도균(Moolrin)

두려움, 거부감이 있습니다. 대학은 더 공부하고 싶은 사람, 더 전문적인 연구를 하고 싶은 사람들이 가는 하나의 선택지여야만 합니다. 대학 밖에서도 다른 많은 공부나 지식을 얻을 수 있어야 합니다. 대학을 모두가 가야만 하는 것처럼 생각하는 사회에 반대합니다.

대학과 학벌로 사람을 평가하고 차별하는
학벌차별과 학벌 사회에 반대한다

이 사회에서 학력과 학벌은 사람을 평가하는 중요한 잣대가 되고 있습니다. 고졸보다는 대졸이, 대졸 중에서도 이른바 '명문대 출신'이 더 능력 있고 훌륭한 사람이라는 평가를 받습니다. 임

"대학은 나와야지"라는 말이 당연하지 않은 사회를 바란다. ⓒ김도균(Moolrin)

금부터 시작해서 많은 상황에서 차별을 받게 되고, 사람들도 학력과 학벌에 따라 사람을 다르게 대하곤 합니다. 이런 사회의 모습은, 모두가 대학을 가야 한다는, 그리고 더 이름값 있는 대학을 가야 한다는 압박으로 이어집니다. 인간은 결코 학력이나 학벌만으로 그 가치를 매길 수 없습니다. 학력이나 학벌에 대한 차별이 사라져야 제대로 된 교육이 가능하고, 평등한 기회가 보장될 수 있습니다. 학력과 학벌에 대한 차별들을 금지하고 사람들의 차별적인 생각들을 바꿔나갈 것을 요구합니다.

누구나 최소한의 먹고살 걱정 없이 배우고 싶은 것을 배우고,
하고 싶을 것을 할 수 있는 안정적인 사회보장이 이루어져야 한다

우리 사회의 소득 격차는 점점 더 벌어지고 양극화는 심해지고 있습니다. 조금이라도 좋은 배경과 학력, 학벌을 확보돼야 좋은 직업을 가지고 소득 수준을 조금이라도 높일 수 있다는 희망을 품을 수 있습니다. 결국 조금만 삐끗하면 저소득층, 빈곤층으로 추락할 거라는 두려움이 사람들을 채찍질하고 지금과 같은 경쟁 교육과 사회를 유지하는 악순환을 만들고 있습니다. 누군가 대학을 가지 않고 특출난 능력과 운으로 억만장자가 된다고 해도 그건 극소수의 이야기일 뿐, 오히려 그런 운과 재능이 없는 많은 이들은 대학에 목을 매야 합니다. 생존은 인간의 가장 기본적인 권리입니다. 사람이 행복을 추구하며 사람답게 살기 위해서는 '굶어 죽을지도 모른다' '집을 잃을지도 모른다'와 같은 두려움으로부터 벗어나야 합니다. 사회보장과 복지 제도를 바꾸고 경제구조를 바꿔가면서, 모두에게 최소한의 생계를 보장하는 사회를 요구합니다.

2011년
투명가방끈

투명가방끈을 비판하기 전에
한번쯤 읽어볼 FAQ

둠코

'투명가방끈' 모임에서 2011년, 2013년에 대학·입시거부 활동을 진행하면서 선언을 발표했을 때, 살면서 가장 많은 욕을 먹은 것 같습니다. 인터넷 기사의 댓글에서, 혹은 투명가방끈 카페에서 마주하게 되는 대학·입시거부를 향한 비판, 비난 혹은 오해들에 모두 답하지는 못했습니다. 그래서 가장 많이 들었던 오해와 비판들에 대해 답하고자 합니다.

Q. 공부를 못하니까, 공부하기 싫어서 이러는 거지?

A. 투명가방끈 활동 중에 가장 많이 들었던 말입니다. 대학입시라는 룰이 자기에게 불리해서 떼를 쓴다는, 혹은 열등생들의 열폭(열등감 폭발)이거나 자기합리화라는 식의 주장이죠. 대학·입시거부선언자들이 공부를 못하고, 하기 싫어하는 것은 일부분 사실이

기도 합니다. 더 좋은 대학과 더 안정적인 직장만을 위해서, 시험 보고 비교하고 경쟁하기 위해서 하는 공부가 하고 싶지 않고, 이런 경쟁을 할 수밖에 없는 시스템에 대해 문제제기하는 활동이기도 하니까요.

어떤 사람이 "지금의 사회는 잘못되었다! 바꿔야 한다!"라고 주장할 때, 한국 사회의 많은 사람들이 그 내용보다, 그 발언을 '누가 했는지'를 궁금해합니다. 그리고 사회에서 인정하는 스펙과 성적이 되는 사람인지를 따집니다. 그래서 성실하게 입시를 위해 경쟁하고, 그 안에서 승리한 자만이 대학 입시 시스템의 부조리함에 대해 발언할 수 있다고 말하지요. 반면에 수능 성적이나 어느 대학 합격자, 혹은 어느 대학교 학생이라는 지표 자체를 거부한 사람들에게는 '떼쓴다' '열폭한다'는 평가를 내립니다. (그런데 그런 분들은 대개 성적이 상위권이거나 상위권 대학을 다니던 사람이 이야기를 하면 또 배가 불러서 그런다고 욕을 하곤 하더군요.)

한편으로는 투명가방끈의 활동에 좀 우호적인 이들의 경우, 실력을 갖추고 문제제기를 하는 것이 운동을 위해서도 설득력 있지 않겠느냐는 조언을 하기도 합니다. 하지만 투명가방끈에서는 경쟁을 통해 획득한 좋은 성적, 좋은 스펙이 '발언력'이 되는 것 또한 지금의 경쟁 시스템을 지지하는 것이라고 생각하고 그러지 않기 위해 노력하고 있습니다. 그래서 일단 입시 경쟁에 순응한 뒤에 문제제기하는 방식이 아니라, 전면적으로 거부하는 행동을 통해 현재의 대입 시스템과 경쟁 교육에 대해 문제제기하고 있습니다.

Q. 의무나 강제도 아닌데 혼자 안 가면 되지 왜 거부선언씩이나 하는지……

A. 대학에 진학할지, 진학하지 않을지를 최종적으로 결정하는 것은 한 개인이지만, 이 결정에는 너무나도 많은 사회적 시선과 미래에 대한 불안이 개입하고 있습니다. 한국 사회에서 대학은 학문에 대한 의지와 흥미가 있는 이들을 위한 곳이 아닌, 취업을 위해서 어떻게 해서든 들어서야 할 관문이 되었습니다. 경쟁을 벗어난 곳에는 어떤 사회 안전망도 없는 현실 속에서, 많은 청소년들이 대학입시를 위한 경쟁에 전념하는 것이 모두가 가는 가장 안전한 길이라는 사회의 압박에 자신의 의사와는 상관없이 입시지옥을 경험하게 됩니다. 이런 사회에서 '다른 선택지'는 불안정한 오늘과 내일을 감수해야 함을 뜻합니다. '대학 진학이 온전히 개인의 선택이며, 의무와 강제가 아니'라고 말하기는 어렵습니다.

이런 상황에서 단체로 대학·입시를 거부하겠다고 공개적으로 선언하는 것은, 사회의 학력·학벌차별과 입시 경쟁 시스템에 대한 불복종의 의미를 가집니다. 지금의 불합리한 구조에 불복종의 방법으로 문제제기하고, 구조를 바꿀 것을 요구하기 위해 굳이 많은 이들 앞에서 공개적으로 대학/입시를 거부한다는 액션을 취하게 되었습니다.

Q. 배가 불러서, 살 만하니까 그러는 거 아냐?

A. 아등바등 경쟁해서 대학에 가거나 취업 전선에 뛰어들지 않아도 될 만큼 풍족한 자원을 가지고 있거나, 대학·입시거부 이후

에도 아무런 부자유 없이 살아갈 만한 '살 길'이 있는 이는 지금 투명가방끈에 없습니다. 그리고 그것이 투명가방끈의 운동의 이유이기도 합니다.

굳이 불안정한 삶을 '선택'하고 이를 '선언'하는 것은 경쟁을 내려놓고 오늘의 행복을 추구하기 위해서이기도 하지만, 안정적 내일에 대한 대안을 사회에서 마련해야 한다고 생각하기 때문이기도 합니다. 투명가방끈은 사회가 모든 사회 구성원들에게 안전망을 제공해서 자신이 배우고 싶은 것을 배우고, 하고 싶은 일을 하면서도 미래에 대한 불안에 쫓기지 않을 수 있도록 할 것을 요구합니다.

Q. 대학에 문제가 있다면 대학 안에서 바꿔야 하지 않나?
A. 대학에 들어가는 것을 거부하거나 대학에서 뛰쳐나온 이들이 만들어낼 수 있는 변화와, 대학의 구성원으로 존재하는 사람이 만들어낼 수 있는 변화는 다른 영역의 것입니다. 저마다 그 역할이 다를 뿐이라고 생각합니다. 대학·입시거부자들은 입시를 거부한 사람, 대학으로부터 벗어난 이들의 위치에서 자신의 삶과 자신을 둘러싼 사회의 변화를 도모하고 있습니다.

또, 대학을 둘러싼 문제는 비단 특정한 어떤 대학의 문제나 대학에서만 일어나는 대학만의 문제가 아닙니다. 사회의 학력·학벌주의, 그리고 경쟁적인 삶은 대학 내부에서 만들어내는 문제도, 대학 안에서만 일어나는 문제도 아닙니다. '명문대'를 위한 경쟁적 교육은 대학에 가지 않으면 불안정한 삶을 살게 되는 취약한 사회 안전망에서 비롯되었고, 사회는 대학입시 전뿐만이 아니라 대학 안에서, 직장에서, 사회에서 계속 경쟁을 요구하며 개인의 삶을 불안하게 만들고 있습니다. 투명가방끈의 대학입시거부운동은 대학입시를 향한 경쟁적이고 반인권적인 교육을 문제제기의 시작으로 삼았지만, 대학 문제와 맞닿아 있는 대학 안팎의 여러 사회구조와 인식을 바꿔나가고자 합니다.

Q. 대학을 아예 없애자는 건가요? 모두가 대학을 가지 말잔 건가요? 대학이 나쁜가요? 대학 간 사람은 잘못했다는 건가요?

A. 투명가방끈에서는 대학을 모두 없애자거나, 모든 사람이 대학에 가서는 안 된다고 주장하고 있지는 않습니다. 고등학문을 위한 교육기관은 사회에 필요한 것이고, 대학이 이 기능을 잘 수행할 수 있는 것은 좋은 일입니다. 하지만 경쟁과 선별을 통해서 살아남은 강자에게만 학문의 기회가 주어지는 형태인 현재 대학의 모습에는 반대합니다.

모두가 서로 다른 이유로 대학에 갈 것을, 혹은 대학에 가지 않을 것을 결정합니다. 물론, 이 결정은 존중되어야 할 것입니다. 다만, 대학을 선택하지 않은 삶은 곧 불안정한 삶이 되어버리는 지금의 사회에서, 경쟁하지 않으면 하고 싶은 공부를 할 수 없는 교육제도 속에서는 대학을 거부한다는 결정은 제대로 존중되고 있지 않다는 것을 강조하고 싶습니다. 대학에 가는 결정이 존중받는 것만큼, 대학에 가지 않는 결정 또한 존중되어야 합니다. 진정으로 선택의 자유가 보장되기 위해서는 대학에 가지 않아도 불안감 없이 자신이 원하는 삶을 꾸릴 수 있는 사회를 만들어야 합니다.

Q. 나는 이미 대학 졸업했는데, 투명가방끈 운동에 함께할 수 없는 건가요?

A. 대학·입시거부라는 행동은 투명가방끈의 주장을 사회에 알리고 우리의 삶을 바꾸기 위한 하나의 '액션'이고 행동 방식입니다. 직접적이고 실제적인 거부뿐만이 아니라 다른 방법들로도 투명가방끈의 주장에 동의를 표시하고 지지해주고 참여하실 수 있습니다. 투명가방끈은 학력주의, 학벌주의, 그리고 삶의 다양성을 무시하는 경쟁적 사회를 바꿔내고 싶은 분들 모두의 참여가 필요합니다.

Q. 경쟁이 있어야 한다! 경쟁을 없애면 어떻게 하나! 경쟁 없는 세상은 없다!

A. 경쟁이 필요한 분야가 있을 수 있습니다. 예를 들어 운동 경기 같은 경우, 팀이나 개인 간의 경쟁을 중심으로 룰이 짜여 있고, 이것이 재미의 한 요소가 되기도 합니다. 가끔은 성과의 향상을 위해 경쟁을 일시적으로 도입할 수도 있을 것입니다. 투명가방끈은 세상의 모든 경쟁을 없애야 한다고 생각하지는 않습니다. 하지만 무언가를 배우는 과정, 일하고 살아가는 모든 과정이 전부 경쟁이 되어서는 안 됩니다.

지금의 입시 경쟁은 쉽게 점수로 나타낼 수 있는 학문만을 강요하거나, 수치로 나타낼 수 없는 여러 가지를 억지로 수치화해서 줄 세우고 있습니다. 예를 들어, 자연과학과 인문학은 전혀 다른 영역의 학문이지만 지금의 교육과정에서는 성적에 따라 학과와 전공이 나누어지는 것을 볼 수 있습니다. '국영수'를 비롯한 전체 교과의 등수가 어떤 사람의 흥미나 적성을 말해주지는 않을 텐데 말입니다. 이런 식의 경쟁은 삶의 전반적 부분에서 다른 사람과 자신을 끊임없이 비교하게 하며 불안만을 낳을 뿐입니다.

재미, 혹은 더 나은 결과를 위한 도구에 지나지 않은 경쟁이, 그 결과로 한 사람의 인생을 쉽게 좌지우지할 수 있게 한다면 이는 본말전도이지 않을까요? 사회의 여러 영역에서 과도하게, 그리고 무분별하게 이뤄지고 있는 경쟁은 없어져야 합니다.

Q. 학생들이 공감을 할까? 너무 과격한 거 아냐?

A. 대학입시거부가 과격하다, 공감할 수 없다고 말하는 것은, "대학에 가지 않는 선택을 한 사람들의 존재가 드러나는 것이 불편하다"는 말과 비슷합니다. 대학입시거부선언이 사회에 큰 충격을 던진 사건임은 분명하고, 개인적 차원의 대학거부, 수능거부와는 달리 집단적으로 이뤄졌다는 점에 있어서 더욱 파장이 있었던 것은 사실입니다. 하지만 대학입시를 거부한다고 선언하는 것이 큰 파장을 불러일으켰다는 것은, 그만큼 입시 경쟁이나 학력·학벌주의가 견고하다는 것을 역으로 보여주는 증거이기도 합니다. 기존의 구조가 견고한 만큼, 사회의 주목을 이끌어내고 담론을 활성화시킬 수 있는 강한 액션을 통해 근본적 변화에 대한 이야기를 시작할 수 있다면, 액션이 '과격'한 것은 문제가 되지 않는다고 생

각합니다. 투명가방끈에서는 대학입시거부와 더불어 여러 가지 방법을 통해 주장을 풀어내고 사람들을 설득하기 위해 활동하고 있습니다. 투명가방끈의 주장에 동의하고 대학입시거부 행동에 동참한 사람들은 분명 '공감'을 통해 참여하게 되었으니까요.

Q. 대학거부…… 배후가 있는 거 아니냐? 정치적으로 이용하는 거 아니냐?

A. 김예슬씨의 대학거부 때부터 대학거부가 화제가 될 때마다 그것이 개인의 선택이 아니라 어떠한 정치적 세력이 배후에 있는 것 아니냐는 이야기는 계속 나왔습니다. 누군가가 어떤 행동을 통해 자기주장을 할 때, '배후설'이 등장하는 것은 그 개인을 의사 표현 능력이 없는 미숙한 존재로 보고, 그렇기에 그 행동을 가치 없는 것으로 폄훼하기 위한 주장입니다. 그리고 여기서 이 '미성숙한 존재'는 순수해야 하고 정치적으로 중립적이어야 한다는 억압을 받게 됩니다. '다른 정치적 목적' 없이 '순수하게' 사회의 문제를 바꿔내려 한다? 뭔가 말이 이상합니다. 대학과 입시를 거부하겠다는 우리의 선언은 그 자체로 정치적입니다. 지금의 교육과 사회의 모습에 문제를 제기하고, 이를 바꿔나가자고 요구하는 것이니까요. 투명가방끈의 활동은 배후 조종이 아닌 자발적 참여에 의해 이뤄지지만, 정치적 의도가 충만한 행동이라 할 수 있습니다.

Q. 그래, 대학거부하고 고졸로 열심히 노력해서 성공하자는 거지?

A. 대학입시거부 활동을 지지해주시는 분들로부터 이런 느낌의 격려를 받기도 합니다. "빌 게이츠가 대학도 안 나왔지만 성공한 CEO가 되었고……"와 같은 성공담을 기대하는 것이지요. 하지만 '공부나 성적이 아니라 다른 분야에서 최고가 된다'는 성공 사례를 이뤄내는 것은 투명가방끈이 원하는 사회의 모습은 아닙니다. 이는 결국 모두가 노력하면 성공할 수 있다는 신화를 만들어냅니다. 경쟁이라는 구조의 특성상 누군가 상위권이 된다면 누군가는 하위권이 됩니다. 사회적 불평등과 부조리가 만들어낸 불안정한 삶을 개인의 노력 부족으로 전가시키게 되는 거죠. 투명가방끈의 운동은 다른 길의 '특출한 성공'이 아니라 모든 사람들이 행복한 삶을 보장받을 수 있는 사회를 바랍니다.

이 글이 사람들의 호기심과 불만과 거부감에 대한 완벽하고 충분한 대답이라고는 생각하지 않습니다. 대학입시거부선언은 투명가방끈 모임의 공식적 활동임과 동시에 한 사람 한 사람이 자신의 삶의 경로를 설정하는 과정이기도 합니다. 그렇기에 투명가방끈 모임의 구성원들이 동의할 수 있을 최소한의 이야기를 글에 담았습니다. 앞으로의 활동과 다른 선택을 한 개인들의 모습들에 관심을 가져주신다면, 투명가방끈과 대학입시거부선언에 대한 여러 모습들 또한 함께 알아갈 수 있을 거라 기대해봅니다.

글쓴이 소개

공기

대학을 거부하고 1년 정도 전자제품 제조 공장에서 일했다. 살다보니 대학에 가는 사람들보다 대학에 갈 수 없었던 사람들이 더 눈에 밟히기 시작했다. 거창한 생각보다는 나와 같은 사람들을 만나고 뭘 할 수 있을지가 지금의 고민이다.

다영

밥보다 밀가루 음식을 주식으로 삼는 '밀덕'. 2011년 대학거부를 선언하고 살 길이 요원하여 알바를 전전하고 있다. 소소하게 나의 삶을 잘 살아나가는 것이 작은 꿈이자 목표이다.

호야

2011년 투명가방끈을 통해 대학거부선언을 했고, 계속 투명가방끈에서 활동하고 있다. 대학거부가 인생의 큰 전환점이었던 동시에 스쳐지나가는 한 점에 불과했다고 생각한다. 어린(?), 여성, 대학거부자로 살아가기가 녹록지 않은 이 땅에서 사람들과 어떻게 함께 잘 살 수 있을지 고민 중.

아리데

중학생 때 청소년인권운동을 만났다. 요즘은 스스로 지속 가능한 운동과 삶을 위해 열심히 살아가고 있다. 당당하게 제 '몫소리'를 내며 살아가고 싶다.

이찬우

2011년 입시거부자. 정당과 시민단체, 노조에서 사회운동을 하고 있다.

어쓰

고등학교를 그만두고 대안학교에 다니다가 좋은 친구들을 만나서 청소년운동도 하게 됐다. 경쟁을 거부하는 삶을 살고 싶고 경쟁에서 못 이길 나를 도태시키지 않는 사회를 만들기 위해 2011년 대학거부선언을 했다. 그 밖에도 그냥 흘러가는 대로 여러 활동들에 참여하고 있다.

왈왈

고1 초반, '꼭 서울에 있는 대학에 갈 필요가 없다'는 한 선생님의 말에 대학거부에 대한 고민을 시작했다. '대학에 왜 안 갔는지', 고교 때보다 지금 더 많이 고민하고 있다.

난다

온갖 학번과 학벌들이 가득한 세상에서 마땅한 이름도 없이 살다가 '투명가방끈'이라는 정체성을 가질 수 있었던 그날의 기억은 여전히 소중하다. 세상의 시선, 시험 성적, 그리고 학력·학벌 따위에 얽매이지 않는 삶, 있는 그대로의 자신으로 살아갈 수 있는 삶을 바란다.

쩡열

어쩌다보니 제도 교육을 벗어난 채 10대를 보냈다. 신나게 놀러 다니고 사람들을 만나 이야기하며 살다보니 대학에 갈 필요를 모르겠더라. 그렇게 친구들과 함께 대학거부선언을 한 게 2011년. 지금은 중졸인 채로 청소년들과 인문학 강좌를 하는 교육공동체 나다에서 일하고 있다. 여전히 신나게 놀러 다니고, 다양한 사람들과 만나 '혼자'가 아닌 '함께' 살아가는 것에 대해 이야기하며 힘 받는 나날을 보내는 중이다.

한연화

진정한 자신을 찾기 위해 사회가 정한 길인 대학을 거부한 사람. 대학을 나오지 않았다는 이유로 엄청난 성장통을 겪고 있으며, 그 성장통 속에서 자신을 찾아가는 중이다. 지금은 해고 8개월차 비정규직술노동자이며 호기롭게 본가에서 독립했다가 고생만 실컷 하는 중이다.

문동혁

2015년 2월 군 전역 후 공모를 통한 작가 등단을 목표로 글을 쓰고 있다. 4년 전 대학을 거부할 당시나 지금이나 수많은 삶의 현장에서 나에 대한 물음은 대학에 머물러 있다. 그 물음에 답하는 것이 내가 살아가면서 이루어야 할 목표 중 하나이다.

박고형준

돈을 많이 벌고 싶지 않고 장래희망이 없을 정도로, 지금 하는 시민단체 일에 만족하며 사는 사람이다. 이런 나의 직업을 대수롭지 않게 생각하는 사람과 결혼해 최근 출산을 했다. 지금은 '학벌없는사회를 위한 광주시민모임'에서 시민운동에 전념하며 아내와 한 살 된 딸과 함께 제2의 인생을 어떻게 만들어나갈지 고민하는 걸음마 중이다.

김예림(라일락)

학교를 그만두고 우리나라 최고의 의사를 꿈꾸며 의대 입시를 준비하다가, 2014년에 대학입시거부를 하게 되었다. 현재는 청소년주거공동체를 꾸리며 청소년인권운동을 하고 있다. 늘 옳은 사람이 되자고 생각했는데, 요즘은 좋은 사람이 되고 싶다.

공현

2011년 청소년인권운동을 하다가 청소년들에게 선동당해 대학거부선언에 참여하면서 대학을 자퇴했다. 대학거부 직후 병역거부로 2연속 거부를 달성. 특별한 선택을 했다기보다는 그저 나 자신이 흘러가는 대로 살아온 것에 가깝다. 앞으로도 그냥 지금 사는 대로 살고 싶다.

김서린

2011년 대학거부선언을 했고 이후로 투명가방끈에서 꾸준히 모임을 가져왔다. 대학거부는 사회의 주류 질서에 반문하고 스스로의 직접적 실천을 통해 적극적으로 사회 변화를 촉구하는 행동이라고 생각한다. 그러한 삶의 지향을 지켜갈 수 있는 여러 조건들을 고민하며 살아가고 있다.

김민수

사회학과에 입학했으나 흥미가 안 생겨서 두 달 만에 그만두고 지금은 청년유니온에서 활동하고 있다. 10명 중 7명이 대학에 입학한다면, 3명은 대학에 다니지 않는 것이다. 적은 수가 아니다. 이들에게도 사회 속에서 관계 맺으며 자기 존재를 확인할 수 있는 공간이 절실하다.

시원한 형

나이 없음. 대학과 임노동을 거부한 채 탈자본주의적인 삶의 방식을 만들어가는 뮤지션.

고승은

수능 세 번 치러놓고 들어간 대학을 포기한 문제의 사람. 틀대로 살기를 거부한다. 두터운 현실의 벽을 실감하면서도 어떻게 미친 세상에 제동을 걸 수 있을까 고민하고 있다. 학벌은 삶의 극히 일부분이라 생각하고 싶다.

김창인

2009년 중앙대에 입학한 후, 두산의 대학 기업화에 맞서 싸웠다. '대학'을 '돈'으로 보는 학교 정책에 반대하는 활동으로 수차례 징계를 받았고, 결국 2014년 5월 대학을 자퇴했다. 현재 전국 대학가에 전염병처럼 퍼지고 있는 대학 구조조정 문제에 관심을 가지고 있다.

박유리

사람들과 만나 나에 대해 얘기할 때 꼭 투명가방끈임을 얘기한다. 내 운동의 중요하고도 소중한 기반이기 때문이다. 9년간의 교육운동을 정리하고 지금은 민주노총에서 고군분투 중이다. 지금의 공간에 우리의 고민을 녹아들게 하고 싶은 간절한 소망으로.

김성일

고등학교 3학년 시절 농구부에게 성적으로 진 이후 대학입시를 사실상 포기했다. 서른 살까지 비정규직 노동자로 이곳저곳 전전하다가 운동권에 입문했다. 현재 청년좌파 대표, 청년초록네트워크 대표를 겸하고 있다.

우리는 대학을 거부한다

초판 1쇄 펴낸날 2015년 6월 15일

지은이   투명가방끈
펴낸이   박재영
편집   양선화 강곤
디자인   당나귀점프

펴낸곳   도서출판 오월의봄
주소   413-841 경기도 파주시 탄현면 참매미길 194-9
등록   제406-2010-000111호
전화   070-7704-2131
팩스   0505-300-0518

이메일   maybook05@naver.com
트위터   @oohbom
블로그   blog.naver.com/maybook05
페이스북   facebook.com/maybook05

ISBN   978-89-97889-63-1 03330